日本史学のフロンティア

歴史の時空を問い直す

荒武賢一朗・太田光俊・木下光生 編

法政大学出版局

Questioning again on the Space-Time in Historiography

1

第1巻

第2巻

目次

日本史学のフロンティア　1

序章

荒武賢一朗
太田光俊
木下光生

論集の全体構成

二巻にわたる本論集は、「日本史」、ひいては「歴史学」の活性化を目論み、刊行するものである。

我々編者三人は、十年以上にわたり、近世史サマーフォーラム、あるいは近世史フォーラムという研究会を軸に活動してきた。この二つの研究会では当初、「日本近世史」にこだわりながら、自己の学問分野の位置づけを検討し、研究の活性化を目指していた。しかし、そうした努力を続けるうちに、いつの間にか我々は、日本近世史という議論の枠を脱するようになってしまった。近世史を出発点としながらも、古代史、中世史、近世史、近現代史という時代の壁を超えて長い時間軸のなかで歴史をとらえようとしたり、日本史、歴史学を超えた学問分野間の議論方法を鍛えようと指向するようになった。本論集は、こうした取り組みを経て生まれたものであり、それゆえに、異種格闘技戦ともいうべき、多様な執筆陣と論点が盛り込まれることとなった。

たとえば、第一巻第一部の谷本雅之論文、および第二巻第二部の高橋美貴論文の前提には、両氏を招いて開催した近世史サマーフォーラム二〇〇四の存在がある。谷本氏は経済学における経済史の専門家、高橋氏は歴史学における日本近世史・漁業史の専門家である。この二人をクロスさせて議論を組み立てたものの、我々は漁業史や産業史の一般的な問題や、近世から近代にかけての通史的な問題を、あえて取り上げはしなかった。近世史と近代史の枠を超えた議論をどう組み立てるか、あるいは経済の実態と政策の差異をどう見るか、さらには中央と地方の政治面・経済面の関係性などを主たる論点にしたのである。

また、平川新氏と飯島渉氏の組み合わせで議論を行ったこともあった（近世史サマーフォーラム二〇〇九）。両氏はともに歴史学畑であるが、一般的な専門分野でみると、かたや日本近世史、かたや中国近現代史と、直接の関係が全くないかのようにみえる研究者である。しかし我々は、日中交流史を議論したわけでも、双方の史実の比較をしたわけでもなかった。両氏の報告とこれまでの研究蓄積を基礎にして、「帝国」という枠組みを用いながら、支配や国家史の研究手法を、「日本史」と「中国史」、「前近代史」と「近代史」の壁を超えてどう深めていくべきかを追究したのである。

このような、「論点」を重視し、「時代」や「地域」を無視したかのような研究会を企画するなかで、多様な時代のとらえ方や、既存の時期区分を超えた横断的な論点を我々は発見しようと努めてきた。一見すると関係のなさそうな研究から、共通の論点を導き出し、幅広い議論を展開するのである。幸いなことに、この試みに幾人もの研究者が賛同してくださり——もちろん我々編者同士も含め、皆が「同じ」意見・歴史観の持ち主ではない——、積極的に議論に加わっていただいた。本論集は、こうしたスタンスの研究（会）活動をさらに発展させ、個別分散化が著しいといわれる日本史、そして歴史学界の現状打破を目指すものである。

論集は、上記のような研究会活動で得られた成果をもとに、各巻二部、すなわち四つのまとまりで構成されている。

一つ目のまとまりは、従来の発展段階論への違和感と、それに代わる時代のとらえ方について論じている。これは、近世史サマーフォーラム二〇〇五での市村高男氏との出会いによって生み出された。氏は、古代・中世を幅広くとらえた第二巻第一部の論文でも明らかなように、長い時間で歴史をとらえる指向性を我々に示してくれた。氏との議論のなかで、我々は歴史上くり返し起こる現象の「波」を認識し、それを仮に「波動」という言葉で表現した。これにより、長期的な時間軸で検討することの意義や方法に関して、明確なイメージが我々のなかで醸成されていくこととなる。こうした議論の蓄積を表現したのが、第一巻第一部である。

従来、学会などで、中世史と近世史、近世史と近代史といった組み合わせでなされる議論は、前後の時代をつなぐ、またはその反対に時代区分を厳密に規定するなど、「時代」の違いを意識する場合が多い。しかし我々は、各時代の史実を通史的につなげるだけではなく、論点を重ね合わせる努力をしたのであった。それによって組み合わされる議論は、必ずしも時代が隣接している必要はなくなったのである。

二つ目のまとまりは、「日本史」の枠を取り払った議論の立て方である。これは、飯島渉氏ら、外国史研究者との出会いによって生み出された。「日本史」、「中国史」の固定的な枠に囚われず、幅広く問題をたてていく飯島氏らの論法は、大いに刺激となった。また、近世初期の対外関係を取り上げた平川新氏、あるいは蝦夷地の信仰の問題を追究した菊池勇夫氏と議論をともにすることで（近世史サマーフォーラム二〇〇七・二〇〇九）、日本国内の問題であっても、対外的な視点を入れることで、より切迫感のある議論が可能となることを理解できるようになった。こうした成果は、第一巻第二部に結実している。

自分の取り扱う時代と地域にこだわりつつも、そこへの安住を捨て去ることで、より普遍的な論点を構築できるようになる。それを示しているのが、第二巻第一部に収められた諸論考である。ここでは、秩序がいかにしてつくられていったのかが論点となっている。そして、単に長期スパンで考えるだけではなく、時代を超えた普遍的な問題に対する議論も念頭に置かれている。政策と現実の差異、国家と宗教の問題などは、一つの時代のみでは到底論じきれるものではない。これが、三つ目のまとまりとなった。

こうした問題を、資源という切り口で考えたのが、最後の第二巻第二部である。これらの論文は、近世日本の地域に密着した具体性に満ちあふれている。しかも、それであってもなお、資源という切り口を得ているために、数世紀に及ぶ長期間で歴史をとらえることが可能となっている。そしてそれゆえに、極めて現代的な課題をはらんだものとなっている。時代と地域を見つめることと、時代と地域を超えて考えることが、実は全く同一の行為になっていくことを奇しくも示しているのである。

以上の論点や切り口を含み込んだ本論集を世に問うことで、従来の時代区分や日本史の枠を取り払うような活発な議論の場としたい。そして、歴史学の新たな研究潮流の構築へと向かいたい。

（太田光俊）

本書の構成

本書で重点的に取り上げたのは、「時代区分」と「日本史の広がり」である。前者は、長く連なる歴史的な時間を意識しながら考える、いわば「タテ」の分析だ。一方、「ヨコ」の分析にあたる後者は、日本と他国・他地域との結びつきを念頭に、世界史的な視角から日本を読み解いてみる試みである。このタテとヨコがそれぞれ充実した成果を出し、さらに両者を交差させることで、日本史研究の「未来」を展望したい。

第一部「時代区分の変革」は、中世から近現代に至る数百年を見通す研究の成果である。木下光生論文は、「閉ざされてきた日本史」研究の最後の牙城といえる国家史に切り込み、十三世紀から二十世紀前期に至る国家の見方を提示した。太田光俊論文は地域の海運を素材とする中世・近世史、谷本雅之論文は近世・近代における経済発展の内実、飯島渉論文はグローバルヒストリーの観点から、研究史を俯瞰しつつ、近年の「近世化」をめぐる議論に新しい視角を提示した。いずれも時代の見方、移行期をどう評価するのか、という読者の興味を惹く課題に迫る。

ここで共通する問題意識は、「通説の打破と個別分散化の解消」および「新しい研究展開への案内」であるといえよう。木下が指摘するように、研究全体を整理すべき「通史シリーズ」でさえも同一の書籍のなかで「中世史」と「近世史」の執筆者が異なるだけで、わずか数年の歴史認識に大きな違いがみえる。また伊勢湾に関する研究成果でも、中世史、戦国史、近世史とそれぞれが興味深い事例を明らかにしているにもかかわらず、史実の共有がうまくなされてこなかった。古今を問わず、権力の交代や政策の変化が社会に絶大な衝撃をもたらすことは言うまでもない。しかし、時代が変わるから、政権交代があったから、というだけで歴史の流れを「ぶつ切り」にする必要はあるのだろうか。この点は、歴史研究者それぞれの「姿勢」にかかわると思うが、「何を明らかにするのか」という命題を持ちながら、先行研究の渉猟、問題設定のあり方を問い直すべきである。少なくとも「時代ごとの画期」を一点集中で分析するのではなく、前後の時代を重ね合わせた豊かな歴史像が必要とされている。日本の国家、地域経済、産業の拡充といった課題に対し、飯島論文は歴史学研究の「閉鎖」状況に鋭く切り込み、欧米人の描く「世界史」における「日本近世史」、あるいは歴史全体を広い視座からとらえようと、先学の成果に対し独自の観点で整理した。飯島の学説は本書において第一部と第二部の架橋でもあるが、単純な比較史に傾倒するのではなく、日本史・中国史といった各国史の枠組みを超えて議論するための処方箋であるといえよう。

経済・産業といった分野は、政治体制の変革、権力の方針に大きく左右される。ただし、その変革とは徐々に浸透していくもので、社会全体が動いていかない限り、権力の意のままに「右にならえ」と新制度が始まるものではない。太田が示した領主と民間関係の新たな見方、あるいは谷本が主張する在来的経済発展と日本の近代化（欧米型工場制の導入）の並立は、じわりじわりと変化をみせる経済体制の特徴をよくつかまえている。とりわけ経済発展にともなう社会的変化について、谷本の言う「合理的な就業選択」は説得力がある。近世後期からの農家は家内工業を自らの経営に取り込み、産地主体の流れを構築する。第一次世界大戦後、今度は農村部で衰退した生産組織が都市のなかで活性化していく。こうした視点を獲得すると、伊勢湾海運史で強調されてきた近世的枠組みの成立と崩壊が、論点としては不要だったことがみえてくる。ひとつの体制が完成し、それが衰退すると必ず壊滅にまで至る。あるいは新しい勢力の台頭が守旧集団を凌駕して、「交代」が成就するという。これらは本書が問題視する「二項対立史観」以外の何ものでもない。木下論文でも、政治権力における集権か分権か、という歴史理解に踏み込んでいる。我々は、両論が共存している事実を確認しながら、次の研究段階を目指さなければならない。

「日本史」という専門領域に収まりきらない論考が第二部に収載されている。「日本から広がる世界」と銘打っているが、実際には日本と諸地域間の双方向的な交渉を主題とした。論点だけを列挙してみると、①日本（豊臣政権）とスペイン・ポルトガルの外交（平川新論文）、②薩摩を分析することでみえてくるモノと信仰の伝播（橋口亘論文）、③神仏からみる蝦夷地の「日本化」（菊池勇夫論文）、④日伊関係から明らかになる外交官たちの世界（ジュリオ・アントニオ・ベルテッリ論文）、となるだろうか。

人々の動きや思考、それらの政策的な波及という部分では、時代を超えて平川論文とベルテッリ論文が刺激的な叙述を提示している。平川は、豊臣秀吉から徳川家康、伊達政宗といった当時の主要政治家が示す自己主張の向こう側に、彼らを見据える諸外国の認識をとらえ、新しい外交史研究の概念を構築した。対外関係を担う人物への注目は、明治維新前後の駐日イタリア外交官を分析したベルテッリも同様である。ベルテッリは、来日するイタリア外交官たちの記録から、日本史では極めて重要な問題となる新潟開港をとらえ、さらにイタリア人の視点で、日本に滞在する各国外交官の具体的な様相を描いた。イタリア人たちが日本を訪問する歴史的意義は本論に譲るが、現地を自らの眼で観察し、そして記録するという行為は、菊池論文に登場する蝦夷地への「訪問者」も同様であろう。彼らが「異文化の世界」をどのように伝達したのか、という点も気になるところだが、現場に行って見聞する人々の動きを追うことが、歴史研究に大きなヒントを与えてくれるように思えてくる。

橋口論文がとらえたモノの流通も、近年注目されている分野のひとつである。貿易陶磁が歴史分析に与える衝撃は大きく、本論で改めて「海域アジア」の歴史世界が時代を超えて広範に展開していることを確認できた。そのなかで、日本からすればアジアへの窓口になっていた薩摩半島の存在は大きい。また、海外からの受容を命題とするなかで、もうひとつの構成要素である信仰の伝播も印象深く、決して全面的には明らかにできない当時の人々の心性を感じさせる。橋口は媽祖信仰の浸透、在地化を取り上げたが、菊池論文は蝦夷地の「日本化」のなかで寺院や神社の意義と変容に着目した。菊池によれば、ウス善光寺は近世初期から存在し、十七世紀から十八世紀には「ゆるやかな神仏同化」が当地に展開していた。しかし、蝦夷地の幕領化を契機に「日本化」は急速な動きを示し、義経社創建など強化への道筋をたどる。以上のように、さまざまな人々の動き、モノの流通、そして信仰をめぐる受容の特質については、今後あらゆる分野との接合や議論を深めることができるだろう。

多彩な研究テーマを下支えするのは、それぞれの執筆者が使用する多様な歴史資料である。平川論文では、日本国内の研究成果とともに、スペイン・ポルトガル両国が日本をどのように観察していたのかを示す翻訳史料を素材にしている。両方の成果・情報を突き合わせることで、新しい歴史の枠組みが提示された。その点は、ベルテッリ論文が取り組んだ成果とも共通している。ベルテッリは、イタリア政府・外務省に保管されている幕末維新期の日本関係書類を積極的に利用して、当時の日伊関係を詳しく論じている。日本がアメリカやイギリス、フランスなどの欧米列強とどのような交渉を持っていたのかはこれまで数多の研究者が述べてきた。それにイタリアが加わることによって、ますます外交史研究の質的価値が問われてくるだろう。橋口論文は、薩摩半島における発掘成果から、中近世の貿易陶磁を主な考察とした。「モノ」から明らかにしていく手法は、考古学が長年鍛え上げてきたものだが、ここではそれに加えて文献史料、あるいは媽祖信仰の分析で用いたような地域の伝承など、複数の素材を含めている。これは、それぞれの持ち味を活かしながら、地域の文化史を新しい段階へと導いたものと評価できよう。いわゆる地方《じかた》文書が豊富な日本列島のなかで、厳しい史料的制約を背負うのが蝦夷地・北海道の研究である。菊池論文では、その限られた素材を駆使しながら、蝦夷地を訪れる外来者の記録を丹念に洗い直した。菅江真澄や松浦武四郎はよく知られた存在だが、彼らが残した記述、そして認識を盛り込みながら、神仏同化の画期を再現している。いずれの研究も「日本史」に閉じ込めるべきものではなく、世界史との相互関係を意識した成果であるといえよう。

歴史学研究の新たな可能性をさぐることが本書刊行の出発点であった。新しいことに挑戦する際に、まずはすべての既成概念を取っ払おうというのが編者ならびに執筆者の総意である。そのためには、固定化された「時代」や「地域」を開放しなければならない。その初期作業を踏まえたうえで、諸論考で斬新な研究成果が成立した。

第一部と第二部をおおよその系統に分けて紹介したが、たとえば木下論文と平川論文、あるいは太田論文と橋口論文などといった具合に、専門性を超えて互いに有益な議論を醸成する結びつきもできるだろう。「タテ」と「ヨコ」が交差し、ときには反駁しあうことで次なる可能性を模索したい。

新説に対しては批判がつきものである。もちろん建設的な批判が多数出てくることを願うばかりだが、本書の成果を基点として歴史研究の活性化が促進されるのを祈念している。

（荒武賢一朗）

第一部　時代区分の変革

時代と構造論の超え方
——日本の国家史を素材に——

木下光生

はじめに

各時代の「構造的特質」を論じ、それをつなぎ合わせることで、長期的な歴史認識と全体史の構想力を養う。とかく研究が個別分散化しがちな歴史学に活が入れられるとき、よく持ち出される、実に聞こえのいい宣誓である。だが実は、この聞こえのいい「時代の構造的特質」論（構造論）にこそ、長期的な歴史認識の涵養を阻み、研究の個別分散化を助長＝正当化する要因が潜んでいるのではないか。

本稿は、右のような問題意識のもと、日本の国家史を素材に、いかにすれば「構造論」に守られた「時代」という「専門」の枠を乗り越えて、研究史と研究視角の共有はなし得るのかを検討するものである。

日本史のみならず、歴史学全般において、研究の個別分散化状況が嘆かれるようになってから久しい。研究の個別分散は通常、①同一地域（国）における、同一時期（時代）内での専門領域の分化（経済、政治、文化など）、②同一地域内における、専門時期の分化（古代、中世、近世など）、③専門地域の分化（日本史、中国史、イギリス史など）、といった次元で指摘される。このうち③については、「半開きのシステム」をもった世界諸地域が、「共通の衝撃」に対してみせる多様な対応から、世界史における「共通のリズム」を見出そうとする視点（岸本 二〇〇二）や、「海域アジア史」（桃木編 二〇〇八）、あるいは「グローバル・ヒストリー」（水島 二〇一〇）といった観点から、一国史的な研究手法の克服が試みられ、その挑戦力は①②の問題にも波及している。日本史、中国史という枠をこえて、アジア東部から、はてはペルシア湾・紅海にまでいたる、広大な地域のなかで硫黄の流れを追った山内晋次の仕事は、その良質な実践の成果だといえよう（山内 二〇〇九）。また②については、日本史のなかでも新視点の提示がなされており、たとえば十五〜十八世紀における村や経済の問題に関しては、中世（後期）史研究者の目覚ましい努力によって、「中世／近世」という既存の時代区分では割り切れない、新たな時間認識の必要性が説かれている（久留島 二〇〇二）。

このように、繰り返し警鐘が鳴らされる研究の個別分散化状況に対しては、さまざまな克服の試みがなされているが、一方で、日本史という狭い枠組みのなかですら、いまだ個別分散の壁——特に「時代」のそれ——を打ち破れないでいる領域がある。それが国家史の分野であり、その象徴が、二〇〇六年に出された『新体系日本史』第一巻「国家史」（宮地ほか編 二〇〇六）における国家史の描かれ方であろう。

同書は、日本の国家史に関する研究成果の現状を、通史的に把握し得る最新の学術書といえようが、その内実はというと、「古代／中世／近世／近代・現代の国家」が、「ぶつ切れ」で説明される国家史である。とりわけ中世と近世の断絶が甚だしく、「中世の国家」の最末尾で、どれだけ「個別大名権力による独自の領国支配を基礎に、それを統合した複合国家の中央政権」としての豊臣政権像が語られようとも（宮地ほか編 二〇〇六：二五九、池享執筆）、そんなこととはお構いなしに、慶長五（一六〇〇）年の関ヶ原合戦を起点に、「幕藩制国家」としての「近世の国家」の叙述が開始される（宮地ほか編 二〇〇六：二八三、高埜利彦執筆）[1]。専門とする時期が、たった数年から十数年ずれただけで、ここまで「お隣り」の時代の研究成果や視角が共有されない。個別分散化の極み、象徴である。

なぜこんなことが起きてしまうのか。おそらくそれは、国家史ほど、各時期における物事の「構造的」な連関、すなわち「構造的特質」が問われる分野はない、と考えられてきたからであろう[2]。各時期における国家の「構造的特質」を論じ、その成立、展開、解体を描いて、日本の国家史を通史的にとらえる。非の打ち所のない、実にきれいな図式である。

だが研究の個別分散化問題からみた場合、この図式の「きれいさ」は、両刃の剣となり得る。すなわち、各時代の「構造的特質」を論じることは、国家の歴史的特質を段階的に把握するうえで、一見「正攻法」であるかにみえる。だがその時代差、特質差を強調すればするほど、異なる時代同士で国家史の研究史を共有する必要もなくなる――なぜなら、自分の専門とする時代からみて、「構造的特質」が異なる他の時代の研究史は、「構造的特質」が異なるがゆえに共有しなくてもいいからであり、またしようがないからである。であれば、たとえ年数的には少しばかりずれた時期であったとしても、「構造的特質」が異なると判断されれば、その時期の研究でどのような新たな議論が展開されれ、どれほど新しい研究視角が提起されていようとも、それとは無関係に、自分の時代の国家史を描くことができる。さきにみた、「中世の国家」と「近世の国家」における著しい叙述の断絶は、「構造論」的発想に則ってきたこれまでの国家史の研究手法からして、おこるべくしておきた、当然の結果なのである。

「構造的特質」の差が、研究史を断絶させてもいいほどのものであるならば、そうした研究姿勢でも一向にかまわないであろう。だが以下に述べるごとく、時代の枠に囚われずに先行研究の成果を虚心坦懐に眺めるならば、そこには国家史の研究手法・視角として、時代の専門枠をこえて共有すべき研究史が、いくらでもあることに気づかされる。躍動感あふれる国家史を描くには、もはや「構造論」的発想に固執している場合ではないのであり、時代の枠をこえて研究史の枠組み自体を刷新すべき段階にいたっているのだ。

そこで本稿では、右のような課題意識のもと、筆者が専門とする日本近世という時期を軸に、日本の国家史の新たな議論方法と研究史の枠組みづくりに挑戦していきたい。その際、「国家」とは何か、という抽象的な概念規定から議論を始めるのではなく、国家を考えるうえで重要となるであろう具体的な諸要素、すなわち、①政治権力内の力学

（具体的には集権と分権の関係論）、②対外危機からみた国家と社会の関係論、③民衆の政治参加からみた政治権力と民衆の関係論、といった観点から国家史の議論方法を鍛えていくこととしよう。(3)

一　十五～十九世紀の集権と分権

さまざまな領主とそれを束ねる上位権力が、上下・水平的に複雑に絡み合っていた日本の中近世国家において、集権と分権の関係論は、政治権力内の力学から国家の特徴を考えるうえで、極めて重要な研究課題となる。ゆえに集権―分権論は、それこそ「封建制」の理解とも関わって、古くから中近世史研究で検討され続け、いまも新たな論点や見方が提起されている。以下、重要となる先行研究の成果を、十五～十九世紀という長い時間軸のなかで、従来とは異なる視点から構成し直してみることとしよう。

１　室町幕府―守護体制論の研究史的意義

後述する近世の幕藩関係論との関係でみるならば、集権―分権論に関して、中世史側でもっとも良質な研究視角を提示しているのは、川岡勉の室町幕府―守護体制論である（川岡 二〇〇二）。川岡の議論の特徴は、南北朝内乱をくぐり抜けてきた室町幕府と守護が、いかなる集権性（求心性）と分権性をみせるようになるのか、という問題関心から、十四世紀末から戦国期にいたる政治権力の質を論じるところにあり、その課題は次の二つの視点から追究される。

第一は、同一時期に併存する、集権と分権の諸相への着目である。すなわち、①「天下の政道」（天下成敗権）を担う将軍と、「分国の政道」（国成敗権）を担う守護（大名）との間にみられる――相互依存と牽制をともなうような――集権と分権、②将軍上意と、その諮問機関である諸大名衆議・重臣会議が、二律背反ではなく、双方向的な関係を取り結ぶ幕府権力内での集権と分権、③将軍上意による国成敗権の保障、および国人の支持抜きには分国支配をなし得ない守護と、そうした分国支配の成否を左右する国人・守護代らとの間にみられる集権と分権、という三つの次元で、集権と分権のありようが示される。

一方、第二の視点は、右の①〜③の諸相がいかなる歴史的展開を遂げるか、という段階論への着目である。そこではまず、将軍足利義教が殺害された嘉吉の乱（嘉吉元（一四四一）年）が、室町幕府―守護体制史上における、重要な画期として設定される。そして、義教殺害を契機として、(1)将軍上意の求心力が低下し、守護権力が相対的に自立して（天下成敗権からの国成敗権の自立）、守護の在地把握が強化される、(2)上意を中核とした諸大名結集が崩壊して大名連合の系列化が生じ、その系列化された大名連合が上意を推戴する構図へ移行する、(3)将軍上意は特定の側近勢力と結びつき、その権力基盤は京都周辺に集中する、という歴史過程がつむぎ出される。

このように川岡の室町幕府―守護体制論は、一見すると「集権から分権へ」という、従来の歴史像とさして変わらない、単線的な歴史把握であるかにみえる。だが川岡の議論の真骨頂は、そうした一方通行的な歴史像の提起にとどまらない点にある。

すなわち、将軍上意の求心力が低下して、室町幕府―守護体制が崩壊しつつあるかにみえる十五世紀後半以降にあっても、諸大名は右の体制から完全離脱するのではなく、むしろ体制からの離脱とそれへの復帰という、「循環運動」を繰り返す（川岡 二〇〇二：一一二）[4]。その結果、室町幕府―守護体制は変質を遂げつつも、戦国期にいたるまで存続、再生産される。十五世紀半ばを境として、「集権から分権へ」という流れが顕在化することを認めつつも、集権と分権の関係論を単に二項対立的にとらえず、伸縮性のあるものとして柔軟に把握しようとする姿勢にこそ、川岡の議論の画期性はあるといえよう。

こうした柔軟な集権―分権理解にたつ川岡の室町幕府―守護体制論は、同論に対する建設的な批判によって、ますますその重要性が明らかとなる。たとえば長谷川博史は、十六世紀段階では一国規模をこえた地域紛争に対して、京都の「中央」政権が関与し得る度合いは希薄化する、と指摘する。そして、「戦国期の政治体制について、「幕府―守護体制」を最大の機軸としてとらえなければならない必然性は乏しい」と述べ、同体制を主軸に十六世紀の政治と権力を説明しようとする見方を批判する（長谷川 二〇〇五ａ：八五、二〇〇五ｂ：二、四）。

ただしここで注意すべきは、長谷川がその一方で、「戦国期における「幕府」や「守護」は実在の存在であるので、その支配理念・統合原理は、種々の地域権力独自の支配理念・統合原理と併存・競合し、いずれも重要な意味を持った」とも述べている点である（長谷川 二〇〇五ａ：八五）。つまり、川岡の枠組みに対して批判的な長谷川にあっても、室町幕府と将軍権力のもつ求心性は完全否定されているのではなく、戦国期の政治権力を支える一要素として容認されているわけである。中世後期～戦国期の集権と分権を二項対立的にとらえようとしない点では、両者はむしろ研究視角を共有しているとさえいえよう。そのような研究姿勢は、応仁の乱によって「全国政権としての室町幕府は崩壊」するという立場をとる池享が、同時に、「室町幕府は畿内政権の一翼にとどまらず、形骸化したとはいえ依然将軍が有していた武家の棟梁・全国統治者としての地位に基づき、独自の全国的政治機能（守護職の補任や、領土紛争の調停など―引用者注）を発揮していた」と指摘するところからもうかがえる（宮地ほか編 二〇〇六：二二二、二二六～二二七）。

このように川岡、長谷川、池らの努力により、我々は中世後期～戦国期の集権―分権論を格段に柔らかく議論できるようになった。その意味で、川岡の議論に対してえてして向けられがちな、室町幕府―守護体制は全国的な政治体制として「一般化」（普遍化）できるか否か、などといった揚げ足取りな「批判」（吉田賢司 二〇〇七など）は、川岡らが積み上げてきた柔軟な研究視角の前では、極めて不毛なものに映る。我々がなすべきは、室町幕府―守護体制は「一般化」できるか否か、といった皮相な議論ではなく、先行研究が苦心して見出した柔らかい集権―分権理解を、長期的な視野でいかに次の段階へ鍛えあげるか、という学問的苦闘にあるはずである。そしてそのような目線で研究史をみていくと、近世史側でもまた、柔軟な集権―分権論が展開されていることに気づかされる。次項でそれをみていこう。

2　柔らかい幕藩関係論の登場

豊臣政権あるいは江戸幕府と、藩の間にみられる集権―分権の関係を、二分法的な「強弱」論でとらえず、柔らかく複雑に描く。そうした仕事の代表格が、高野信治による「藩国―藩輔」論である（高野 二〇〇二）。

高野は、「藩の幕府に対する主体性・自立性」を「藩国」、「藩の幕府に対する一体性・従属性」を「藩輔」としたうえで（高野 二〇〇二：一〇）、近世史研究では伊東多三郎以来ながらく、中世から近世への歴史過程を、統一権力である幕府が大名の自立的発展を規制し、幕府・将軍権力に大名・藩を従属させる過程、すなわち藩国から藩輔へ、自立から従属へ、という歴史像で描いてきたとする。本稿の言葉に置き換えるならば、分権から集権へ、ということになろう。

一方高野は、右のような幕府の集権性重視論が主流を占めるなか、藤野保や水林彪のように、藩国的要素と藩輔的要素の相関性を探ったり、藩のもつ「国家」性（複合国家論）に着目する動向が生じていたことにも注意をうながす。そして、このような対照的な二つの研究動向をふまえて、自身の研究視角を、「「藩国」と「藩輔」の両性格を総合化して近世大名領・藩領を考察する」（高野 二〇〇二：一五）ものへと高めていく。そこから描かれる藩国と藩輔のせめぎ合いの様相とは、およそ次のようなものであった（題材は主に佐賀藩鍋島氏）。

まず、①十六世紀末の朝鮮侵略戦争から、十七世紀前半の天草・島原一揆段階では、「統一権力へ軍役を果たすいわば藩輔としての役割が、それを負担しうる体制としての藩国的要素を生み出」すという、「藩輔創出のための領地＝藩国宛行」がみられ（朝鮮侵略への軍事動員をきっかけに、鍋島氏が豊臣政権から領地安堵をうけるなど）、それは「近世国家成立期固有の政策原理」であった。②だがそうした藩輔としての要請は、それを可能にする環境整備を藩側に必然化させるため（新たな軍制、財政、領内支配機構の立ち上げや、財政吏僚ら役職機構の整備など）、そのことは「却って藩国としての大名領国の主体性・自立性を培養すること」ともなった。③その結果、十八世紀以降になると、「藩輔としての立場よりも、藩国としての自立的な藩領社会形成」を目指す藩があらわれるようになり（佐賀藩であれば干拓事業の推進や、藩専売品の設定など）、④さらに十九世紀に入ると、それまで均衡を保っていた藩輔と藩国のバランスが崩れて、「藩国的性格が藩輔的性格を凌ぐ、藩の幕府に対する自立的性格が飛躍的に強まる」段階になる[5]、という。

豊臣政権や徳川幕府という新たに立ち上がってきた集権が、その集権性の特質ゆえに新たな分権を生みだし、しかも十八世紀段階の藩国と藩輔の関係が象徴するごとく、分権が徐々に高まるなかにあっても、集権との均衡は保たれ得る。川岡勉が、十五世紀半ば以降の百数十年間の歴史を、大きくみれば「集権から分権へ」という時代として把握しつつも、決してそれを単線的、二項対立的にとらえようとはしなかったように、高野もまた、十六世紀末以来の二百数十年間にわたる集権と分権の関係史を、巨視的には「分権の台頭」史だが、内実は単純な二分法では割り切れない複雑なものとして描いているわけである。

近世日本における集権と分権の関係を、二分法的に理解することの不毛さは、マーク・ラビナによってよりはっきりと主張される（ラビナ 二〇〇四／1999）。ラビナは、「「国家」の中に「国家」がある（Japan thus consisted of "states" within a "state"）」と述べて、水林彪の複合国家論をさらに推し進め、「幕府は徳川政治の全体像の中では、いわば脇役にしかすぎなかった（the shogunate was peripheral to broad areas of political practice）」とまで言い切る（ラビナ 二〇〇四：四、三六／1999: 2, 30）。

とはいえ、ラビナは何も、幕府と藩どちらが強かったか、などという力の強弱論を展開したいわけではない。むしろ、「諸藩は「藩内の」(“domestic”)問題に幕府が介入(shogunal interference)することには不快感を示しながら、他方では強力な中央政府(a strong shogunate)を必要としていた」(ラビナ 二〇〇四:一八/1999: 15)と述べるように、「強力な地方(藩)と強力な中央(幕府)の共存(the coexistence of powerful regional regimes with a strong central government)」(ラビナ 二〇〇四:八/1999: 5)を説くところに彼の主張の眼目はある。近世日本の国家・政治をみるとき、そうした共存性、多義性、曖昧さこそが注目されるべきなのであり、「明瞭さを欠いていることこそ徳川政治体制の特徴(this lack of clarity was a salient aspect of Tokugawa political texts)」(ラビナ 二〇〇四:四〇/1999: 34)というのが、ラビナがもっとも主張したい事柄なのである。その意味で彼の議論は、水林の複合国家論に触発されているとはいえ、水林が「幕藩体制下の小国家権力としての大名権力は、戦国期のそれとは異なって、大幅に自律性が削減されていた」(水林 一九八七:二八〇)と、依然幕府―大名間の強弱論を前提にしていたのと比べると、明らかに異質な主張になっているといえよう。ラビナの複合国家論にあっては、そうした力の強弱論さえ克服されようとしているのである。

高野やラビナが目指す柔らかい集権―分権像は、統一政権の集権性(専制性)を象徴するとみなされてきた諸事象を、相対化する研究成果からも補強される。たとえば、かつて幕府による強圧的な大名統制策の象徴と目されてきた「藩の御家騒動を利用した改易」という歴史像は、いまや、「特に、幕藩関係が安定化し始める元和期以降は、幕府の側から騒動に積極的に介入し、大名統制に利用するということはなかった」(福田 二〇〇五:一九八)とまで書き替えられるようになった。幕府がまずもって前提としたのは、御家騒動をめぐる大名家一門内での「妥協点」だったのであり、騒動に対して幕府が改易にまで踏み切るのは、あくまでもその妥協点が見出せない場合であった。また、幕府による大名改易という行為自体も、「幕府の政略に発するもの」でも何でもなく、むしろ「将軍(幕府)側は大名改易に際しては、その合理的根拠を開示しつつ諸大名の了解の獲得に努める」ことで、初めてそれを実行し得ていたのであった(笠谷 一九九三:四三八)。

さらに、中世国家にはない「統一的」「全国的」な政策とみられてきた太閤検地や宗門改めも、もはやその「統一性」や「全国性」そのものから、無前提に近世国家の「強力」な集権性を導き出すことはできない。なぜなら、検地方式が統一された太閤検地にあっても、大名の領国検地権は生き続け、「太閤検地がそのまま年貢賦課に使用されたとは限らな」かったからであり（池上 二〇〇四：一三〇）、宗門改めにしても、紀州徳川氏のように宗門改帳の作成にあまり熱心でない藩もあれば、長州毛利氏のごとく宗門改帳の作成自体やめてしまった藩すらあったからである（速水 二〇〇一：五〇～五三）。近世国家の特徴としてよく用いられる、「統一政権」、「統一国家」なる用語でいうところの「統一」とは、もはやカッコ抜きには使いがたい段階にいたっているのである。

このほか、幕府と微妙な距離をとる藩の実例は、枚挙にいとまがない。一例をあげれば元禄十一（一六九八）年、肥前国の幕領および対馬藩田代領で、「正應寺法」なる異端的宗教活動が「邪宗門（邪法）」として疑われ、その「邪正」調査が天草代官や長崎奉行によって始められた際、近接する久留米藩と福岡藩でも、幕府に「内証」「密々」で実態調査が開始された。だが最終的には両藩とも、正應寺法に対する「邪正」判断を長崎奉行に一任してしまう（大橋 二〇〇八：一三～一五）。二十～四十万石級の国持大名として、幕府から「自立」した「国家」でありながら、宗教統制という重要（であるはずの）政治課題については、「密々」に調査し得る力量をもつ一方、「邪正」の最終判断は自らの手ではくださず、幕府にそれを丸投げする。ラビナが説くごとく、複合国家における藩＝「国家」の態度、そして集権と分権の関係は、実に微妙で、曖昧である。

３　長期的な模索運動としての集権と分権

このように、十五～十九世紀という長い時間軸で、諸領主権力間にみられる集権と分権の研究史をふりかえってみると、中世後期～戦国期の研究も、近世史の研究も、ともに、単純な二分法では割り切れない、柔らかく伸縮性のある集権―分権論を提起してきたことに気づかされる。十五～十六世紀の守護も、十八～十九世紀の大名も、室町、江戸幕府と実に微妙な距離を保っていた。「構造的特質」が異なると思われていた時代同士で、くしくも似たような研究視角と歴史像が勝ち取られてきたわけである。

たしかに、戦乱の有無や外交権のありどころなど、室町幕府―守護体制と、いわゆる幕藩体制との間には、それこそ数え上げればキリがないほど、「差」や「違い」を導き出すことは可能であろう。だが、そこで実証される「差」は、お互いの研究史を分断しなければならないほどのものなのであろうか。むしろこれまでの研究成果は、皮肉にも、その「差」や「違い」の度合いを、相対化する効果をもたらしてきたのではないか。

たとえば中世後期～戦国期の研究者が、近世との差を強調するとき、おそらくそこで想定されてきたのは、室町幕府とは比べものにならない、豊臣政権もしくは江戸幕府のもつ統一性＝集権性であったろう。一方、近世史側が戦国期以前との差をいうとき、念頭においてきたのは、中世後期～戦国期の守護・大名は、近世の個別領主よりはるかに強い自立性＝分権性をもっていたはずだ、という想定であったに違いない。

だがここまで整理してきたように、近年の研究は、こうした前提自体を崩壊させてしまった。江戸幕府は「脇役」といわれるほど、近世の集権性は大したことはなかったのであり、分権性が強いと思われてきた中世後期～戦国期の守護・大名も、室町幕府の集権性と無縁の世界に生きていたわけではなかった。池享のように、将軍足利義材《よしき》が失脚した明応の政変（明応二〔一四九三〕年）から、慶長五（一六〇〇）年の関ヶ原合戦までのおよそ百年間の時代を、「中世後期に進展していた政治的分権化が極点に達し、そこから幕府―藩という複合的だが集権的な統一国家の形成に向かう、国家史的大転換期」としてとらえたとしても（宮地ほか編 二〇〇六：二二二）、実はその「大転換」の度合いは、思っていたほど大きくはなかったのであり、比喩的にいえば、集権をめぐる室町幕府と江戸幕府の立ち位置の違いは、近世の大藩と小藩の差程度――すなわち同じ研究土俵にのせられる程度の差――だったのかもしれないのである。

となれば、もはや政治権力内の集権と分権について、中世後期～戦国期の研究史と近世史のそれとを積極的に分断すべき理由はどこにも見当たらないし、室町幕府―守護体制から幕藩体制への移行も、ある「構造」が「崩壊（解体）」して、別の「構造」が「成立」する、あるいは前者から後者へ「構造的特質」が「発展」「飛躍」「到達」する、という歴史過程としてみる必要もなくなる。そうではなく、両体制間でみられる移行は、集権と分権の間で長年にわたって繰り返されてきたせめぎ合い、ないしは双方の線引きをめぐる長期的な「模索運動」の一環としてみなせばいいのではないか。そして幕末の政争史がいまや、「もし武力倒幕派なるものが成立したとしたら、鳥羽伏見戦争直前の時点だと思っているくらいである」（家近　二〇〇二：二一七）とまでいわれるようになり、ギリギリまで幕藩関係の存続がはかられていたことをふまえると、そうした集権と分権の模索運動は、一四四〇年代から一八六〇年代にいたるまで、延々と続けられてきた――その本質的な終止符は、一八七一（明治四）年七月の廃藩置県――といえよう。[6]

二　対外危機と国家・社会

新田一郎が、国家の存立条件とは、「最終的には他の国家による承認の有無に帰着する」と述べるように（新田　二〇〇四：二〇）――二〇一一年三月、カダフィ政権を追い詰めたリビアの反政府勢力も、まずしたことと言えば、アメリカやイギリス、国連などへの接触であった（『朝日新聞』二〇一一年三月五日付夕刊）――、国家を論ずる際、外国との関係論は避けて通ることのできない課題である。そして五味文彦が、「国家を強く意識するようになるのは、しばしばその国家が危機的な状況にあることが多い」と指摘するごとく（宮地ほか編　二〇〇六：二一九）、国家間関係が厳しい緊張状態に陥る対外危機（戦争）の時代こそ、「国家」なるものの姿が明瞭に映し出されるときであろう。とりわけ対外緊張をきっかけに、国家と社会をつなぐ「回路」がどう出現してくるかが、国家史の議論においては重要な論点になると思われる。

そこで本節では、外国の脅威にさいなまされたり、あるいは逆にその脅威が煽られたりするなかで、どのように日本国内の諸制度が改革・新設され、それを通していかに国家と社会は急接近していくことになるのか、という観点から国家史の議論方法を鍛えていくこととしたい。まずはその取っ掛かりとして、「帝国」および「国防国家」としての近世日本国家を論じた、平川新『開国への道』(平川 二〇〇八)の研究史的位置を検討することから始めよう。

1 「国防国家」としての近世日本

「環太平洋時代」、「国防国家」、「世論政治」、「庶民剣士」という刺激的な章題が列挙された平川の『開国への道』は、これからの日本近世史研究がふまえるべき新たな論点に満ちた、極めて重要な仕事である(7)。

とりわけ、「帝国」としての近世日本、という国家像は、これまでまったく論じられてこなかった問題であり、十六世紀末以来、世界の「七帝国」の一つとして数えられ、「へたに近づくと、いつ捕縛されるかわからない、危険な国家」として認識されていた日本が、十九世紀以降、次第に西洋列強から、軍事力の大したことのない国として見下されていくようになるさまの叙述は、まさに圧巻である(8)。これまで、国際社会における近世日本の位置づけといえば、せいぜい東アジア――しかも実質的には、中国、朝鮮、日本の「三国」史観――という限られた範囲内での議論だったり(「日本型華夷秩序」論など)、列強の接近による対外危機といっても、そのあつかう時期は幕末か、せいぜい遡っても十八世紀末以降だったりした研究状況をふまえると、平川の仕事は、そうした今までの議論空間を、意識すべき相手国(地理的範囲)の面でも、時間軸の面でも、一気に開放した成果だといえよう(本書、平川論文も参照)。

議論空間の開放は、「世論政治」の延長線上に、民衆の「国防参加」を展望する点でも発揮される。第三節で指摘するように、近世日本における幕政と藩政の特徴を、「圧政」や「政治独占(民意無視)」ではなく、民衆の「政治参加」におく発想は、かねてより平川が主張し続けてきた論点であり（平川 一九九六）、『開国への道』ではその政治参加論が、十九世紀半ば以降における国防の問題にまで波及されることとなった。

平川がそこで注目するのは、次の三つの事象である。一点目は、諸侯・旗本・御家人のみならず、百姓・町人にも国防の「御奉公」を求め、「総国の力」を尽くすよう命じた嘉永二（一八四九）年十二月の海防強化令（①）、二点目は、嘉永六（一八五三）年に提出された九通のペリー国書一件に関する庶民意見書（②）、そして三点目は、庶民剣士の隆盛を前提とした国防用の農兵の取り立て（③）、である。

このうち①については、早くに藤田覚がその発令過程などを詳細に検討しており、国家的な対外危機に際して、「割拠をのりこえ、また全国民の一致協力を命じて」「権力の統一的、集権的側面が強く押し出された」ところに当該令の本質を見て取っている（藤田 一九八七：三四二～三四三）。「全国民の一致協力」に注目する点では藤田と平川は共通しているが、決定的に異なるのは、民衆の「協力」に対する評価の仕方である。すなわち藤田は、①のわずか半年後の嘉永三（一八五〇）年五月には、幕府が海防策に関する「異説」「妄説」の吹聴を禁じている事実をもって、「全国民の一致協力」を求めるといっても、結局幕府による「政治独占」と、「百姓・町人身分の政治的発言を封殺して兵農分離の原理を維持しようとする姿勢」は貫かれているとし、従来の幕藩制国家の枠組みを超えるものではない、と評するにいたる（藤田 一九八七：三四二、三四四～三四五）。

一方平川は、藤田の評価とはまったく逆に、①の海防強化令を「画期的」とみる（平川 二〇〇八：一八四）。なぜなら、近世国家の政治基調を、幕府による「政治独占」でも、民衆の「言論封殺」でもなく、「世論政治」とみる平川の目には、民衆の国防参加を求めた嘉永二年十二月令は、庶民の政治的発言の範囲が、外交関係にまで拡大されていく契機として映るからであり、現にその三～四年後の嘉永六年には、ペリー国書に関わる庶民意見書が受け付けられていた（②）。そして平川はそこに、研究史的には既知の史実となっていた③の農兵問題を、「庶民剣士の時代」という新たな時代背景とあわせることで、十九世紀半ばにおける日本の「国防国家」ぶりを独自の視点から描き出していくのである。

庶民に外交議論への参画が解禁され、また「国防と内治の両面で、庶民が兵の役割を担う」（平川 二〇〇八：三四三）よう制度変革されていくさまは、まさに対外緊張をきっかけに、国家と社会、政治権力と民衆（治者と被治者）が急接近し、一体化されていく様相をあらわしている。それはかつての近世史研究が追究した、「未曾有の対外的危機打開のための権力集中と国民統合」（藤田 一九九五：三）という歴史像と一致するが、注意すべきは平川の場合、そこへのたどり着き方が、近世民衆の政治参加と庶民剣士論という、従来の近世後期～幕末の対外危機研究ではまったく視野に入っていなかった論点を経由している点である。たった九通という（しかも採用されたかどうかもわからない）ペリー国書に関する庶民意見書の存在は、その数だけをみれば、とても「些末」な事象にみえるが、民衆に国防への積極参加をうながし、国家と社会の距離を縮める「回路」が具現化した、という観点からみれば、実は極めて重要な史実として浮かび上がってくるわけである。

2 「元寇」の恐怖と「危機管理体制」

対外危機をきっかけに、社会と国家が一体化されていく問題を考える際、海津一朗による一連の「元寇」研究（海津 一九九五、二〇〇四）は、非常に重要な研究史的意義を有している。海津の議論の特徴は、文永・弘安の蒙古襲来以後、十四世紀を通して、いかに人びとが「元寇」の影に怯え続け、いかにその恐怖心が国内諸制度や地域社会の様相を変革していく原動力となっていたのかを、大小さまざまな次元から総体的に論じていく点にある。

すなわち、蒙古襲来の恐怖にかられた鎌倉幕府がまず手をつけたのは、諸国寺社における全国一斉の異国降伏祈禱（神々の戦争動員）であり、その動員に対する「神々への行賞」としての仏神領興行であった。この神領興行法は、①

それまで神領に既得権をもっていた非社家の人びとを、先例に関係なく、神領の「押領」人として突然立ち退かせるほどの破壊力をもっただけでなく、②「神戦」を支える寺社間でも、領域支配をめぐる勢力配置図の塗り替えを呼び起こして仏神領の一円領化を推し進め、③個々の寺社内でも権力集中的な組織改革が進められるきっかけとなった。そして、「神戦」を支える寺社に対立するものは「悪党」視され、「神敵」として神罰をくらう対象になっていくのであった。「異国の防御」と「領内の悪党」鎮圧を結び合わせた鎌倉幕府の対「元寇」の「危機管理体制」（海津 二〇〇四：一〇）は、「神戦」の担い手を手厚く保護する一方、[9] その敵対勢力を「悪党」として猛烈に排除する力を持ち合わせていたわけである。

こうした暴力的なまでの排除力、破壊力は、戦争の役に立たないとみなされた女性・幼少領主の所領没収にまで波及する。一例として十四世紀初頭、それまで細ぼそと領主を続けてきた豊前宇佐宮のとある女官は、「元寇」対策の有事立法にかこつけた縁者の幕府御家人に、あっさりと領主の座を奪われてしまう。危機管理を大義名分とした制度変革は、村々での「小さな下剋上」を呼び起こすほど、「中央権力による地域秩序への介入」（海津 二〇〇四：一二）を可能としたのである。

しかもより深刻なことに、このような地域秩序の改変は、「蒙古襲来に脅える民衆たちの主体的な選択の結果でもあった」（海津 一九九五：二一）。とりわけ直接的な戦地となる九州地方では、「国の大事」だからという名目で、浪人や非御家人あるいは凡下の輩にも参戦を促し、恩賞を約束する幕府の方針に、積極的に応じようとする人びとが跡を絶たず、またいざという時には頼りにならない京都在住の領主よりも、実際の前線にたつ幕府勢力（の武力）に信用がおかれるようになっていた。前述の豊前における「小さな下剋上」は、単に幕府政策の一方的な押し付けの延長線上に生じたのではなく、「元寇」の恐怖を前にして、その対処を直接的な「力の正義」に頼もうとした、「九州民衆の切実な世論」（海津 一九九五：二一〜二二）をも背景としていたのである。

さらに「神戦」は、戦地から遠く離れた地でも民衆によって支えられていた。年初から蒙古襲来が噂されていた永仁元（一二九三）年十月、彗星と震動・雷鳴をほぼ同時に経験した鎌倉の民衆七百余名は、襲来の予兆とばかりに恐れおののいて鶴岡八幡宮に殺到し、異国降伏のための御神楽興行を要求した。折から幕府は、諸国寺社による全国一斉の異国降伏祈禱をおこなって神々をも戦争動員し、精神面でも「元寇」に対する徹底抗戦を表明していた。鎌倉の民衆は、そうした国家の方針に見事に呼応したのであり、祈禱を通じて国防に積極参加していたのである。

このほか海津は、和歌や連歌・田楽などといった、一見対外危機とは無関係にみえる当時流行の文化活動のなかにも、異国調伏儀礼としての性格を見出していく。その意味で、「鎌倉後期以後の社会では、政治・経済・文化のすべての局面に、「元寇」の影響が及んでいた」（海津 二〇〇四：六）のであった。西洋列強の脅威を前に、「国防国家」が一八四〇～五〇年代に急激に立ち上がってきたのと同様、一二七〇年代以降においてもまた、「元寇」への恐怖を起点に、国家と社会は、急速に一体化の様相をみせていくようになるのである。

3　アジア・太平洋戦争と「総力戦体制」

対外危機と国家・社会の関係を論ずるうえで、もう一つ注目される成果が、雨宮昭一による総力戦体制論である（雨宮 一九九五）。雨宮の議論の特徴は、「戦時日本」を「戦後日本」と異質な世界として描くのではなく、むしろ「戦後」を根底から規定するものとして総力戦体制下の「戦時」を位置づけ、そこから一九三〇～五〇年代の日本社会に対する見方を転換していくところにある（雨宮 二〇〇八も参照）。

とりわけ重要なのが、戦時体制という「軍国主義」的な世界とはおよそ相容れないものと思われがちな、社会保障（特に雇用・失業対策）という「社会福祉」的な政策や制度が、産業全体の軍需転換のなかでこそ整備されていく、という問題である。雨宮によれば、一九二〇～三〇年代初頭における日本経済のあり方は、一九四〇年代のそれと比べると民需中心で、なおかつ雇用や失業問題の処理も基本的には民間に任せられるような、「自由主義」的な体制であったという。そのため、労働者や農民らの労働条件や諸権利が、国家的な「制度」として保障されることはほとんどなかった。

ところが一九三八（昭和十三）年、産業の主軸が民需・「平和」産業から軍需へと移行されるなかで、国家総動員法とほぼ同時に公布された諸法令により、状況は一変する。国営の職業紹介所を誕生させた職業紹介法改正法は、国が国民の転失業問題に全面的に関わることを宣言するものであったし、厚生省の創設は、労働条件や保険に対する国家の積極的な管掌を象徴する動きであった。また、商店員の労働時間制限などを定めた商店法や、小作権の相対的な強化をはかった農地調整法、あるいは国民健康保険法などの制定により、商業使用人や農民・中小商工業者といった、いわゆる在来産業、あるいは小経営的な世界で働く人びと（本書、谷本雅之論文参照）も、国家的な社会保障の対象となっていく。工場労働者についてはすでに工場法が存在していたので、これにより、ありとあらゆる職種について、国がその労働保障を見守る体制が制度的にできあがったわけである。

アジア・太平洋諸地域への広大な侵略戦争を遂行し、なおかつ敵国の攻撃に備えるという未曾有の対外緊張は、戦地や軍需産業への動員だけでなく、国民の日常生活や仕事の保障をも「国家の責任」でなされるべきことを、政府や官僚、軍部、そしておそらく国民にも自覚させるきっかけとなった。そこで生まれた諸制度は、国民のなかに「完全雇用の自明性の規範」（雨宮　一九九五：一〇七）――それは戦後の終身雇用制度やその思想にも連なるであろう――をもたらすほど、国家と社会の距離を急速に縮めていく。その意味で、「総力戦体制のための「人的資源」の移動・補給・育成」（同右）を目的に、国が国民の生活全般を丸抱えにしていくさまは、対外危機をきっかけとした国家と社会の一体化の、究極の姿をあらわしているといえよう。上からの軍需工業化を強行し、それに即して社会福祉の改善をはかろうとした「国防国家派」（雨宮　二〇〇八：六）の東条英機が、一九四二（昭和十七）年七月、大阪での「大東亜戦争完遂国民総力結集大講演会」の際、「米英撃滅だ、東条閣下お願ひします」と叫ぶ熱狂的な群集に取り囲まれた場面は（吉田裕 二〇〇七：八二）、右の一体性を象徴するものであった。

国家総動員法以後、一九五〇年代にいたるまでの日本国家・社会の歴史を、独自の視点で描く雨宮の議論に対しては、「国家論的なこまやかさ」が欠如しているとする、宮地正人の批判がある（宮地 二〇一〇：二四四）。宮地の批判は主として、雨宮『占領と改革』（雨宮 二〇〇八）における、戦前・戦後の「社会的支配層」（天皇、政府、地主など）の位置づけや、「戦後改革における人民の闘いの軽視」に向けられたものだが、そもそも雨宮の総力戦体制論における「国家論的なこまやかさ」は、前述した社会福祉的な世界でこそ発揮されていることを考えると、そこを衝かない批判は――『占領と改革』では、福祉論が前面に出てこないから致し方ないにせよ――あまり生産的ではなかろう。

宮地のいうところの「社会的支配層」と「人民」が、対外戦争をきっかけに、福祉という回路を通して、融合される道が開かれる。[10]その点こそが、雨宮の総力戦体制論の肝なのであり、我々が国家史の議論方法として雨宮の発想から学ぶべきところも、ここにこそある。

4 対外危機でつながる国家と社会

平川、海津、雨宮の研究は、日本史における対外危機の研究としては共通しているとはいえ、それぞれの細かな事象や時代背景は、当然異なってくる。雨宮の時代には、海津・平川の時代が前提とする領主や幕府などいなかったし、国家対国家の正面（全面）戦争の有無でいえば、海津・雨宮の時代と、平川の時代とではまったく状況が異なる。[11]したがって、通常の研究史整理において、この三者の研究が並び立つことなど、まずあり得ない。

だが本節で繰り返し述べてきたように、対外緊張をきっかけに、国家と社会、治者と被治者の間の距離を縮める回路がどうつくりあげられ、それによって国家の求心力――藤田覚のいう「権力集中と国民統合」――がいかに高まり、民衆の国防参加への「自発性」がいかに涵養されていくか、という観点からみると、三者の研究は、見事に同じ土俵にのることになる。海津、平川、雨宮は、それぞれ別々の時代を専門とし、異なる研究史的背景から各々の研究を出発させながらも、国家史の議論方法としては、「危機管理体制」、「国防国家」、「総力戦体制」と、言葉をかえた形で同じ次元に達している。

であれば、日本の国家史を生々しく語る際、異国降伏祈禱で国防参加した十三世紀末の中世民衆と、献策で国防に関与した十九世紀半ばの近世民衆、そして東条首相を熱烈に歓迎した二十世紀半ばの近代民衆の言動に、さして差をつける必要はなかろう。したがってまた、海津、平川、雨宮の研究を、時代背景あるいは「時代の構造的特質」が異なり過ぎるという「正論」でもって、分断する必要も出てこない。前節では、十五～十九世紀の国家史を、長期的な「線」で結びつけてみたが、本節のごとく、十三世紀後半～十四世紀前半——幕府と朝廷は、十四世紀半ばにいたるまで異国警固役を解こうとはしなかった（海津 二〇〇四：三）——、一八四〇～六〇年代、一九三〇～四〇年代、という「点」で、国家史の研究史を構成することも可能なのである。

しかもこうした、従来の研究作法からすれば「規則違反」に映るであろう研究目線にたつと、国家の見方も自ずと変わってくる。たとえば前節でも触れたように、一般的に中世国家は、近世以降の国家より、はるかに集権性、求心力が弱い、ととらえられがちである。だが、対「元寇」有事立法の地域・民衆への強烈な食い込み方をふまえると、中世国家においても、一九三八年以降の総力戦体制と見まがうほどの求心力をもつことが可能であったとわかるし、見ようによっては、十八世紀頃の「泰平」国家より、十三世紀後半～十四世紀前半の「危機管理体制」国家の方が、はるかに社会との一体性が高かった、ともいえよう。逆にいえば、右の一体性の度合いでは、十八世紀と十九世紀半ばという同じ「近世国家」内での差よりも、十三世紀末と十九世紀半ば、あるいは十九世紀半ばと二十世紀半ばとの差の方が、はるかに小さかったのではないか、という見立ても可能となる。

加えて、平川、海津、雨宮の研究を並べると、各々の主張を相対化することもできる。とりわけ平川のいう一八四〇～六〇年代における「国防国家」は、たしかに十八世紀段階の国家などと比べれば、社会との一体性は高かったであろうが、対「元寇」の「危機管理体制」国家が、国家と社会をまとめあげる際にもった猛烈な破壊力と比すれば、その一体性もあまり大したことはなかった、とも言える。そうした両時代の差は、安政五（一八五八）年六月、大老井伊直弼の排斥を念頭に、孝明天皇が近衛家を通して薩摩藩へ京都出兵を打診した際、島津斉彬が、現在の政情は「弘安蒙古」と「同日の論」にはない、つまり「元寇」の頃ほど切迫した状況にはないとして、出京要請を拒否したごとく（井上 二〇〇六：六九）、同時代人の政治感覚、危機感覚としても感じ取られるところであった。

海津、平川、雨宮の研究を同じ土俵にのせると、対外危機の時代における国家の本性を露わにし得るし、三者の研究を並べることでまた、各々の時代の特徴も、より明瞭にし得る。既存の研究手法からすれば、「違法」に映るこうした「点」的な研究史づくりは、国家史の議論方法を鍛えていくうえでは、極めて有効な研究手段となり得るのである。

三　政治に参加する人びと

国家の質を考える際、統治する者とされる者、あるいは政治権力と民衆の関係を、どう歴史的に見通していくかは、必須の研究課題となる。両者の関係の質は、さまざまな視点から論じられるであろうが、ここでは第二節でも鍵となった、民衆の政治参加の問題から検討していくこととしよう。

1　民衆の政治参加論の射程

民衆が、幕政や藩政に民意を反映させようと、個人あるいは集団で献策や訴願運動をおこない、民意を反映した法令や行政指導を幕府や藩から引き出す。また幕府や藩も、強圧的な上意下達で民政を実行するのではなく、ことあるごとに民意を聴取しながら、ある程度民衆との合意が調った政治を目指す。しかもその民意は、たえずさまざまな利害によって一枚岩とはならず、民意を受けとめる統治者側もまた、自身の統治利害と引き合わせながら、採用する民意を取捨選択し、ときにはそれをはねのける。

こうした、政治における民衆との合意形成、あるいは幕政・藩政への民衆の政治参加を前提とした、双方向的で柔らかい権力―民衆関係論は、平川新による地道な実証研究と鮮烈な問題提起――「世論政治」という用語はその象徴――により（平川 一九九六、二〇〇八）、いまや近世史研究では無視し得ない、否、「ふまえて当たり前」の研究課題となっている。平川の世論政治論に対しては、いまだ「競争社会や規制緩和を肯定する側についている」（小野 二〇一〇：一八、二九～三〇）――平川の仕事を普通に読めば、彼が何かの「側」についていないことは一目瞭然である――としか理解（曲解）できない小野将のような研究者や、これだけ権力と民衆の双方向的な関係を示す事例が明らかにされながらも、いまだに近世武士を、「しょせん彼らは武力を背景に勤労者から年貢や諸税を奪うことで、ひたすら支配行政・軍事にいそしみ、一方では奢侈的で非生産的な消費文化を楽しんだ支配身分の一群にすぎなかった」（吉田伸之 二〇〇四：八）としかとらえられない、悲惨な歴史観をみせる吉田伸之のような研究者もいるが、そうした研究史理解は、もはや不勉強の誹りをまぬがれない。現今の研究段階は、民衆の政治参加にいちいち驚いたり、その実在に疑いをかけたりする段階には最早なく、民衆の政治参加は「あって当たり前」のものとして、より高い次元で議論を展開しなければならない段階にいたっている。

その際、一つ論点となるのが、民衆による政治参加の事例や、それをうながす制度（回路）の初見が、どんどん遡ってしまっている問題であろう。当初、平川が近世民衆の政治参加を問題提起した際、それは、「一八世紀半ば以降の時代的特質」としてとらえられていた（平川 一九九六：二八〇）。平川がそう判断したのは、領主が民衆に政策提言を求めたり、民衆がそれに応じて積極的に献策をするようになる事例が、十八世紀半ば以降になると急増する、という事実認識にもとづいていたからであったが、今やその当の平川自身、世論政治を十七世紀初頭から説き起こすようになってしまった（平川 二〇〇八：一八九）。平川がそこで根拠とするのは、研究史上著名な慶長八（一六〇三）年の郷村掟において、幕府が百姓に、代官に「非分」があれば申し出るよう呼びかけていたことや、京都ではもはや元和五（一六一九）年、京都所司代によって目安箱が設置されていた事実であった。

　こうした事例は、ほかにも事欠かない。たとえば後北条氏は、すでに一五五〇年代には領内に目安箱を設けていたし（藤木 一九九七：二三九）、十七世紀半ばの熊本藩では、財政強化を目的とした運上銀賦課に際し、熊本城下の町人から意見聴取がなされ、それに応えて数々の町人が運上銀案を藩に進言していた（吉村 二〇〇一：四四五〜四四六）。民衆が、献策や政治への異議申し立てを通して、積極的に幕政・藩政に参加する（できる）ようになった、というだけでは、もはや権力―民衆関係の「時代的特質」は説明しきれないのであり、政治参加し得る回路の制度的設置、そしてそれに対する民衆側の呼応は、遅くとも十六世紀半ばにはさして珍しくない現象になっていた、という事実認識をまずは持たなければならない。十八世紀半ば以降における献策の急増現象や、国訴（広域訴願運動）による国触の獲得動向（藪田 二〇〇五）も、そうした史実を前提に、あらためてその歴史的位置を長い目で問い直さなければならない段階にいたっているのである。

2　「政治離れ」の政治史

　一方、民衆の政治参加を論じる際、注意すべきは、「政治離れ」の歴史もまた、中近世民衆がつくりあげてきた「政治史」だった点である。この問題を考えるとき重要となるのが、江戸幕府の都市政策の転換を、都市住民の動向と絡めて論じた、塚本明の仕事である（塚本 一九九五）。

塚本は、①元禄〜享保期（一六八八〜一七三六年）の三都では、民意を吸収し円滑な行政を遂行するために、町役人が再編成・改編されたこと（京都における町代の設置など）や、②享保改革によって、民意掌握を志向する政策方針が打ち出され、住民の政策提案が処罰の対象から受理・検討の対象へと転換されたこと、③社会の流動化の進行によって、享保期（一七一六〜三六年）以降、とりわけ十八世紀後半の宝暦〜天明期（一七五一〜八九年）では、都市住民による政策提案（社会の流動化に応える会所の設立願いなど）が相次ぐことに着目する。そしてそのような状況を、「田沼期は、様々な弊害を生みつつも、ともかくも前近代において都市住民が最も深く政治・行政に関わり得た時代であった」（塚本 一九九五：一〇三）と評する。

先述した平川新と同様、塚本もまた、十八世紀以降における民衆の政治参加像を提起しているわけだが、彼の議論はそこだけにとどまらない。すなわち、前述の引用文に続いて、「だが寛政期以降には、新たに築かれた住民組織の動向により、住民の都市行政に関する訴訟は、町、町の連合体、株仲間など公的組織による、自分たちの直接的な利害関係に関わるものにほぼ限定されていく。こうして、住民が都市政策について提案を行い、行政への主体的関わりを拡大させていく可能性の、一つの芽が摘まれた」とも指摘するのである。

寛政期（一七八九〜一八〇一年）以降における、こうした都市住民の「政治離れ」現象の背景には、幕府による都市政策の転換があった。塚本によれば、田沼期には都市住民による政策提案（会所設立など）を積極的に取り入れる一方で、町奉行所独自の政策推進もはかられていたが、寛政改革では前者を否定し、政策方針を後者に一元化する、という大きな方向転換がみられるという。住民の政策提案に依拠しない行政主導型の政策遂行が志向されることで、都市住民が政治参加する余地は狭まった、というわけである。

さらに彼の議論で重要なのは、こうした「政治離れ」が、何も「上から」の一方的な政策転換によってのみもたらされたのではなく、当の都市住民の動向によって規定されていた点にも目配りしているところである。都市住民からの政策提案は、享保期以降、宝暦から天明期にかけて相次ぐが、その後なぜ急速に収束にむかうのか。しかも京都では、住民の政策提案を積極的に取り入れようとした田沼政権全盛の明和期（一七六四〜七二年）には、すでに会所設立提案はほとんどみられなくなっていた以上、余計に政策転換のみに「政治離れ」の原因は求められない。

そこで塚本は、「政治離れ」に向かうもう一つの背景を、社会の流動化――それはとりもなおさず会所設立願いをもたらす社会背景でもあったが――に歯止めをかけようとする、町組の動向に見出していく。すなわち京都では、町組が、町を通さない出願は受理しないという触を京都町奉行所に出させることで、町・町組の意向に反する提案を都市行政の検討の対象にのぼらせないようにした、という。町組の結束は、「社会の流動化に終止符を打ち、前代に比し相対的に安定した構造の構築に重要な役割を果たした」（塚本 一九九五：九六）と考えられるが、その代償として、都市行政に積極的に関与し得る可能性を、民衆が自らの手で摘み取ってしまったわけである。「政治離れ」は、当の都市住民自体が「選択」した結果でもあった。

こうした「政治離れ」の歴史的形成は、牧原憲夫のいう「客分」意識の議論ともつながるであろう（牧原 一九九八）。牧原は、一八八〇年代の民衆には、「赤髭が威張ろうが、安穏に生活できればいい」、「政治なんてものはアイツラ〔民権家など―引用者注〕の仕事だ」（牧原 一九九八：一二、一五）とする、いわば政治・政治家に対する「傍観者」的態度――「アイツラ」を横目で見つつも――が根強くあり、そうした姿勢を福沢諭吉の言葉を援用して「客分」意識と名づけた。そしてこの客分意識は、単なる政治的無関心ではなく、明確な一つの政治的スタンスであって、「江戸時代に培われた強固な観念であるとともに、明治維新以後にむしろ強化されたもの」（牧原 一九九八：一二）とした。

民衆のもつ「客分」性は、先述した政治参加像とは一見相容れないかにみえる。だがおそらく両者は矛盾しない。なぜなら牧原の議論にあっては、「客分」は「仁政」と密接不可分の関係にあったからである。仁政とは、「武士のみが統治者となりえた身分制国家にあって、客分たる民衆に対して領主・家臣が当然に負うべき政治的責務」（牧原 一九九八：五三）であり、その治者としての責務には、「地域社会の利害対立を調整し多様な地域住民の合意をとりつけること」（牧原 一九九八：五五）が含まれていた。ここでいう、地域社会における利害調整や合意のとりつけといった事柄は、まさに従来の政治参加論が注目してきた問題であり、ゆえに民衆の政治参加を重視する世論政治論と、政治への傍観に着目する客分意識論は、相反さないのである。「客分の立場から治者の責任を問い糾す論理」（牧原 一九九八：六六）で仁政要求をし、その面では政治参加を果たしつつも、逆に客分であるがゆえに政治のある局面では傍観を決め込む、それが牧原の客分意識論からみえる近世民衆の政治参加像であろう。

塚本や牧原の仕事からみえてくるのは、政治への関与を自らの手で断ち切ったり、「アイツラ」の仕事だとして突き放し傍観するという、民衆の、実に微妙な「政治的」態度である。両者の研究は、もっぱら十八世紀後半以降の動向に注視したものであったが、実はこの問題は、十五〜十六世紀の土一揆をあつかった、神田千里の仕事でも見出せる（神田 二〇〇四）。

神田の議論の特徴は、これまで「支配者に抗する民衆の運動」、あるいは「民衆に支持された運動」とみなされがちだった土一揆を、もっと複雑な利害が絡んだ歴史事象として描こうとする点にある。とりわけ重要なのが、「民衆の運動とされてきた土一揆が、直接に土一揆には参加していない民衆からどのようにみられ、どのような関係にあったか」（神田 二〇〇四：八）という観点から、土一揆の性格を見直していくところであろう。

土一揆は、家屋の破壊や放火、あるいは財産の略奪といった、暴力行為（武力行使）をともなうものであったし、参加者も必ずしも「民衆」だけとは限らなかった（大名や公家の被官が参加する場合もあった）。だがそれでも多数の力にたのんで、室町幕府や守護、寺社といった政治権力から、債権・債務関係の（部分的な）破棄を認めさせる徳政令を引き出した点では、十八〜十九世紀の国訴が江戸幕府から国触を引っ張り出してきたのと同様、民衆による多数派攻勢的な政治参加の一種であったことは間違いない。ところが、そこでの人びとの参加態度には、実に微妙なものがあった。

たとえば京都や奈良に土一揆勢が押し寄せた際、彼らに便乗して債務破棄を求めた人がいた一方（文明十二（一四八〇）年）、土倉ら金融業者との今後の付き合いを優先して、土一揆が「勝ち取った」はずの徳政の規定以上に、債務を債権者に弁済する者もいた（正長元（一四二八）年）。また村人たちも、土一揆がおきたからと言って、すぐさまそれに便乗していたわけではなく、徳政の実施が確実になったところで参加に踏み切ったり（文明十二年）、参加に際し、わざわざ領主に「お伺い」をたてる村もあった（長禄元（一四五七）年）。加えて地域防衛のため、幕府・土倉と協力して土一揆と戦った都市住民もいれば（明応四（一四九五）年）、土一揆勢が優勢とみるや、彼らに示談金を渡したり、人夫差し出し要求に応じたりして、土一揆勢の破壊行為から地域住民を守ろうとした人びともいた（明応八（一四九九）年）。

土一揆という政治参加行動に対し、当初から直接関与していたわけではなかった人びとは、実に慎重な姿勢をみせていたのであり、その態度は、土一揆と幕府を天秤にかけて損得勘定をするような、まさに「醒めた」（神田 二〇〇四：五二）ものであった。神田は、こうした「一見無原則で玉虫色にみえる」十五世紀の民衆の行動を、土一揆への「適応」と評価し、その背景に、「自分たちの力ではどうすることもできない幕府や土一揆という存在と、いかに対応していけば生き残れるのか」という、当時の人びとが抱えた、極めて切実な思いを読み取ったのである（神田 二〇〇四：二二七～二二八）。

このように、神田、塚本、牧原の仕事を並べると、十五～十九世紀における民衆の政治参加の歴史というのは、その情熱が一直線に燃え上がっていったり、右肩上がりに「発展」していくようなものだったのではなく、むしろ、たえず参加に対する「冷めた」目線・態度との共存がみられるような、複雑な過程であったことがわかる。十七世紀以降の世論政治を論ずるにしても、今後はこうした、民衆側の「引いた」態度との絡み合いをふまえて、その質を問わなければいけないといえよう。

さらに、単線的な「発展」史観では論じられない政治参加史という点でいえば、宮地正人のように、国家による「「社会からの合意調達の諸方策」に関しては、具体的に制度化されたものは、厳密にいえば近代天皇制下においてだけ」であり、一八九〇（明治二十三）年の帝国議会開設――それは「国家と国民との関係性における分水嶺をなす」――までは、国民は「政策決定の枠外」におかれていた（宮地ほか編 二〇〇六：ix）、とする議論との接合も課題となる。早くも一五五〇年代には登場する目安箱という「制度」を利用して、現行の民政に異議申し立てをするような政治参加と、合法的な訴願という「制度」を通して、民意を反映した法令を引き出すような政治参加、そして選挙で選んだ議員に自らの利害を代弁させて、国政に間接的に関与していく「制度的」な政治参加とは、いったい何がどう質的に異なるのか。この点は、いまだ誰も論じていない問題であり、あらためて、一五五〇年代（十一揆を含めれば十五世紀）～一八九〇年代という長い時間軸のなかで、民衆の政治参加と政治離れの歴史、そしてそれを通した政治権力と民衆の関係史、および「国家と国民との関係性」史を問い直さなければならない段階にいたっているのである。

おわりに

以上、「時代の構造的特質」論にかこつけた、研究の個別分散化状況に歯止めをかけ、躍動感あふれる国家史の創造を目指して、従来とは異なる視点から、研究史の新たな枠組みづくりに挑戦してきた。

そこからみえてきたのは、①一四四〇年代～一八六〇年代という「線」的な時間軸で議論すべき、集権―分権の関係史、②十三世紀後半～十四世紀前半、一八四〇～六〇年代、一九三〇～四〇年代、という「点」的な時間認識で議論すべき、対外危機と国家―社会の関係史、③一五五〇年代（ないしは十五世紀）～一八九〇年代という「線」的な時間軸で議論すべき、政治参加と権力―民衆の関係史、という三つの異なる時間が流れる十三世紀来の国家史であり、またそうした複数の時間軸で構成された国家史研究の新たな枠組みである。「近世日本の国家」一つを論ずるにしても、最低でもこれだけの時間認識をもたなければならないのであり、「近世」という限られた時間（とその専門研究者）のなかだけで、「国家の近世的特質」を云々し、研究史整理をしておけば済むような時代は、もはや終わったのである⑿。

こうした長期的な歴史把握、あるいは研究史認識――「線」的であれ、「点」的であれ――は、歴史研究でよく説かれる「連続／断絶」論と、一見同じ土俵上にあるかにみえる。だがこの問題は、「史実の連続面を重視するか否か」などといった、皮相な議論とは根本的に次元を異にする。なぜならここでもっとも問われているのは、研究史を構成するとき、いったい誰の研究と向き合うべきなのか、そしてどういう時間軸でお互いに問題意識と研究視角を共有すべきなのか、という研究者の姿勢と視野だからである。

たとえば川岡勉の室町幕府―守護体制論の場合、通常であれば、長谷川博史や池享といった同時代研究者と議論をかわし、研究史を構成するのが「正統」な研究作法であろう。だが本稿でみてきたように、室町幕府―守護体制の本質を理解するうえで、川岡が真に対峙すべきは、同時代研究者の長谷川や池ではなく、十七～十九世紀の藩国―藩輔論を展開する高野信治であり、高野もまた、藩国―藩輔の本質を深めるためには、昨今の藩研究ではなく、室町幕府―守護体制論と向き合うべきなのである。近世史研究にとって、一四四一年の嘉吉の乱は、「あちら」の時代の問題ではなく、「こちら」の時代の問題なのであり、また室町幕府―守護体制論にとっても、十九世紀における佐賀藩鍋島氏の動きは、「他人事」の歴史事象ではないのである。

同じく、十九世紀半ばの国防国家論を唱える平川新も、研究史的に意識すべきは藤田覚らの同時代研究者ではなく、対「元寇」の有事立法に注視する海津一朗であり、海津もまた、同じ鎌倉後期の専門家より、総力戦体制を唱える雨宮昭一と議論をともにした方が、よほど「元寇」の脅威に恐れおののく危機管理体制国家の深刻さに迫り得るであろう。その意味で、十三〜十四世紀の「元寇」をあつかう海津の論文（海津 二〇〇四）が、二〇〇一年の九・一一同時多発テロの問題から説き起こされるのも、「常識的」な研究手法からすれば、一見唐突な歴史叙述にみえるかもしれないが、「点」的な研究史把握を良しとする本稿の立場からすれば、逆にごく自然なものに映る。研究史を構成するとき大事なのは、どれだけ相手の研究が自分のそれと時代的に接近しているか（離れているか）ではなく、どれだけその相手と研究視角と問題意識を共有できるか、である。細かい時代背景の差は、それから議論しても遅くはない。

誤解なきようにいえば、筆者は何も、同時代研究者との研究史づくりは無駄である、ということを言いたいのではない。当たり前のことだが、個々の専門領域内で、細かい史実の評価や史料解釈の妥当性如何を問うのは、基礎研究の足腰を鍛えていくうえで、今後も必要であるし、大切な営みである。

ただそうした基礎作業はおそらく、我々歴史研究者にとって、やって当たり前の「義務」に属する仕事なのであり、その先に、どのような枠組み、時間認識にたった研究史を展望するかが、研究者としての本来の「腕の見せ所」なのであろう。これは、「グランド・デザイン」や「グランド・セオリー」といった大仰なことを振りかざさなければできないような話ではなく、今まで地道に積み重ねられてきた重要な研究成果を、時代の枠に囚われずに、課題意識や研究視角ごとにつなぎ合わせていけば、自ずと拓けてくる世界である。種々の先行研究から、国家史の技法をめぐる三つの時間軸を導き出した本稿は、そうした作業のささやかな試みである。

自分と他人の研究を、複数の時間軸を意識しながら、研究史上に位置づけるという行為は、「構造論」に守られた既存の研究手法と比べれば、相当に手間がかかる苦しい作業である。だがそうした苦しさをともなう歴史学の方が、結局は小さな史実を生き生きとさせ、歴史叙述に緊張感をもたらすであろう。そしてそのような歴史学の方が、絶対に面白い。

（1）加えて、「幕藩制国家」といいながらも、藩＝大名――「複合国家」の担い手となるはずの――が主語となる記述もほとんど出てこない。

（2）前述の『国家史』編者の宮地正人も、「新体系 日本史」シリーズで同巻を編んだ理由を、他巻が「社会史的な各分野史の構成をとっている」ので、「これら各分野をくくりまとめる一巻がどうしても必要となってくるはずである」（傍点引用者）と説明する（宮地ほか編 二〇〇六：ⅰ）。

（3）本稿は、かつて筆者が近世史サマーフォーラムの記録集に掲載した、三つの小論（木下 二〇〇七、二〇〇九、二〇一〇）を再構成したものである。

（4）具体的には、荘園の押領や国役徴収の無沙汰など、将軍上意を無視して体制離脱がはかられる一方、守護職の安堵や守護家督の確定のため、機会をとらえて上意赦免を乞い、体制復帰をはたす、といった事柄など。

（5）具体的には、それまで「藩輔としての立場」から佐賀藩に要請されていた長崎警備が、文化五（一八〇八）年のイギリス船フェートン号長崎港侵入事件をきっかけに、むしろ「「御家」・藩国の重要な構成要素」として藩内で認識されるようになり、そうした「外圧」認識の高まりが、藩の軍事力強化に向かう、など。

（6）山田康弘も、筆者とは異なる研究史理解から、十五世紀半ば〜一八七一年の時間軸で、集権―分権の関係史をみる必要性を説いている（山田 二〇一一）。

（7）平川のいう「環太平洋時代」についていえば、シベリア〜北太平洋における毛皮交易に着目してきた森永貴子も、平川と同時期に、「環太平洋地域史」という視点から、「日本史」や「ロシア史」を再構成する必要性を説いている（森永 二〇〇八）。

（8）そうした彼我の軍事力差のなかでも、幕末の幕府役人たちが、強かな外交能力を発揮していた事実については、井上 二〇〇六参照。

（9）寺社とならんで、「神戦」を担う御家人も、御家人領興行で保護された。
（10）その際、福祉の回路が実際に機能していたかどうかは、別問題である。ここでは、国家と社会を一体化させる回路が「登場」している事実こそが重要であろう。
（11）もちろん、文久三（一八六三）年七月、イギリス艦隊の砲撃で鹿児島の市街地が「黒土」と化したごとく（井上二〇〇六：一一五～一一六）、平川があつかう時期でも外国との「熱戦」はあった。
（12）国家や政治権力の歴史的な特質を語る際、重要な要素となる税金の問題についても、同じことがいえる（木下二〇一二）。

参考文献

雨宮昭一　一九九五「戦時統制論」（『岩波講座　日本通史』第一九巻「近代四」、岩波書店）。
――二〇〇八『シリーズ日本近現代史⑦　占領と改革』岩波新書。
家近良樹　二〇〇二『孝明天皇と「一会桑」――幕末・維新の新視点』文春新書。
池上裕子　二〇〇四「検地と石高制」（『日本史講座』第五巻「近世の形成」、東京大学出版会）。
井上勝生　二〇〇六『シリーズ日本近現代史①　幕末・維新』岩波新書。
大橋幸泰　二〇〇八「異端的宗教活動と近世秩序――元禄期肥前国きやぶ地方における正應寺法一件を事例に」（井上智勝・高埜利彦編『近世の宗教と社会』第二巻「国家権力と宗教」、吉川弘文館）。
小野将　二〇一〇「「新自由主義時代」の近世史研究」（『歴史科学』第二〇〇号）。
海津一朗　一九九五『神風と悪党の世紀――南北朝時代を読み直す』講談社現代新書。
――二〇〇四「「元寇」、倭寇、日本国王」（『日本史講座』第四巻「中世社会の構造」、東京大学出版会）。
笠谷和比古　一九九三『近世武家社会の政治構造』吉川弘文館。
川岡勉　二〇〇二『室町幕府と守護権力』吉川弘文館。

神田千里 二〇〇四『土一揆の時代』吉川弘文館。
岸本美緒 二〇〇二「時代区分論の現在」(歴史学研究会編『現代歴史学の成果と課題 一九八〇―二〇〇〇年Ⅰ 歴史学における方法的転回』青木書店)。
木下光生 二〇〇七「近世民衆の政治参加――議論方法の成果と課題」(近世史サマーフォーラム二〇〇六実行委員会『近世史サマーフォーラム二〇〇六の記録 政治から移行期を考える』)。
――二〇〇九「中近世「集権―分権」論の波動」(近世史サマーフォーラム二〇〇八実行委員会『近世史サマーフォーラム二〇〇八の記録 地域秩序の波動――国家史への接近』)。
――二〇一〇「対外緊張と国家凝縮の波動」(近世史サマーフォーラム二〇〇九実行委員会『近世史サマーフォーラム二〇〇九の記録 帝国の技法――個から迫る歴史世界』)。
――二〇一二「納税と徴税の社会史――一三〜二〇世紀の時間軸で考える」(近世史サマーフォーラム二〇一一実行委員会『近世史サマーフォーラム二〇一一の記録 制度からみた国家と社会』)。
久留島典子 二〇〇二「日本前近代史の時代区分――一五〜一七世紀の社会変動」(歴史学研究会編『現代歴史学の成果と課題 一九八〇―二〇〇〇年Ⅰ 歴史学における方法的転回』青木書店)。
高野信治 二〇〇二『藩国と藩輔の構図』名著出版。
塚本明 一九九五「都市構造の転換」(『岩波講座 日本通史』第一四巻「近世四」、岩波書店)。
新田一郎 二〇〇四『中世に国家はあったか』山川出版社(日本史リブレット)。
長谷川博史 二〇〇五a「二〇〇四年度日本史研究会大会中世史部会共同研究報告コメント 戦国期の政治体制と畿内地域」(『日本史研究』第五一〇号)。
――二〇〇五b「戦国期西国の大名権力と東アジア」(『日本史研究』第五一九号)。
速水融 二〇〇一『歴史人口学で見た日本』文春新書。
平川新 一九九六『紛争と世論――近世民衆の政治参加』東京大学出版会。

――二〇〇八『全集日本の歴史』第一二巻「開国への道」、小学館。
福田千鶴　二〇〇五『御家騒動――大名家を揺るがした権力闘争』中公新書。
藤木久志　一九九七『村と領主の戦国世界』東京大学出版会。
藤田覚　一九八七『幕藩制国家の政治史的研究――天保期の秩序・軍事・外交』校倉書房。
――一九九五「一九世紀前半の日本――国民国家形成の前提」(『岩波講座　日本通史』第一五巻「近世五」、岩波書店)。
牧原憲夫　一九九八『客分と国民のあいだ――近代民衆の政治意識』吉川弘文館。
水島司　二〇一〇『グローバル・ヒストリー入門』山川出版社（世界史リブレット）。
水林彪　一九八七『封建制の再編と日本的社会の確立』（日本通史Ⅱ）、山川出版社。
宮地正人　二〇一〇『通史の方法――岩波シリーズ日本近現代史批判』名著刊行会。
宮地正人・佐藤信・五味文彦・高埜利彦編　二〇〇六『新体系日本史』第一巻「国家史」、山川出版社。
桃木至朗編　二〇〇八『海域アジア史研究入門』岩波書店。
森永貴子　二〇〇八『ロシアの拡大と毛皮交易――一六～一九世紀シベリア・北太平洋の商人世界』彩流社。
藪田貫　二〇〇五『近世大坂地域の史的研究』清文堂出版。
山内晋次　二〇〇九『日宋貿易と「硫黄の道」』山川出版社（日本史リブレット）。
山田康弘　二〇一一『戦国時代の足利将軍』吉川弘文館。
吉田賢司　二〇〇七「室町幕府による都鄙の権力編成」（中世後期研究会編『室町・戦国期研究を読みなおす』思文閣出版）。
吉田伸之　二〇〇四『21世紀の「江戸」』山川出版社（日本史リブレット）。
吉田裕　二〇〇七『シリーズ日本近現代史⑥　アジア・太平洋戦争』岩波新書。
吉村豊雄　二〇〇一『近世大名家の権力と領主経済』清文堂出版。
ラビナ、マーク　二〇〇四『「名君」の蹉跌――藩政改革の政治経済学』浜野潔訳、ＮＴＴ出版（Mark Ravina, *Land and Lordship in Early Modern Japan*, Stanford University Press, 1999）。

〈領主―民間〉関係論の再考
――中世・近世の伊勢湾海運より――

太田光俊

はじめに

本稿では、伊勢湾の海運を素材として、中世・近世の日本における新たな、〈領主―民間〉関係論を模索していきたい。

周知のごとく、日本の中世史・近世史、とりわけ流通などの経済活動を取り扱った研究では、領主と民間の関係如何がたえず大きな論点となってきた。例えば、永原慶二氏は戦国大名が一部の商人を御用商人化したことにより、荘園制とはまったく別個の体制をつくりあげることができたとする（永原 一九九七）。また、佐々木銀弥氏は、脇田晴子氏の業績などをまとめつつ、新儀商人が旧来からの座商人の地位を揺るがすとともに、戦国大名がそれらを再編成し近世的な商業特権の萌芽にむかう姿を論じている（脇田 一九六九、佐々木 一九七二・一九三）。このように領主権力が、民間の活動を掌握して新たな体制を確立していく過程、あるいは逆に民間勢力が伸張して領主の旧体制を崩壊に導くさまを描く研究は時代を問わず非常に多い。

こうした成果を踏まえると、領主による民間経済の把握とその崩壊への着目は、時代の大きな変化をつかむ手法として、一見有効であるかにみえる。だが、これから本稿で詳述するように、長期的な視野に立って研究史を眺めると、実はそうした〈把握―崩壊〉からみた〈領主―民間〉関係論が、前後する時代で繰り返し論じられていることに気づかされる。全体をみようとすると逆に、時代の画期を推し量る指標だと思われてきた現象が、中世と近世の中で何度も確認されてしまい、結局多くの画期が連続することになって、事実上確たる画期が存在しないような歴史叙述になっていることがわかる。

このような問題が生じるのは、中世史研究と近世史研究が、あまりにも断絶してしまって、お互いに研究成果を共有できていないからであろう。そこで本稿では、伊勢湾海運を素材として、中世史と近世史の成果を単に「つなげる」のではなく、「重ねる」作業を行い、権力による民間経済の把握と、新興勢力による体制崩壊という、歴史上、幾度となく繰り返される事象の意味合いを考えていきたい[1]。そしてそこから、これまでの研究がそもそも依って立ってきた、〈領主―民間〉関係論の枠組み自体を再考したいと思う。

その際、伊勢湾という地域は、格好の検討対象となる。以下で説明する通り、伊勢湾海運に関する研究は中世と近世それぞれ盛んでありながらも、専門分野としては細分化してしまっており、互いの成果を十分に意識できていない。そのため、前後の時代をつないで理解することは、容易でない。しかし、それゆえそうしたズレに着目したい本稿にとっては、格好の「実験場」となるのである。「つなげる」ことが容易でない点を逆手にとって、中世と近世の研究を「重ね」あわせ、お互いの議論の枠組みを比較対照することで、新たな研究視角を模索していきたい。

一　なにが違うか――伊勢湾中世・近世海運史の現状

まずは、本稿の対象とする、伊勢湾海運史研究の現状を振り返りたい。その中で、各時代の論の枠組みの違いを確認しようと思う。同じ伊勢湾を扱っていても、中世史と近世史では、扱う分野や活用する史料、視角がまったく異なるため、直接研究をつなげることはできない現状にある。本節では両分野の差異がどのようなものかを確認し、次節以降ではその整理をもとに、研究を組み直すことを試みる。

1　中世伊勢湾研究と近世伊勢湾研究の差異

最初に、近年も着々と研究が蓄積されている中世史の分野から触れてみたい。二〇〇六年の中世都市研究会三重大会では宇治・山田（三重県伊勢市）・安濃津《あのつ》（三重県津市）の中世的特徴はもちろんのこと、伊勢湾内の活発な交易の様子が確認された[2]。また、都市や交易が近世初期段階まで連続的にとらえられることも示された。これらの前提となる海運の研究とは、稲本紀昭氏の伊勢湾や神宮に関する研究、永原慶二氏による貨幣流通や軍事物資輸送に関する研究、綿貫友子氏による伊勢と品川湊間の舟運に関する研究である（稲本 一九九二、永原 一九九七、綿貫 一九九八）。

中世海運の軸になるのは、宇治・山田・安濃津など、伊勢湾西岸部の諸都市である。そして、これらを論じる際に使用されるのが、地方としてはめずらしいまでに豊富に残存する神宮関係の中世文書である。この地域の研究は、権門としての神宮に規定されているといっても過言ではない。一方、対岸の伊勢湾東岸部（尾張国・愛知県側）に現存する中世史料は少なく、考古資料や、豊富な神宮関係の史料を間接的に使用し、叙述を進めざるをえない状況にある。それゆえ、文献史学的研究は比較的少ない。

中近世移行期研究では、『織豊期研究』誌上を中心に、藤田達生氏、曽根勇二氏らによって海運の問題が取り上げられている。織田信長が伊勢国に版図を拡大していく過程や、豊臣秀吉が合戦を遂行していく中で、武将たちがいかに流通を統制したかというところに注目している（藤田 一九九九、曽根 二〇〇八）。

最後に、近世の伊勢湾海運について触れよう。ちょうど綿貫氏らの中世の研究が世に出されるのと同時期に、斎藤善之氏が近世伊勢湾海運に関連して大きな論点を提示していた。斎藤氏は、近世後期尾張国沿岸を基地として伸張した内海船の検討を中心に、新興海運勢力による幕藩制全国市場の解体を描き出した（斎藤 一九九四）。近世史上重要な位置におしあげられた内海船の研究は、その後さらに深められている（髙部 二〇〇五、二〇〇七）。ここでは、中世史の伊勢国側に偏った研究状況とはうってかわって、尾張国側の史料をもとに論じたものが多い。

なお、斎藤氏の研究とそこで提示された枠組みは、その後、内海船の代表的船主である内田佐七家文書を利用し伊勢国側の物流の状況を明らかにした、鈴木えりも氏、石原佳樹氏、落合功氏などの叙述にも影響を与えている（鈴木 一九九七、石原 一九九七、二〇〇三、落合 二〇〇八）。特に、四日市には内田佐七家の出店が置かれていた。新興勢力の拠点となった四日市は、斎藤氏の図式と同じく、幕末から明治にかけて近代港としての発展の前提を醸成させ（石原 一九九七）、結果として旧来の廻船の拠点であった白子《しろこ》に取って代わっていったとされる。

2　研究成果の分裂状況

ここまで確認してきたように、伊勢湾海運に関する研究は、①中世、②移行期、③近世、と各段階ごとに研究が活況を呈し、それぞれが貴重な分析結果を出している[3]。①については、西岸部の豊富な史料をもとに分析が行われている。また、宇治・山田・安濃津といった都市の分析に力点が置かれているのも特徴的である。次いで②は、政治権力の動向から流通関係に着目する。武将たちの書状などから浮かび上がる断片的な事実を精査して、当時の都市の位置づけや流通事情を復元している。③は、①に対して東岸部を対象にした考察が目立つものの、内田佐七家のように西岸部の四日市にも拠点を置くような事例も示され、まさに伊勢湾の拠点形成を含めた議論が展開されている。素材は、内海船の船主家文書における経営史料を取り上げており、中世の神宮関係文書や、移行期の武将たちの書状とは異なり、海運の当事者による具体相を明らかにしたところが重要であろう。

①②③と、伊勢湾の海運の研究は大枠では同じ地域を扱いながらも、時代、視角、対象地域が微妙に異なっている。よって、単に前後の時代の歴史的事実をつなげて、通史的に叙述することは困難であり、研究はいわば分裂状況にあ

るといってもよい。各時代の枠に収まるように主題を小さく設定して研究史整理を行い、詳細な歴史事実の発見をするという流れを否定する気はないが、どれも良質な内容だけに総合的に把握しないのは非常にもったいない。

こういった分裂状況を克服し、各研究の成果を共有するのが本稿の目的である。中世・移行期・近世といった時代や、湾内の各地域を総合した議論をいかに構築するかという課題を考えていきたい。右に挙げたように時期区分ごとの論点をまとめてきたが、続いては実際にどのようにクロスするのか、またそれによってどのような新しい論点がみえてくるのかを考えてみたい。特に、これらの研究全体で共通して論じられている権力と民間の関係、およびその成立と崩壊の過程に着目し、それぞれの論をクロスさせて考えたい。

二　商人の姿——中世史の枠組みから

中世伊勢湾をめぐる研究に隆盛をもたらした契機は、関東の品川湊に入った船が伊勢から来ていたことを史料的に裏付けた、綿貫友子氏による新事実の発見であった（綿貫 一九九八）。中世の水運や物流に関しては、新城常三氏や豊田武氏らの史料博捜をもとにした戦前以来の研究が基礎にある（新城 一九九四、豊田 一九四四）。しかし、そこでは史料的な制約から、地域間のつながりは希薄だったと解釈されたり、所与の前提として処理されていた。そこに、新しい事実を提示したのが綿貫氏の研究であった。また、時を前後して稲本紀昭、永原慶二両氏も、志摩や紀州熊野から関東にやってきた船があることを実証的に示している（稲本 一九九二、永原 一九九七）。また、「もめん（木綿）」や「こえいわし（肥鰯）」など、近世の流通で主力になっていく品々が戦国段階で既に登場している。

中世海運の史料は僅少である故に、「遠距離のつながり」を実証したことが最も重要にみえてしまう。しかし、ここで提示されたのは航路の発見だけではない。以下に、永原氏、綿貫氏の権力にかかわる重要な論点を、抽出してみたい。

1　権力と商業活動

永原氏は、権力との関係を主要な論点に据え、廻船・水軍と戦国大名の関係を、後北条・今川・武田氏のケースに即して検討している。氏は、廻船に賦課をかける権力が神宮から武家に変化したことを述べ、神宮の外港ともいうべき大湊を、「もはや伊勢神宮の御厨年貢の揚陸港といった当初の性格からは大きく転換して、伊勢湾を囲む生産地からの諸物資の集積地であり、東西交易の拠点・兵糧供給の基地であり、さらには各地の注文に応じて中・大型船を建造する造船地でもあった」（永原 一九九七：一七四）と位置づける。また、戦国織豊期の権力による米穀買い付けについて、その前提に伊勢「廻船・問屋」の商業的米穀販売があったとする。後北条氏の梶原氏、あるいは武田氏の小浜氏などの戦国大名が招致し麾下に組み入れた水軍についても、水軍としての側面はあるもののそれは一面にすぎず、他の面では彼ら自身が廻船を擁する商人であったとする。

戦国大名の軍事的基盤の背後には、常に経済活動が存在していたのである。その上で、氏は「戦国大名はこの様な海上・河川交通・商品流通のネットワークをその領国支配の一環に編成することが緊急の課題」であり、「伊勢・志摩・紀伊方面の水軍の招致」を行い、軍事・経済体制の構築を課題にしたと述べ、その前提として伊勢商人の活動を媒体とした東国市場圏・通貨圏の存在を指摘する（永原 一九九七：一九八）。

一方、綿貫氏は、権力と商業活動の関係について、さらに柔軟な考えを示す（綿貫 一九九八：八六）。氏は、関東と伊勢のつながりで重要な役割を果たしたと考えられる神船について、大山喬平氏の論を評価しながら次のように位置づけている（大山 一九八八：二五〇、二七九）。

大山氏は、平安末から鎌倉時代を対象として、天皇・寺社・その他の権門に従属していた神人《じんにん》や供御人《くごにん》について、彼らの扱った魚・米・材木などの「物」を切り口として分析した。その結果、神人・供御人は諸方兼属の身分として現れ、従来強調されていた権門への奉仕があってその手段としての「物」を扱う職能、商工業があるという順の理解ではなく、「物」を扱う神人・供御人があって、それらが様々な権門に依って立っているという順で理解されることとなった。この説を、神人・供御人の商業面での役割が重視され、中世商工業の主要な担い手だったことを明らかにしたと、綿貫氏は評価する（綿貫 一九九八：八六）。さらには神宮の神人が運営した神船についてもこれを援用し、彼らの商業活動がいかに大きかったのかを論じた。なお、神宮以外の権力については、伊勢湾周辺部を本拠地とする水野氏、佐治氏、楠氏など在地勢力の支配下で、小廻船の荷物輸送が行われていることを明らかにしている。

以上、永原・綿貫両氏は、中世東国と伊勢湾の密接な関係を軸に、権力――権門としての神宮や、伊勢湾周辺部の在地勢力――と商業の関係について新しい見解を示したといえよう。

2　弾力的な中世の枠組み

綿貫氏は、史料から直接導き出された権力に把握された廻船の姿をもとにして、背後に隠されているであろう、比較的自由な商業活動の存在を指摘した（綿貫 一九九八：八六）。ここで想定されている、領主や権門にとらわれた商人像と、その裏に隠された自由な商人像は、領主と民間、または親権力と非権力という対立軸でとらえられるかもしれない。しかし、綿貫氏が展開した中世伊勢湾の研究においては、この対立軸となりうる概念を同一の商人の中に読み出し、論理が組み立てられる。

この論理をもとにして永原氏の研究を読み込むと、戦国大名に編成された水軍とは、各々で独自のネットワークをもち、自由な活動を行っていた商人だったことがより鮮明にみえてくる。永原氏は戦国期を中心に描き出したため、大湊が伊勢神宮の年貢取り扱い港という性格から大きく転換したと述べたが、公的な港湾機能の背後には、常に商人らの自由な活動があったはずである（永原 一九九七：一七四）。また、綿貫氏が室町期の事例を使って示した権力と商人の関係は、当然ながら担い手が変化するものの、近世においても通用する図式である。もっと大胆に推察するならば、現代にまで通じるかもしれない。それはともかくとして、中世段階から既に認められる「権力と商人」のありようは、時代の特質を示す事象というよりも、超時代的な構造なのではないか。

人々の動きと並んで「超時代的構造」の議論に当てはまるのが、伊勢湾における大型船と小型船の併存状況である。綿貫氏は「近世伊勢湾海運の基軸となった波不知船《いさばぶね》と大型船の関係は、中世伊勢海海運における小廻船と大廻船の関係に置き換えることができるように思う。湾内を縦横に連絡し船稼ぎを行った無数の波不知船の原型は小廻船にあったのではなかったろうか」（綿貫 一九九八：一五七）とし、構造の同質性を指摘している。つまり、大小の廻船は距離の遠近を住み分けの基準としながら、共存を図ったことになる。卑近な例を挙げれば、宅配便のトラックなどにもみられる構造で、今でも形を変えた共通性を感じることができよう。大小の使い分けと連携は一見単純にみえる指摘だが、これこそが従来の研究のほころびを、はからずも浮き立たせる鍵なのである。

中世の海運は史料的に限界があり、商人の性格を厳密に規定することは不可能である。よって、議論は抽象化する。が、だからこそ時代を超えた汎用性が出てくるのだろう。鎌倉期の大山論を援用し解釈し、室町期の綿貫論は成り立った。大山論は、さらに後の時代でも援用可能であろう。一般的により新しい時代になればなるほど、史料の数が増えるため、どうしても細部にのみ目がいってしまい、時代を遡るような議論にも耐えうる広範な論点を見いだすことが、おろそかになりがちである。この事さえ自覚し注意すれば、古い時代も新しい時代も、双方向で議論を共有することが可能なのではないか。

三　軍事や権力からの視点

永原氏は、近世の「初期豪商」への展望を記しているものの、「中世史」の議論ではその終焉期について具体的な検討はない。中近世移行期における統一権力、または近世権力の支配や画期の問題は、「中世史」とどのような関係になるのかという疑問も出てこよう。そこで本節では、従来の研究で時代の画期とされてきた中近世移行期を取り上げて、その特徴を検討したい。

文献史学ではおおむね織田期を藤田達生氏、豊臣期を曽根勇二氏が取り上げている（藤田 一九九九、曽根 二〇〇八）。また、考古学の事例を取り込んだものとして、伊藤裕偉氏の研究がある（伊藤 二〇〇七a、二〇〇七b）。以下ではこの三氏の論を中心に、当時の様相を明らかにしていきたい。

1 支配権力と都市論

藤田達生氏は、伊勢湾沿岸地域に関して、織豊両政権のうち、特に織田信長による沿岸一円の支配を重視している（藤田 一九九九：九）。永禄十一（一五六八）年、信長は伊勢国中部に侵攻し、三男信孝を神戸《かんべ》氏の養子として神戸（鈴鹿市）に、実弟信包《のぶかね》を長野氏の養子として伊勢上野（津市）に送り込んだ。また、一族の津田一安を安濃津に入城させた。なお、神戸氏、長野氏はともに、伊勢国中部を分有していた有力者である。さらに、翌十二年信長は次男信雄を、伊勢国南部を支配していた北畠氏のもとへ、養子として送り込んだ。これにより、信長の権力は本国の尾張側を含めた伊勢湾周辺一体をおさえることとなり、それにあわせて関所の撤廃、街道の整備が行われた。これらが、商業活動の活性化をもたらしたであろうことは、想像に難くない。藤田氏は、この状況をとらえ、織田権力が環伊勢海政権となったと位置づけた。また、このような強力な権力が出現した背景に、斎藤氏や今川氏といった大勢力に挟まれた境界領域における戦乱状態の深刻さ、それゆえの強烈な平和願望があったと想定している。強力な支配と自由な活動が実は密接な関係をもっていることを、この事例は示しているといえよう。

さて、藤田氏は廻船と港町についても、合戦の事例を使って論及する（藤田 二〇〇七：四〇）。信長は、伊勢侵攻後もなお従うことがなかった長島一向一揆に対し、天正二（一五七四）年三度目の攻撃を行い、ついに滅ぼした。その際織田政権によって、尾張国沿岸の蟹江や内海など十ヶ所と、伊勢国沿岸の桑名、白子、安濃津、細頸《ほそくび》（松阪市）など七ヶ所に舟の供出が命じられた。この動きから藤田氏は、織田政権による安濃津への諸公事免許といった特権付与の事例を演繹して、これらの湊にもそれぞれ特権が与えられていたと想定する。

ここには、中世伊勢湾の代表的な港、大湊が登場しない。しかし、天正元（一五七三）年に長島一向一揆に二度目の攻撃が行われた際、大湊は船の調達を織田政権より求められていた（小島　一九七九：二一〜六）。小島廣次氏はここから、封建権力の支配統制を超えた「公界」の無主意識をもち、通行自由権を有したという中世自由都市大湊が抵抗しつつも解体され、封建権力の支配下へ入っていく姿を描き出していた。しかし、藤田氏の描き出した伊勢湾岸の動員とあわせて読み込むならば、中世自由都市の解体というよりも、従来関係を結んでいた権力と異なる新しい権力が台頭し、それらと都市の間で、緊迫感をもちつつ関係を取り結ぼうとした過程だったと考えた方がよいだろう。そもそも大湊は、織田政権による賦課がかけられる以前にも、天文年間（一五三二〜五五年）、永禄年間（一五五八〜七〇年）を通じ北畠氏の戦費調達を行っているし、近世においても年寄制度は連続し中世以来の文書が保管されていた（中田　一九六三：一六）。織田政権による賦課や特権付与は、中世自由都市を解体させたというよりも、神宮や北畠氏との間で形成された旧来の関係を突き崩したととらえた方が、適切かもしれない。従来の権益から自由になったのか、新規の権益に絡めとられたのか、あるいは権力からの干渉なのか、様々な読み出しが可能な事例といえる。

なお、従来の文献史学では、織豊期の残存史料が合戦に関する書状や記録が主となるため、織田信長・豊臣秀吉といった権力者による流通の統制といった面のみが、強調されがちであった。しかし、藤田氏の論では、同時期に集成されつつあった伊藤裕偉氏による考古学の事例を踏まえ、権力者からみた地域と物流拠点の様子を主軸に据えつつも、その背後に権力の手が届かない広範な流通があることが措定されている。

それでは、考古学と文献史学を駆使し、伊勢湾を分析した伊藤裕偉氏の研究について触れたい（伊藤 二〇〇七a、二〇〇七b）。伊藤氏は、山茶碗の出土状況を分析し、安濃津は未使用品・破損品の出土例が他の地域に比して多いことを突き止め、当地が山茶碗の選別や商品化が行われた地だったことを明らかにした。また、文献史料にみえる屋号を集積し、その多寡、あるいは「鳥羽屋」、「伊賀屋」などの、地名を使った屋号がどの町で検出されるかといった分析を行った。さらに、山田・大湊が中世後期の伊勢湾の中心地であり、安濃津・桑名・白子等がそこに接続していること、山田・大湊の比重は十六世紀になってさらに大きくなっていくことを提示した。そして、十六世紀後半のはやい段階で、伊勢湾沿岸部全域に広がる流通のネットワークが形成されており、近世的流通構造の素地となったと結論づけた。これにより、従来不分明だった中世から中近世移行期にかけての伊勢湾沿岸部の物流の様相が、大まかに把握されることとなった。

伊藤氏の叙述は、大きな物流の枠をとらえ、権力の動きをその中にどう読み込むことができるか、というアプローチをとっている。氏の研究を踏まえると、文献史料に登場する物流、あるいは権力者が把握するような物流は、広範な流通のごく一部分に過ぎないことがよくわかる。

2　歴史的な画期をみる視角

次に、豊臣期の伊勢湾の海運に関する、曽根勇二氏の研究を取り上げよう（曽根 二〇〇八）。織田政権は本能寺の変によって終焉を迎え、賤ヶ岳合戦・小牧長久手合戦に伴う局地戦をくぐり抜け、伊勢湾岸の地域にも「秀吉の時代」が到来した。最初に注目しておきたいのは、材木輸送に関する事例である。豊臣秀吉は、九州平定後の天正十七（一五八九）年木曾材を伐り出し、京都への輸送を始める。また、徳川家康も同様に、富士材の搬出と京都移送を開始する。それらの経路は、伊勢湾、近江を経るものであった。また、一方で熊野灘、大坂経由の木材運搬路も開拓されつつあったという。その翌年には小田原で後北条攻めが行われたが、合戦後は動員された四国の大名たちに、富士材を搬出し、京都へ廻送することを命じた。

曽根氏は、秀吉の東国支配が進展していく過程で、材木や軍事物資の調達ルートが整備されることに着目し、伊勢湾がそれらの一大拠点となっていたこと、加えて秀吉がそれらを把握するべく大名や奉行などを配していたと位置づけた。また、徳川期についても同様の事例をもって叙述し、伊勢湾と周辺の流通支配のために国奉行を配して材木の駿府集中を試み、伊勢湾周辺地域の掌握を目指したとする。

この時期の伊勢湾研究の成果を、今までみた枠組みと対照させると、曽根氏の研究では権力による伊勢湾掌握の問題が強く押し出されており、在地の「把握される側」について詳しい紹介はない。ただし、筆者の目には、数々の権力分析の脇に、これまでみたような、権力の行動の裏に潜む民間の広範な活動がみえてくる。小田原攻めの時期には、秀吉は伊勢湾周辺で米や大豆を買い込み、兵糧として東国へ送っている（曽根 二〇〇八：一〇〇）。また、天正二十（一五九二）年には、秀吉が造船命令を出して、伊勢の木の伐り出しを命じ、船大工・鍛冶・大鋸・杣を周辺諸国から動員している（同右）。これらの事例は、先述の永原氏の視点を持ち込むならば、大量の米を扱えるほどの流通の存在や、伊勢の造船業とそれを支える周辺諸産業の広がりへと、曽根氏が明らかにした事実からさらに飛躍させることができる。このように、権力分析の影に隠れた経済活動を明らかにしていくことは、大変魅力的といえよう。

ただ、曽根氏は広域的に伊勢湾を把握した豊臣政権を画期的と評価するが、既に伊勢湾岸を支配し、沿岸の浦々に賦課をかけていた織田段階となにが異なっているのだろうか。豊臣政権による、全国的な検地の実施や、様々な分野での変化に富む政策の実行が前提にあることは理解できる。しかし、豊臣権力による把握という事実のみでは、特に画期的な事例とはいえまい。その点を踏まえ、あらためてこの時期の画期性を考えてみると、織田政権との差異は、東国支配を意識した新たなルートが確立されたという部分に求められよう。曽根氏の意図はまさにここにあるが、前後の時代との対比によって、論点はより鮮明にみえてくる。

移行期の研究を紹介したが、中世で論じられる権力と民間を、一つの海運勢力の中に読み込むといった手法を援用すると、お互いの時代に不足する実証を補完し議論することが可能になった。やはり、長い歴史的な時間軸で検討する意義が十分に認められる。領主と民間勢力という「プレーヤー」は、領主による把握の強弱や担い手の交代こそあれ、超時代的にみても不変である。画期をとらえるためによく使用される、権力による民間勢力の把握という物語は、実は論点にならない。むしろ重要なのは、織田期において権力の担い手が変化し、権力の領域が変わった点だろう。そして、豊臣期については、流通の結節点が変化することや、合戦等による臨時的な流通経路がその後に与えた影響などに注目すべきなのである。

四　近世史の通説を相対化する

ここまで、中世と中近世移行期の研究をつなげることで、重要な成果がみえてきた。そこで、とりわけ筆者が重視するのは、権力と民間の二項対立構造をそのまま、領主と商人にトレースしてはいけないとの理解である。既に、権力および民間の要素を同じ一人の商人の中に見いだすとらえ方が有効であることを確認してきた。さきに述べたように、権力による民間の把握という事象自体は超時代的なことであり、その強弱や把握の方法の差異こそが時代の変化を現しているのではないかという考えに立ち至った。本節ではその認識にたった上で、伊勢湾の近世の海運について豊かな事実と論点を提示し一つの到達点となった、斎藤善之氏の研究について考えてみたい。

1　二項対立史観の限界——近世前期の問題から

斎藤氏は、元来伊勢湾内から熊野灘にかけてローカルな海運活動を行っていた内海船が、農民的商品流通の進展に伴って実力を蓄え、白子廻船や菱垣・樽廻船の独占的輸送を侵食したことを明らかにしようとした（斎藤 一九九四）。ここで分析の中心にすえられた内海船は、農民的商品流通をになう新興海運勢力とされ、領主的流通をになう菱垣・樽廻船に代表される幕藩制流通機構と対抗的にとらえられ、前者が後者を崩壊させたと論じられた。そして、近世前期に成立した幕藩制全国市場とは異なる、近世後期の民間型全国市場が成立するとした（斎藤 一九九四、二〇〇五）。

ここでいう幕藩制市場構造とは、斎藤氏のまとめをかりるならば、「幕藩体制を支える領主的経済機構であって、三都中央市場と藩領国市場との重層構造をもち、藩領国市場は、政治的拠点でもある城下町や、流通拠点として掌握された港町等と、在方（農村）との重層構造を有し」ていたものだという（斎藤 一九九四：一一）。そして、「在方の余剰生産物や生活必需品の売買は、城下町や港町商人を経由して行われ」ているため、藩はそれらの「商人を掌握することで領国市場を支配し」た（同右）。そして、「藩領国市場はまた年貢米をはじめとする領内生産物の換金や、自給できない高度な加工品などの購入において、中央市場に依存せざるをえなかった」ため、幕府は「それら三都を直轄化し都市商人・職人を掌握することで全国市場を支配した」としている（同右）。

右に挙げたような市場の理解で主軸となるのは、領主と民間の対立である。菱垣・樽廻船と内海船、領主的商品流通と農民的商品流通、幕藩制市場構造と民間型全国市場を、領主と民間の対立軸上にのせて論じている。なお、伊勢湾の場合は、菱垣・樽廻船は登場しない。かわりに、同様の位置づけをされる存在が、伊勢国白子に本拠地を置き、江戸木綿問屋仲間の支配下にある白子廻船である。しかしながら、この座標軸設定の限界が見受けられる事例はいくつも発見できる。その内容を紹介しておこう。

第一に、近世前期、つまり斎藤氏が幕藩制市場構造が形成されるとする時期の事例である。当時、尾張藩の御用荷物等の領主的流通は、大野（愛知県常滑市）の廻船によって担われていた（斎藤 一九九四：二四）。しかし、寛文期（一六六一～七三年）には六十六艘を数えた廻船が、正徳期（一七一一～一六年）になると二十八艘に激減してしまう。

大野の廻船は藩の補助を受け存立していたものの、強力な江戸の問屋資本を背景にもつ白子廻船の登場により衰退したと、斎藤氏は分析している（斎藤 一九九四：三六）。

幕藩制市場構造下の領主的流通をになう菱垣・樽廻船と同類に目される白子廻船であるが、当初から領主的であったわけではないようにみえる。このように批判をすすめると、この事例を別の観点から「領主的」あるいは「民間型」といった事例に仕立てられるかもしれない。仕立て方とすれば、領主的流通の担い手であった大野の廻船が、民間の江戸の問屋資本に圧倒されていくというストーリーである。また、その中庸をとって、「領主的」な大野廻船が、別種の「領主的」存在である白子廻船に移行していった、という話にもできるだろう。

筆者が、なぜこのような事例にこだわるかをもう一度説明しておくと、そもそも「幕藩制的」や「民間型」などといった、二項対立史観で話をまとめること自体に限界があることを強調したいからである。地域の史料を詳しく分析していくと、当然のことながら何らかの類型にはめるよりも、当地の特性を明らかにしたいというのがそもそもの研究者の思いだろう。領主的か民間的か、さらには菱垣・樽廻船に近いとか遠いとかという問題は、即時代の対立軸となるというよりも、一つの指標にすぎない。二項対立の論じ方は、物流の実態を究明する中で必要なものなのであろうか。

白子廻船は、江戸木綿問屋の資金助成を受けている点からすると、たしかに問屋資本の傘下に位置づけられる。しかし、だからといって、江戸商人の支配下という一面的な判断はできない。白子廻船は一方で、紀州藩の伊勢領米を少量でも積むことで、「紀ノ字」の船印である幟を藩から貸し付けられている（中田 一九七〇：九）。この幟によって、江戸向け航路の関門である浦賀番所を有利に通過することができたといわれる（同右）。誰からみても、白子廻船は権力の傘に入っていることは間違いない。ただし忘れてはならないのは、権力一辺倒や、特定の商人資本としか結びついていないということでは決してない。少なくとも白子廻船の場合は、江戸木綿問屋や紀州藩との関係が明らかであり、一方の大野廻船も尾張藩の援助を得ていた。そして、それ以外にも取引先があることも推測できる。大野廻船にせよ、白子廻船にせよ、実際のところそれぞれの廻船の中に、領主的な要素と民間的な要素とが混在しており、それらをうまく組み合わせて少しでも有利な状況を作り出していたとみた方がよいだろう。だからこそ、二項対立史観で歴史的事象をとらえてはいけないのである。

2　「白子廻し」一件からみた伊勢湾海運

幕藩制市場構造が成立をみたとされる時期について、斎藤氏の説明に限界があるのではないかと指摘した。続いては、その崩壊過程においても、同様の指摘を行う。その事件は、江戸木綿問屋仲間の大伝馬町組と菱垣廻船の利害が衝突したとされる、文化八（一八一一）年に起こった「白子廻し」一件である。「白子廻し」は「笠置《かさぎ》廻し」ともいい、上方の木綿荷物を陸路で、山城国笠置（京都府相楽郡笠置町）を越え伊賀国、伊勢国の津（安濃津）を経由し、白子から廻船に積み込み江戸へ送り出す輸送方法および経路のことである。この一件は、従来菱垣廻船を使い大坂・江戸間を廻送していた江戸木綿問屋大伝馬町組の荷物を、「白子廻し」に転換しようした際に起こった事件である（斎藤 一九九四：六〇～六八、杉本 一九八八）。

そもそも、菱垣廻船を仕切る十組は、「古方」と「仮船組」に分かれており、大伝馬町組は仮船組に属していた。また大伝馬町組は伊勢商人が中心であり、大坂・江戸間の荷物だけではなく、伊勢湾から白子廻船に乗せて送る荷物もあることから、仮船組の客分という形で所属していた。寛政十二（一八〇〇）年、難船処理で大伝馬町組が仮船組と対立し、菱垣積みから樽廻船積みにしようとするも失敗し、大伝馬町組は結局古方組の客分となる。さらに、文化六（一八〇九）年には、元飛脚問屋であった杉本茂十郎によって菱垣廻船の立て直しが目指され、江戸の橋の架け替えを十組問屋が行うことを名目とした三橋会所が設立することになった。これにより、幕府と密接なつながりが形成

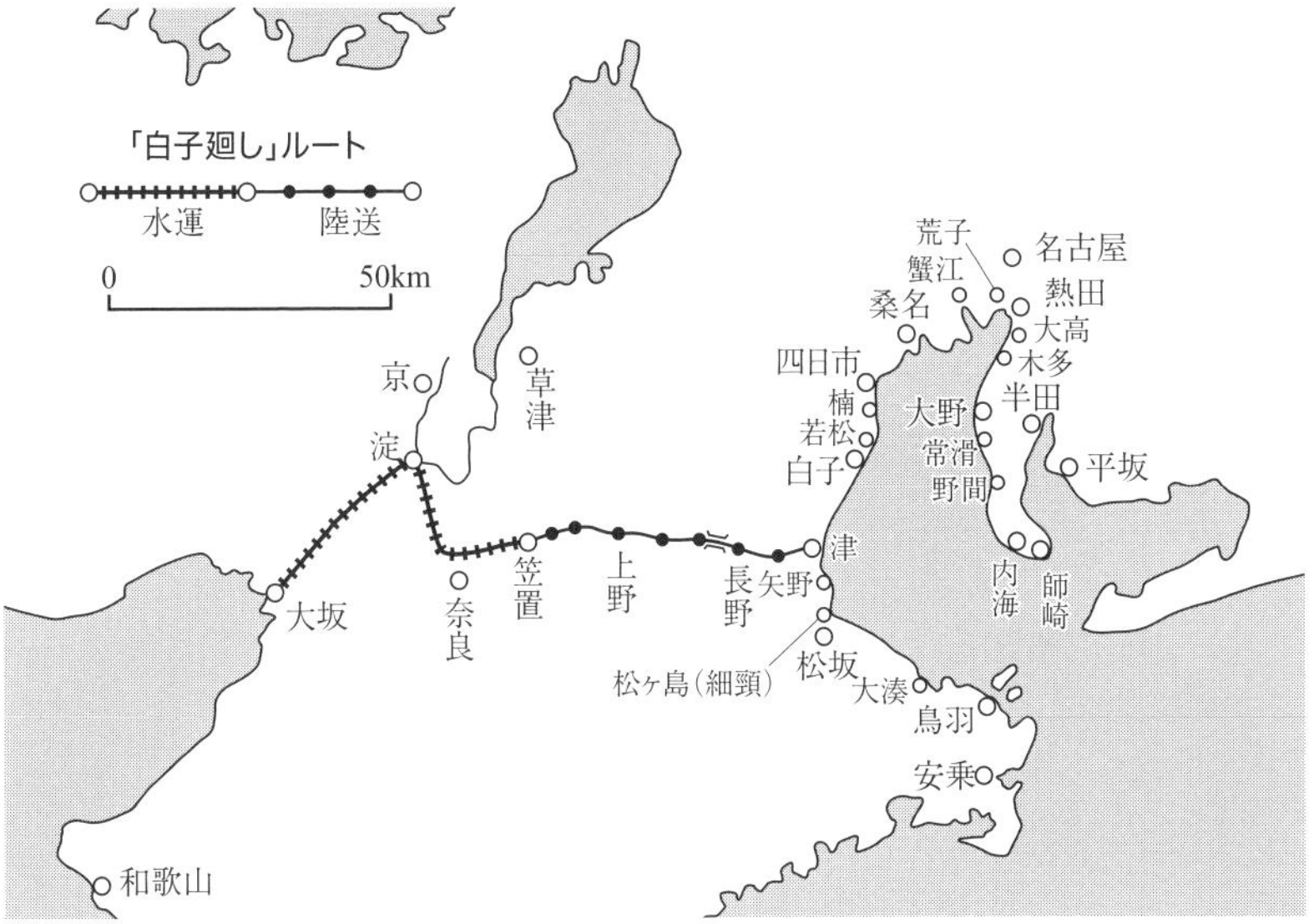

主に近世の状況を表現したが，参考のため伊勢湾岸については中世段階の主要な集落も標記した．斎藤 1994：65 の図を参考とした．

され、幕府の意向を反映した業界の編成を、杉本茂十郎が行っていく。そして、同十（一八一三）年菱垣廻船積問屋仲間が設立されることで業界は再編成され、従来の株仲間六十五組に対し、強固な独占権が与えられ、三橋会所が仲間の会所となった。その一方で、文化六、七年にかつて例のない程の難船が相次いで起こり、三橋会所設立以降難船に対する負担も増大し、大伝馬町組は従来客分であったため就任しなかった大行事役勤務まで強要されるようになってきた。

そして、樽廻船・半田廻船・三河廻船・日高廻船・大坂地船に至るまで、船主が木綿を積みたいと思っている時勢の中で、大伝馬町組が木綿を伊勢国の四日市・白子廻しで手船に積むことは猶更当然であり、菱垣廻船を避けたい（「十組掛合」（日本海事史学会編『続海事史料叢書』第三巻「菱垣廻船関係史料2」、成山堂書店、一九七八年）、四四一頁）という情勢に立ち至った。大伝馬町組は、文化八（一八一一）年頃から白子廻しの計画を始め、翌九年には白子組や大坂木綿問屋などへ根回しを行いつつ白子廻しを開始した。さらに、文化十年には前年に起こった難船事故の負担増を認めつつ、「勝手が悪い時は白子廻しにし、菱垣廻船使用が都合がよい時は荷物を沢山積むことは、自由である」という言葉を十組問屋四極印より取りつけ、文化十一年にはその旨の調印が行われ、白子廻しは公認のものとなった（「十組掛合」：五二四）。

しかし、文化十一（一八一四）年買米で出した莫大な損金を埋め合わせるため、三橋会所は差加金を十組に負担させようとしたが、呉服・木綿・綿繰問屋の者は納得しなかったため、杉本茂十郎は町奉行を動かし、多数の問屋が処罰された。その中で白子廻しも問題とされ、白子廻しの廃止と引き替えに関係者の赦免を請うこととなり、二年間続いた白子廻しは終焉を迎えた（林編　一九九二：二四六、茂木　二〇〇九：一二二）。

この事件の前提として、斎藤氏は菱垣廻船や、樽廻船では受け止められない市場経済情勢の変化があったとする。また、この頃には白子廻船は請負となっており、半田、内海、野間、常滑など尾張側の船が担うようになっていた。そして、白子廻しを実行する過程で内海船の利用も案として挙がっていたことも関連づけて、菱垣廻船などの代替手段として想定されるほど内海船の評価が高まりつつあったと位置づけた。

ここで重要なのは、そもそも「幕藩制市場構造」を担うはずの白子廻船が、内海船によって担われているという実態である。当然ながら、幕藩制市場構造の崩壊過程ともみえる。しかし、ここで一つの活動の中に権力と民間の両要素を読み込む論法を援用するならば、内海船の広範な「民間」の活動の一部分が「把握」され、「領主的」な流通を担っていることが理解できよう。総体としては独自の活動を繰り広げた内海船であるが、尾張の対岸の白子においては、「幕藩制市場構造」を担う集団の中に組み込まれていた。

また、斎藤氏は内海船の勢力伸張の証左として、大伝馬町組が白子廻し一件において大坂・白子間の交通手段を検討する中で、白子廻船だけではなく、尾州廻船や内海船を利用する案が出てきたことを取り上げている。このように、大伝馬町組は菱垣廻船の忌避を多様な新興勢力を含めて画策する一方で、十組問屋の枠を利用しつつ積極的に権益保護を行っていた（北島編 一九六二：三六五、林編 一九九二：二四四）。これらをあわせると、実際十組問屋からの反発をおそれたため、内海船の利用はなかったものの、実行された場合は両者の相互補完がさらに進んだ可能性も十分予想できる。

内海船の史料からの考察を検討してきたが、一方で杉本嘉八氏は、白子や津藩の事情も踏まえてまったく別の視点から考察している（杉本 一九八八）。杉本氏の視点を、簡単に紹介する。山城国笠置から、伊賀国、伊勢国津へいたる経路はほぼ津藩領であった。すなわち、大伝馬町組の「白子廻し」の前提には、文化五（一八〇八）年末頃から津藩や津藩宿駅問屋中が中心となった、藩領内の街道救済を目的とした京荷物と大和木綿の伊賀廻り増加計画があったというのである（杉本 一九八八：一〇〇）。

畿内から笠置、伊賀上野、津へいたる経路は、かつて三代目津藩主藤堂高久（在任は寛文九（一六六九）年〜元禄十六（一七〇三）年）の頃、綿荷が多く行きかった経路であった。しかし、菱垣廻船の開設以降は荷物が減り、その後増減を繰り返しながらも、文化五（一八〇八）年にいたる八、九年間はまったく綿荷の流通がなくなったとされる。この立て直しを、津藩の問屋たちが目論んだのである。その中で大きな成果として挙げられるのは、白子廻船を使用する京都店を中心とする白子組への働きかけを行い、次第に荷を増やしていったことである。また後に、大伝馬組にも働きかけを行い、菱垣廻船の忌避が強くなる中でやっと実現にこぎ着けたのであった。

ここでは、斎藤氏がともに領主的と位置づけた、菱垣廻船と白子廻船が、完全な対抗関係にある。津藩の意向、白子の積荷・廻船問屋の意向を評価するならば、領主的な再編成と評されるであろう。そして、白子廻船の活動の裏に隠れた内海船にスポットをあてるならば、領主的なものと民間的なものが補完関係にあったともとらえられるのである。

斎藤氏が分析に利用した対立軸は、菱垣・樽廻船・白子廻船と内海船、領主的商品流通と農民的商品流通、幕藩制市場構造と民間型全国市場と様々あった。これらは座標軸としては非常に理解しやすい。しかし、これらすべてを領主と民間の対立軸上に並べて大きな時代の推移を考察することは、近世初期の事例をより深く分析したり、文化年間の白子廻しの事例を子細に分析してみると極めて難しい。

結局のところ、一つの商業行為の中に、斎藤氏が分析に利用した対立軸がそれぞれ要素として含まれていることが確認できた。また、これらの要素の見え方も、どのような視角をとるかによって大きく変わることもわかった。「白子廻し」一件の場合ならば、尾張藩、紀州藩、津藩、内海船の船主、白子の廻船問屋、江戸の大伝馬町組、三橋会所のうち、どれに視座を据えるかで、見え方は大きく変化する。実際に当時も、これらそれぞれの立場を利用し、権力に通じる側面と自主的に展開する側面を按配し、自己の活動を位置づけ、より安定した商売を行ったのだろう。

これらが変幻自在にみえる裏には、斎藤氏が見いだした古い勢力が新しい勢力に圧倒されていく動きの他に、民間的なものが領主的な要素を獲得していく過程や、領主的なものがその領主的要素をそぎ落としていく過程があるのではないか。ちなみに、地域の経済的発展により新たな流通形態が生まれ、旧来の組織が圧倒されていくという図式は、座商人と新儀商人の関係などの説明の中で、中世史においても使用している枠組みである（佐々木 一九七二：一八一〜一八二、一九三）。その枠組みだけとらえれば、中世においても、織豊期においても、近世においても幾度となく民間勢力によって領主的流通が圧倒されていた。また、その逆の過程も幾度となくあったであろう。とするならば、一体どこで民間と権力の線を引けばよいのだろうか。むしろ、第二節でみたような、商人の権力的側面と自由な側面を同じ一人の商人の中にともに認める弾力的な枠を利用し、より柔軟に論じた方が生産的ではなかろうか。大山氏や綿貫氏が中世史で使用したこの論法を採用すれば、斎藤氏の論における権力と民間の対立軸の矛盾点は解決できはしまいか。こう考えると、近世前期の問題も、「白子廻し」の問題も十分な理解が可能となるのである。

おわりに

伊勢湾という研究が比較的進んだ地域の近世における分析視角と中世における分析視角を比較することにより、領主と民間という枠を硬直させて用いることの限界と、柔軟に用いることの可能性が明確になった。

まずは、民間により権力の枠が圧倒されるという見方の限界についてまとめよう。斎藤氏は民間勢力の流通によって領主的流通が圧倒されていくとした。同様の図式は、規模こそ違えど中世、近世を通じて繰り返されていた。民間勢力が領主的流通を幾度となく圧倒する裏には、民間的であったものが領主的になる過程が潜んでいる。そこで、大山氏や綿貫氏が中世史料の限界の中で構築したような、商人の権力的側面と自由な側面を同じ一人の商人の中にともに認める、弾力的な枠が重要となる。その枠の中で、領主的な把握が強まったり弱まったり、把握の対象が変化するというのが実態に近いのではないか。こうとらえるならば、領主によって把握された事や、民間勢力が伸張し従来の構造が崩壊したという事、それのみを示しただけでは大きな時代の画期を示すことにはならないのである。結局、時代の画期とされているものは、政権論と組み合わせることにより、そこから演繹して論じていた部分が大きかったのかもしれない。

民間的であった流通が領主的になるという変化は、時系列で起こる現象であるが、同じ時間の中でも地域によって民間、領主の枠の見え方が変化していた。「白子廻し」一件は、伊勢湾東岸部では「民間」の新興勢力たる内海船の活動として、一方伊勢湾西岸部では津藩や白子廻船といった「領主的」流通再興の過程としてとらえられる動きであった。一つの商業活動の見え方が、尾張、伊勢、江戸と地域によって異なっていたといえる。商人は、時間軸の上でも空間軸の上でも、民間的な要素と領主的要素を混在させていたのである。

結局のところ、領主的、民間的という枠は対立するものの、それぞれが純粋な形で現れるものではなく、商人という一つの存在の中にともに要素として存在するものであった。それらを按配することで、より豊かな商業活動が展開可能だったといえるのではないか。

ここまで、民間的と領主的という枠の限界について述べたものの、この枠は可能性も秘めている。まさにその抽象性と通時代性故に、時代を超えて同一の論点で物事を比較対象させることができる。戦国期、織田期、豊臣期、近世を対照させてみた場合、それぞれの史料の残存状況に規定されて論じられない部分が明白になる。そして、その部分が他の部分とどういう位置関係にあるかがわかり、論じられない部分の内容もおぼろげながら措定できる。また、従来の時代の画期の枠に乗るのみで、実際は全く検討されていなかった部分も明確になる。そして、権力による把握の特質をどうとらえるかという問題や、別の観点と併せて考えるという思考が出てくるだろう。

例えば、把握の範囲である。領主の把握する領域が前時代に比べて極端に広範囲となるのは、織田期であった。ここに、一つの大きな変化を見いだせた。また、商人の活動がつなぐ地域がどう変化するかも、問題にできるだろう。中世では、永原氏のいう伊勢湾西岸部を媒介とした東国市場圏・通貨圏が存在する。また近世中期には、樽廻船・菱垣廻船などの隆盛がある。それにより、畿内から伊勢湾西岸部へ陸送される物流は減少したと考えられる。また近世後期には内海船の縦横無尽の活動があり、伊勢湾西岸部へ陸送される物流も一部復活した。これらの領域の問題も、変化したり元に戻ったりと波があるようだ。この問題を、商業の背後にあるであろう消費の拡大や、人口増加に伴う組織の巨大化なども連動させて考えると面白いだろう。中世と近世では人口が根本的に違うわけだから、組織の構造にしても人口に応じた再編成がなされていることは間違いない。

民間と領主という、画期を示すようでいて実は超時代的な概念というものは他にも存在する。軍事動員しかり、税制しかり、開発しかりである(4)。同じような切り口で、時代の変化を解いている論文を、時代を問わず重ねて考察することによって、新たな論点がみえ、それぞれの実証をさらに活かすことができるのである。

（1）　連続的に事象が現れることについて、渡辺尚志氏は、中世末期と近世初期の「兵農分離」関係の事例を引用し、「中・近世は平板な連続過程ではなく、いったん否定されたものがかたちを変えて「復活」した」（渡辺 二〇〇四：一七八）と表現している。さらに、木下光生氏は本書所収論文で、十五〜十九世紀という長い時間軸で、諸領主権力間にみられる集権と分権の研究史を俯瞰し、単純な二分法では割り切れない、柔らかく伸縮性のある集権―分権論がそこに存在していることを「発見」している。また、フェルナン・ブローデルはその古典的研究の中で、歴史的事象の時間性を、一回限りの事件である「短期持続」、時々刻々動きながらも一定の周期をみせる複合状況である「中期持続」、事件や複合状況の深部にあってほとんど動かない「長期持続」の三つに区分している（ブローデル 一九九五：一七、浜名 二〇〇〇：一五〇〜一五四、一六九〜一七三）。本稿で取り上げる〈領主―民間〉関係は、波のうねりのように繰り返し現れるという点からすると、「復活」という一過性のものではなく、木下氏のとらえ方や、中期持続の時間枠に近い。

（2）　この大会は三重県内に住む研究者が、綿貫友子氏らの太平洋海運研究で提示された像を伊勢の地域史研究としてどうとらえるかという問題関心で行われ、八本の研究が発表され、その中で伊勢湾をめぐる中世史全体の事例が蓄積されるとともに、神宮や織田政権といった地域の権力についても一定程度言及された（市村 二〇〇七）。

（3）　尾張国側の研究の前提として、村瀬正章氏の永年にわたる伊勢湾海運史の研究蓄積や、青木美智男氏による知多半島を中心とした研究が存在する（村瀬 二〇〇四、青木 一九九七）。また、伊勢国側の研究の前提としては、海村の史料調査を徹底して行った中田四朗氏とその門下生による先駆的な成果があった（中田 一九六六）。白子廻船や、領主米の輸送に関する御城米船の研究等は、すべて中田氏らによって基礎が固められている。

（4）　このような取り組みが既になされているのが、「兵農分離」の分野である。「兵農分離」以前の中世社会では、当然ながら武士と百姓の中間に位置づけられる人々が存在する。そして、承知の通り、「兵農分離」後の近世においても、紀州徳川家の郷士や、藤堂家の無足人など武士と百姓の中間に位置づけられる人々が、公的に制度化されていた（藤田 二〇〇〇）。実はここで指摘される近世の郷士制度は、戦前から多くの研究蓄積があった。しかし、時代をばらばらに考察することで、その実態は看過されてきたといってよい。近年において、研究方法の見直しが進められ、中世と近世の実像を通史的につなげて読み解くことで、旧来の歴史認識の流れからすると、その評価が合わなくなったのである。先述の通り、渡辺尚志氏はこれを「復活」（渡辺 二〇〇四：一七八）と表現している。また、戦時の百姓の負担についても、同様のロングスパンでの再整理が行われている（稲葉 二〇〇九）。それによれば、十二世紀末の治承・寿永の内乱時には既に百姓の動員が行われており、室町期についても守護による百姓の夫役が存在している。そして、時を隔てた幕末の動乱においても、非戦闘員として村から人足が徴収されたり、郷士や無足人が戦闘員として招集されたりしている。これらの部分のみをみると、一定の兵と農の分離、農の間接的な戦争への動員は、超時代的事項となってしまうほどである。なお、これらのロングスパンの思考を可能にしたのが、勝又鎮夫氏や藤木久志氏の村の研究から出発した、いわゆる「連続論」だったといえよう（勝俣 一九九六、藤木 一九九七）。戦国時代に百姓たちがみずから作り出した、自律的・自治的性格の強い村や町を基礎とする社会体制「村町制」が形成され、近世ないし近代の村の前提となったという勝俣氏の提示は、従来の中世・近世の枠を突き崩した。そして、この提示に影響された人々は、中世・近世それぞれの領域できれいにまとまっているかのように見えた研究を、別領域の研究と突き合わせ、多くの矛盾を発見した。そして、この時期を一体でとらえるような方向へ向かった。兵農分離以外では、神田千里氏が、土一揆で中世・近世を包むようなロングスパンの議論を展開している例が代表的である（神田 二〇〇四）。

参考文献

青木美智男 一九九七『近世尾張の海村と海運』校倉書房。
石原佳樹 一九九七「内海船と四日市をめぐる流通」（『知多半島の歴史と現在』第八号）。
―― 二〇〇三「幕末期勢州四日市湊における干鰯・〆粕取引の一形態――内海船持内田佐七家出店の商活動を事例に」（『知多半島の歴史と現在』第一二号）。
市村高男 二〇〇七「伊勢国中世都市研究の成果と課題」（『中世都市研究』第一三号、新人物往来社）。

伊藤裕偉　二〇〇七a『中世伊勢湾岸の湊津と地域構造』岩田書院。
――　二〇〇七b「「都市」の相対性、あるいはその「うち」と「そと」」(『中世都市史研究』第一三号、新人物往来社)。
稲葉継陽　二〇〇九『日本近世社会形成史論――戦国時代論の射程』校倉書房。
稲本紀昭　一九九二「伊勢・志摩の交通と交易」(『海と列島文化』八、小学館)。
大山喬平　一九八八「供御人・神人・寄人」(『日本の社会史』第六巻「社会的諸集団」、岩波書店)。
奥村弘　二〇〇五「地域社会の成立と展開」(『日本史講座』第七巻「近世の解体」、東京大学出版会)。
落合功　二〇〇八『近世の地域経済と商品流通――江戸地廻り経済の展開』岩田書院。
勝俣鎮夫　一九九六『戦国時代論』岩波書店。
神田千里　二〇〇四『土一揆の時代』吉川弘文館。
北島正元編　一九六二『江戸商業と伊勢店――木綿問屋長谷川家の経営を中心として』吉川弘文館。
小島廣次　一九七九「伊勢大湊と織田政権」(『日本歴史』第三七二号)。
斎藤善之　一九九四『内海船と幕藩制市場の解体』柏書房。
――　二〇〇五「近世的物流構造の解体」(『日本史講座』第七巻「近世の解体」、東京大学出版会)。
佐々木銀弥　一九七二『中世商品流通史の研究』法政大学出版局。
新城常三　一九九四『中世水運史の研究』塙書房。
杉本嘉八　一九八八「文化年代における笠置廻し白子積問題について」(『三重県史研究』第四号)。
鈴木えりも　一九九七「近世末期三重県下の商取引――内海内田佐七家文書の紹介」(『三重の古文化』第七五号)。
曽根勇二　二〇〇八『秀吉・家康政権の政治経済構造』校倉書房。
髙部淑子　二〇〇五「新たな尾州廻船研究に向けて」(『知多半島の歴史と現在』第一三号)。
――　二〇〇七「廻船をめぐる地域的諸関係――戎講を事例として」(『知多半島の歴史と現在』第一四号)。
豊田武　一九四四『中世日本商業史の研究』岩波書店。

中田四朗　一九六三「室町末期の大湊――大湊会所文書を中心として」（『地方史研究』第六二・六三号）。
――　一九六六「近世における流通経済上の伊勢国諸港の研究」（『三重県地方史研究』一）。
――　一九七〇『伊勢型紙の歴史』伊勢型紙の歴史刊行会。
永原慶二　一九九七『戦国期の政治経済構造』岩波書店。
浜名優美　二〇〇〇『ブローデル『地中海』入門』藤原書店。
林玲子編　一九九二『日本の近世』第五巻「商人の活動」、中央公論社。
藤木久志　一九九七『村と領主の戦国世界』東京大学出版会。
藤田達生　一九九九「織田政権と尾張――環伊勢海政権の誕生」（『織豊期研究』創刊号）。
――　二〇〇〇『日本中・近世移行期の地域構造』校倉書房、第九章。
――　二〇〇七「港湾都市・安濃津から城下町・津へ」（『中世都市史研究』第一三号、新人物往来社）。
ブローデル、フェルナン　一九九五『歴史入門』太田出版。
曲田浩和　二〇〇一「大坂登り下り船問屋と内海船――十八世紀後半から十九世紀初頭を中心に」（『知多半島の歴史と現在』第一一号）。
村瀬正章　二〇〇四『伊勢湾海運・流通史の研究』法政大学出版局。
茂木陽一　二〇〇九「「伊勢商人と地域社会」漫筆（その3）」（『地研通信――三重短期大学地域問題研究所通信』第九四号）。
四日市市編　一九九九『四日市市史』第一七巻「通史編近世」、四日市市。
脇田晴子　一九六九『中世商業発達史の研究』御茶の水書房。
渡辺尚志　二〇〇四「村の世界」（『日本史講座』第五巻「近世の形成」、東京大学出版会）。
綿貫友子　一九九八『中世東国の太平洋海運』東京大学出版会。

「在来的経済発展」論の射程
――「在来」・「近代」の二元論を超えて――

谷本雅之

はじめに

1　関心の所在と対象

本稿は、日本の経済発展が、「在来的経済発展」と称されるべき経済発展パターンを含んでいたこと、かつそれを認識することが、近世・近代日本の経済社会の特質を理解する上での手がかりとなることを示すことを目的としている。

日本の工業化過程において、欧米型の工場制工業形態の直接的な移植が試みられたことはよく知られている。先進工業国へのキャッチアップを重要な政策目標として成立した明治政府にとって、工業化とは欧米で展開している工場制工業を移植し、その定着を図ることとほぼ同義であった。一八七〇年代前半、明治政府は兵器、造船といった軍事的な色彩の強い産業のみならず、紡績、製糸、セメント、ガラス、ビールなど、民需関連の諸産業でも、官営の工場を相次いで設立している。そこではヨーロッパ諸国から輸入された機械設備が据え付けられ、高給で雇われた外国人技術者・熟練工が、工場に集まった日本人に技術・技能を伝達した。これらの官営工場の多くは、一八八〇年代に相次いで民間に売却されることになったが、買収したのが後に財閥を形成する有力資産家のケースが多かったこともあり、三菱・長崎造船所や川崎・兵庫造船所のように、工場自体は比較的順調な経営発展を遂げていく。一方、軍事的理由から官営形態が維持された兵器工場は、最大の機械工場であり続け、二十世紀初頭には、日本最大の製鉄所（八幡製鉄所）が官営で操業を開始した。政府が経営リスクを負担した事業体は、確かに欧米の先進工業国の技術・生産形態の移植による工業化を典型的な形で示しているといえる。

同様の工業化のあり方を、民間資本によって実現したのが機械制綿糸紡績業であった。大阪紡績会社は、一八八三年の操業開始に際して既に一万錘を越える規模を持ち、初めて経営的な成功を収めた民間紡績会社となった。以後、一八八〇年代後半から九〇年代にかけて、数万錘規模の紡績機械を備えた紡績会社が次々と設立され、輸入糸（英国産・インド産）を国内市場から駆逐し、早くも一八九〇年代後半には、輸出市場（おもに朝鮮および中国）へと、その販路を拡大している。一八七〇年代までの綿糸生産は、基本的には農家副業による手作業に依存していたのであるから、ここでの工場生産の定着は、近世来の産業発展から明らかに「断絶」していたのである。

しかし、このような直接的な欧米型工場制工業の移植は、工業生産の発展のなかでどの程度の広がりをもっていたのだろうか。紡績会社の設立ブームからすでに三十年を経た一九二〇年、日本ではじめての『国勢調査』が実施された。その調査結果によれば、製造業に携わる就業者四百五十六万人余のうち、百十六万人は何らかの形で自ら事業を営むとされている「業主」である。『工場統計表』が捕捉する「工場（職工五人以上雇用ないしは原動機使用）」数は四万五千余であったから、「業主」の大部分は「経営者」「資本家」というよりも、自営業就業者であったとみて大過ない。また雇用労働者のうちでも、百五十二万人余は『工場統計表』でカウントされない、すなわち上記の「工場」とは認定され難い「作業場」で製造業に携わる「労務者」であった。差し引きするならば、第三のカテゴリーの「職員」をすべて「工場」での就業者としても、製造業に「本業」として携わる就業者のうち六十％弱は、「工場」以外の零細な作業場での就業者であったこととなるのである。一方に「近代的」な工場群の生成と発展があり、他方で、広範な中小経営体の存在がある。それが第一次大戦期の拡大を経た日本経済の実相であった。

他方、江戸時代経済史研究の進展は、欧米からの技術移転がなされる以前から、経済成長の胎動がみられたことを明らかにしている。一九三〇年代から六〇年代頃まで、近世史研究の一つの中心は幕末経済史研究であったが、そこでは産業の生産形態によって、経済発展段階を確定しようとする「マニュファクチュア論争」以来の方法が、幕末・明治前期の産業動態についての関心を牽引し、多くの研究を生み出したことは周知の通りである[1]。それら一連の研究は、事実上、近世後期ないしは幕末期における商業的農業の展開や非農業生産の発展を主張することとなり、「資本主義化」の起点を明治政府の諸政策に置く当時の主流的見解と対峙した。実際、先進的な地域とされる防長地方における一八四〇年代の史料（『防長風土注進案』）は、付加価値タームでみても、少なからぬ農村において非農業所得の比率が五十％を超えていたことを示しているのである（Smith 1988）。

もっとも、「マニュファクチュア」段階の実証的な確定がなされなかった結果、その後の近世史研究では、むしろ近世後期の経済発展を低く見積もる議論が影響力を強めた。その一方で、「数量経済史」を標榜し、近世における経済発展の進展を主張する潮流が、一九七〇年代以降台頭した。物価史・人口史といった新領域の開拓と、そこでの数量データの解釈を切り口に、「数量経済史」は市場経済化の進展に関する論証や、マクロ経済変動の分析において、顕著な成果を挙げることとなる。たとえば、物価史に関する研究成果は、十八世紀の物価水準の長期的な低落傾向が、幕府の貨幣改鋳を契機に、一八二〇年代以降幕末まで上昇傾向に転じたことを見出し、この時期以降、インフレ基調のもとで、持続的な経済成長が開始されたとする主張を生みだしている。推定実質貨幣残高の増大を根拠に、十八世紀末以降十九世紀半ばまで産出高の増大＝経済成長があったとする見解も提出された。これらの研究は、マクロ的にみて江戸時代後期に新たな経済発展の胎動が生じていたことを示している（速水・宮本編 一九八八、新保・斎藤編 一九八九）。研究史からみれば、そこでの成果は事実上、先の幕末経済史研究の提起した経済発展イメージの、新たな手法による再評価でもあった。

では以上の二つの事実――江戸時代の経済発展と近代日本における欧米型工場制の部分性――の組み合わせは、どのような近代経済史像につながるだろうか。先にみたように、近代日本の代表的な機械制大工場が欧米からの直接的な技術移転によるものであったとするならば、明治維新に先立つ時期の工業発展の多くは、工場制の発展にリンクしていなかったことになる。オーソドックスな資本主義発達史研究の視角は、それを発展の挫折として議論してきた。商業的農業に基づく「ブルジュワ的発展」が「天保期」に挫折したとする見解（古島・永原 一九五四）は、その可否をめぐって実証研究の輩出を促した。幕末における産地綿織物業生産の発展を評価しつつ、それが明治中期において工場制ではなく問屋制家内工業形態の広範な展開に帰結した要因を、幕末開港による安価なイギリス製綿製品の流入による国内綿織物業への競争圧力に求める見解などにも、そのような構図との親近性が窺える（高村 一九七一、石井 一九八六）。工場制の未成立ゆえに、明治期には家内工業の広範な展開が見られるのであり、それは近代化の遅れを体現する伝統的・後進的な生産形態の残存である。このような見方は、単なる「残存」「残滓」ではなく、近代部門による中小経営の「再編成」と「利用」であるとする議論においても、常に「編成される」客体として中小部門を位置づける中に貫徹している（大石 一九六五）。

しかし事実として、輸入圧力→産業発展の挫折の構図の説明力は限られていた。綿織物業については、輸入綿糸の導入をはかることで、速やかに生産の拡大をみせていた事実があるし（谷本 一九九八）、また輸出貿易の効果を含めれば、マクロ経済的にみて、開港が日本経済に対して総体としてマイナスの効果をもったとは言い難い（Bernhofen and Brown 2005）。実際、生糸輸出の増進がもたらす農村購買力の増大は、綿織物業の再編成の市場的な条件となった（斎藤・谷本 一九八九）。工場制成立の限定性は、経済発展の「挫折」を即時的に意味するものではない。そこには、別の経済発展のパターンが存在しているのではないか。

筆者はこのような問題設定の下、在来部門（ないしは中小部門）が、近代部門に対しても相対的に「自律」的な産業展開の論理を含んでいることを主張し、それを「在来的経済発展」として概念化することを試みてきた。それが成り立つとすれば、近代部門と中小部門は、日本の「近代化」の中で生じた異なる産業発展パターンとして定置されることになる。(2) では、こうした問題設定は、研究史の中で、どのように位置づくことになるのだろうか。

2　研究史的背景

近年の近代経済史の分野では、「在来部門」に積極的な関心を寄せる論稿は少なくない。そうした潮流の嚆矢として、中村隆英の「均衡成長論」を挙げることに異論は少ないであろう（中村 一九七一）。中村は産業を「近代産業」と「在来産業」の二つに区分し、後者が就業構造の中で大きな比重を有していること、これらの就業機会の存在が、近代日本の経済成長率の相対的な高さの一因であったことを強調した。もっとも中村の研究はマクロの就業データの検討が中心であり、産業発展そのものを立ち入って論じたものではなかったが、この中村の議論に触発され、一九八〇年代以降、「在来産業」に関するモノグラフが簇生する。それらの成果によって、「在来産業」の多くは近代日本において、すくなくとも量的な拡大をみせること、そしてそのような成長を支える政策的・制度的な基盤が存在していたことが明らかにされつつある。(3)

「在来的経済発展」論を支える史実認識の多くも、これらの「在来産業」史研究の成果に依拠している。ただし、その問題関心のレヴェルにおいて、「在来産業」史研究と「在来的経済発展」論の試みには、ズレがあることも指摘しておくべきであろう。開港以降の環境変化への対抗力が、「在来的需要構造」の持続によって説明されるとすれば、「在来産業」史が描き出す産業発展の道筋は、「機械制工場」の成立にその達成を見る、標準的な産業発達史の枠組みを逸脱する必要はないであろう。そこでは固有の産業発展パターンの検出は、主要な問題関心とはならない。

本稿の関心からは、方法的には欧米の歴史的現実の中から産み出されてきた以下の潮流が、中小部門に固有の存立理由を明示的に議論する点において、顧みる価値がある。(4) 切り口の一つは「生産組織」の選択論である。工場制の効率性の高さが自明の理であるならば、非工場的生産組織の存在は、資本蓄積の不足に代表される工場制の採用を阻む経済条件、端的には経済発展の低位を反映するものと捉えられることになる。この暗黙の前提を改めて問い直している点で、一九七〇年代半ば以降惹起した工場制論争（factory debate）が注目される。S・マーグリンらのラディカル派が、集中作業場＝工場の形成は、資本家による労働者の管理強化による搾取率の上昇に主眼があるとして、工場化と生産性上昇の一義的な結びつきを否定したのに対して（Marglin 1974）、O・ウィリアムソンは、原料着服などによって経営に課せられる費用――取引費用――の節約に資する点に、工場への作業集中の効果を主張した（Williamson 1985: ch. 9）。この二つの潮流は、工場＝位階制（hierarchy）の効率性に関する評価で大きく異なるものの、技術選択と組織選択の問題を切り離し、後者の独自な意味を問題とする点で共通している。さらに近年、J・モキアは知識の普及伝達および創造に関する工場制の利点を指摘し、それを技術決定論的な古典的な理解と、上記の二点に加えた工場制移行の第四の説明要因とした（Mokyr 2002: ch. 4）。

いずれの議論も、結論としては工場制の優位性（少なくとも資本家にとって）を主張しており、中小経営に立脚する分散型生産組織の存続を説いていたわけではない。しかし、技術決定論に傾斜した工場制成立論を相対化し、工場制採用に関わる多様な要因が指摘されたことで、論争は限りなく、生産組織の選択をめぐる議論へと近づいている。実際ウィリアムソンは、十一の項目を挙げて工場制と問屋制の優劣を論じている（Williamson 1985: 226, 230）。工場制を含めた「生産組織」が、複数の要因の組み合わせによって選択的に決定されるものであり、それは、個々の要因およびその相互関係の変化によって、可変的であったことが論証されているのである。

生産組織の選択を中心的な論点とするこれらの議論に対して、産業発展経路の多様性（historical alternatives）を提起することで、資本と労働の集中を必然とする発展段階論的な見方と対峙したのが、一九八〇年代半ばのM・ピオリ、C・セーベル、J・ザイトリンの歴史的多経路（historical alternatives）論である（Piore and Sabel 1984, Sabel and Zeitlin 1985）。議論の主眼は、「大量生産体制」とは異なる、変動する市場への対応力――柔軟な専門化（flexible specialization）――に産業発展の動力を見出すことにあった。そこでは製品特性とその背後にある需要構造へ大きな関心が向けられている。多様で、かつ変化する需要への対応力が「柔軟な専門化」の競争力の源泉であり、そのような需要構造に見合った特性をもつ製品にこそ、その利点は発揮されることになる。製造過程において、それを担うのが「クラフト」的な技能を備えた熟練労働者であった。「柔軟な専門化」論では、このクラフト的技能の存在が要となっており、技能者の維持と再生産が、競争制限や賃金維持政策、学校設立を含む技能育成策を通じて重視される。製品特性に応じたクラフト的技能の組み変えが容易であれば、「専門化」と「柔軟性」の両立が可能となり、市場対応力が高められると見なされるのである。

このように、生産組織の選択と柔軟な専門化を巡る以上の議論は、「工場制」を終着点とする発展段階論的な見方に対して、「生産組織」の多様な存在形態の存立を根拠付けており、固有の産業発展パターンの摘出に際しての、一つの準拠枠を提供しているといえる。一方で、産業の特性――需要・技術――を個々の構成要素に分解し、その組み合わせから静態的に生産形態の選択を解くことは、工業発展の「地域」的特質への関心を後景に退かせることにもつながる面がある。しかし「在来的経済発展」論の発想の背景には、近代日本における中小部門比率が、国際的にも高い比率を示していたという事実があった（第二節参照）。そうであるならば、「在来的経済発展」パターンの存立には、産業の特性に解消されない要因があったことになる。

この論点を考察するにあたって、近世日本、ないしは東アジアの経済発展を、固有の発展経路として描きだそうとする近年の試みは、本稿でも共有すべき視座を提供している。そこでの焦点の一つは、農業生産の特質であった。近世以降の日本の農業が、労働集約的な稲作農業を基幹としていたことは周知のことであるが、その担い手――家族労働に基づく農業経営――を「小農」と規定し、この小農の形成と、その後の強固な存続に経済社会の特質を見る議論が、様々な論者によって提起された。「小農社会」の成立に近世東アジアの共通性を求める宮嶋博史の議論は、その一つである（宮嶋　一九九四）。近世日本を、「スミス的成長」においてイギリスとは異なるタイプと見る近年の斎藤修の論も、その地域類型論的な把握の基盤の一つを小農経済の展開においている（斎藤　二〇〇八）。本稿でも、「小農社会」は「在来的経済発展」を論ずる際のキー概念となる。

しかしながら、工業化は本来的に脱「農業」の進行を伴うものでもある。脱「農業」化によって工業部門が「純化」する過程において、「小農社会」論はどのように、産業発展の類型的特質の根拠となりうるであろうか。この点で、これまでの「小農社会」論と工業化論との接合には、検討の余地を多分に残している。たとえば、近年の杉原薫による東アジア「労働集約型工業化」論は、近世以降の「小農社会」の成立を明示的に工業化の類型的特質の根拠としているが、「農村工業」に関するこれまでの議論をのぞけば、工業化と小農社会を繋ぐ具体的な環は、小農社会の「遺産」としての「豊富で比較的質の高い労働力の存在」にほぼ尽きている（Sugihara 2003）。いわば、「小農社会」と工業化との相関関係の指摘にとどまっているのである。しかし、たとえば朝鮮経済史において論じられているように、東アジアにおいても、小農社会の成立は、工業化に直接繋がるとは限らなかった（李・朴　二〇〇七）。前述の欧米における中小工業の存在を論ずる議論も、必ずしも「小農社会」論を前提としていない。脱「農業」の進行過程において、工業化パターン一般への「収斂」ではなく、経済社会の類型的特質の存続・展開を展望するのであれば、そこでの工業化過程の内実を歴史具体的に検討する作業が要請されるのである。

以上の研究史的な背景を踏まえつつ、本稿では「在来的経済発展」の論理を素描することに重点をおく。以下、農村工業および都市小経営の展開に関する筆者のこれまでの研究成果を要約的に示す。それを通じて、これらの部門が

「在来的経済発展」とも称されるべき固有の発展の論理を有していたことを、特に労働力基盤としての小農と小経営の論理に着目しつつ明らかにする。[5] その上で、「在来的経済発展」への着目が、近世・近代の日本経済史の理解において、一つの有力なキーとなりうることを展望したい。

一　農村織物業の生産組織とその基盤

1　問屋制家内工業の形成

マンチェスターを中心としたイギリスの綿工業地帯には、綿糸紡績業をはじめ、織物業や加工業を含めた諸産業の機械制工場が集積していたことはよく知られている。日本でも上述の通り綿糸生産は同様な形態で営まれることとなった。しかし綿織物業の場合、その担い手は、二つの異なったタイプの生産者に大別された。一つは、綿糸紡績会社が織物生産も兼ねる場合である。そこではイギリス製の力織機が備えられ、多数の若年女性労働者が雇用されていたから、欧米型の工場制の直輸入形態といってよい。しかしこの形態による綿布生産額は、一九一四（大正三）年時点で全綿布生産の多くても三分の一程度であった。専業の織物業関係業者が一定の地域に集積している「産地」での綿布生産が、生産額全体の三分の二を占めていたのである（阿部 一九八九：二四）。『農商務統計表』によれば、一九〇五（明治三十八）年の織物「工場」（職工十人以上）の職工数は、織物業に携わる労働人口の十二％に過ぎず、三十％は職工十人未満の作業場で働き、残りの五十％は「賃織」とよばれる就業形態であった。「賃織」とは、原料供給などを通じて織元に組織された生産者を意味している。一方、その生産者の平均職工数は二人に満たないから、「賃織」の作業現場は「家内工業」が中心的な位置を占めていたとみてよいであろう。すなわち明治期の織物業生産の特徴は、織元—賃織関係、すなわち「問屋制（putting-out system）」のもとに「家内工業」が編成される形態、すなわち「問屋制家内工業」が中心的な生産形態であったといえる。

この問屋制家内工業は、プロト工業の典型的な生産組織とされることが多かった（Mendels 1972）。実際、江戸時代後期の綿織物業生産地の一部には「問屋制家内工業」の存在が確認されている。しかし近年の研究によれば、日本の綿織物業でこの形態が普及したのは、一八八〇年代以降のことであった（そのような研究のサーベイとして Abe 1999）。以下で取り上げる埼玉県入間地方の綿織物業でも、農家兼業によって生産された織物を農村在住の仲買商が買い集め、それを集散地の問屋商人に売りさばく形態――買入制（kaufsystem）――が、一八七〇年代まで主流であった。しかし一八八〇年代に入り、仲買商の中から問屋制経営主への転換を図るものが現れてくる。町場の綿糸商から紡績糸（当初は輸入綿糸、のちに国産機械制紡績糸）を買い入れ、染物屋で染色加工したのち経糸を整経し、染色済の緯糸とともに賃織に渡すのである。

このような転換を促したのは、製品市場における競争であった。一八八〇年代前半の不況（松方デフレーション）は急速な市場の縮小をもたらし、続く八〇年代後半からの市場拡大期にも、多数の織物産地の参入が見られたため、織物生産地間の競争の激化は続いた。また好況に伴う所得増大によって、需要構造の高度化も進展している（田村二〇〇四）。力織機導入によるコストダウンが現実的ではない状況の中、市場競争に打ち勝つには、品質面で競争力のある製品の供給が不可欠となる。その局面において、原料糸供給を基盤とする問屋制の採用は、市場情報への接触がより密接な織元が染色、整経済の原料糸供給を通じて売れ筋製品の企画・発注・集荷を行うことで、需要の高度化によって要請される風合いやデザインをめぐる競争に敏速に対処することを可能とした。問屋制は、明らかに新たな市場条件への対応として導入・定着した生産組織だったのである。

2　賃織と小農世帯

では、問屋制のもとで、織元―賃織関係はどのようなものだったのか。工場制の成立を、分業の進展によって熟練を失った労働者の組織化であるとした前述のS・マーグリンは、問屋制も原理的には同様であり、生産者は事実上の労働者として織元に統制・支配された存在としている（Marglin 1974）。この「事実上の賃労働者」論は、日本の研究史でもかねてから主張された議論であった。たしかに、入間地方の問屋制のもとにある生産者＝賃織には、技能の希少性に裏打ちされた労働の自立性は望めない。しかし、織元は賃織を自己の都合に即して自由に使えたわけではなかった。図1をみよう。入間地方の織元・滝沢家の賃織への発注反数および工賃には、大きな季節的な偏差がある。五〜七月の発注が極めて少なく、三〜四月と九〜十二月に生産が多い。他方、工賃（一反当たりの織賃）は、最低の一月は六月の半分以下であった。織物労働への需要の大小が工賃を決定するのであれば、生産の多い時期に工賃水準が上昇するはずである。それにもかかわらず、最も生産の少ない六月の工賃水準が最高を記録していたのは、この地域の労働需要の水準が、製織労働以外の要因によって大きく影響されていたからであった。事実この地方では、五・六月が麦作、製茶および養蚕（春蚕）が重なる農業関係労働の最繁忙期であった。賃織世帯でもこの時期、農業関連の労働に女性労働を振り向けており、それが製織労働への労働供給を減少させたのである。他方、織元側にとってこの時期は、本来、織物発注を増やしたい季節であった。先の図1にみられるように、滝沢家の織物販売は、秋に集中しているが、これは織物市場の競争のなかで、この地域産の織物が冬用として位置づけられたためであり、需要期に備えて夏場に生産を増やすことが在庫を縮小させるためにも望ましいことであった。すなわち、一方で旺盛な労働需要があり、他方で労働供給が過小となるため労働市場はタイトとなり、工賃の相対的な高騰が見られたのである。このことは、賃織は必ずしも織元の都合に合わせて用いることのできる労働力ではなかったことを示している。実際、先の図によれば、織元は三〜四月に販売を上回る織物の発注を行っていた。これは秋の販売期に備えて、織物在庫の積み増しを図った結果であった。本来は夏場に行うべき発注・生産活動を、前倒しに行う必要があったのであり、それは在庫を膨らませることで、織元に財務的に大きな負荷をかけることになっていたのである。

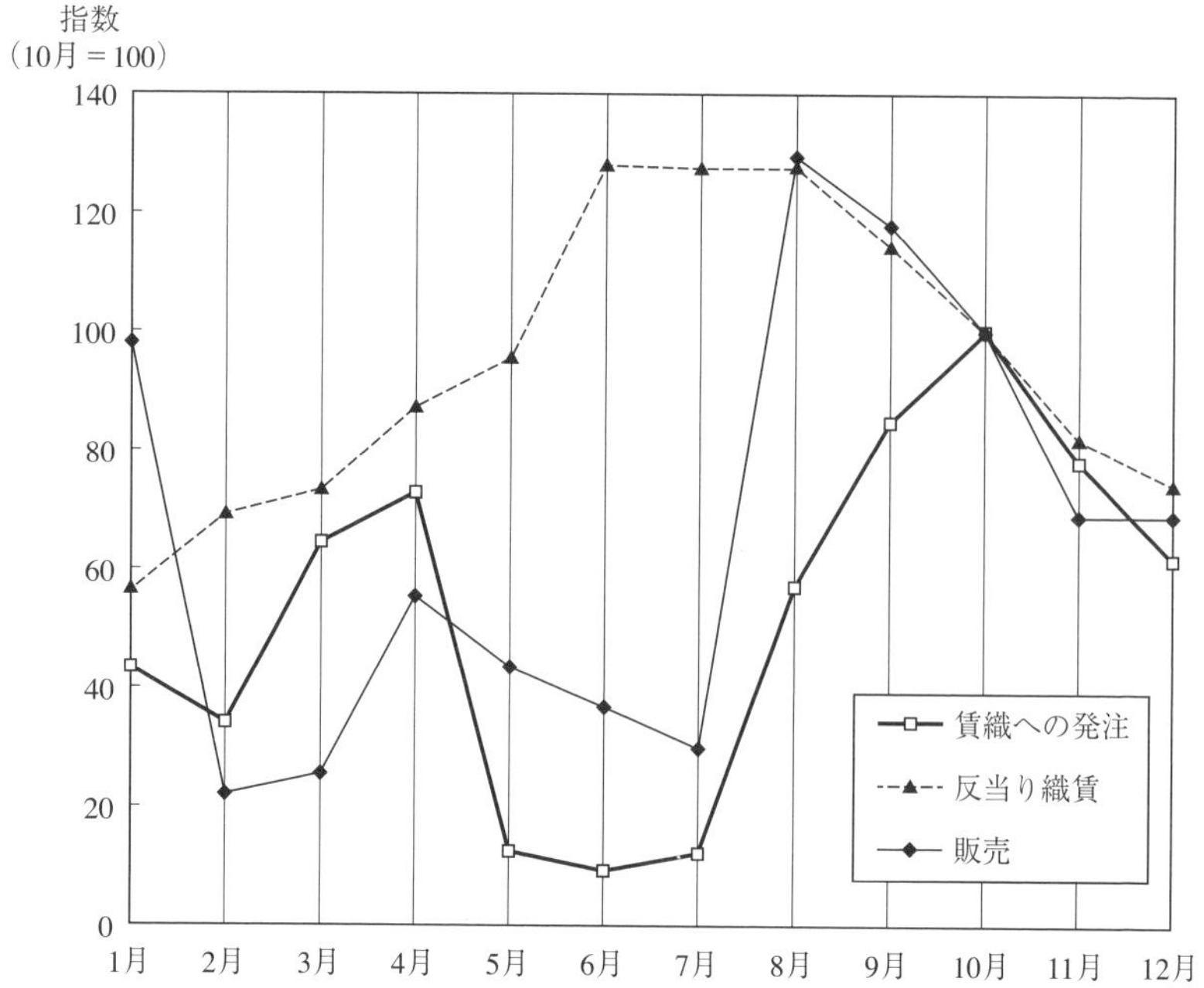

出典：『滝沢熊吉家文書』
図１ 織元の発注・販売および支払織賃単価の季節変動（1897 年）

　このように賃織農家では、農業経営における労働需要との関係で製織労働への労働投入量が決まっていたと考えられる。その具体的な様相は、同じく問屋制が広く展開した和泉地方の農家の事例から窺うことができる。表１にみられるように、この農家では世帯主が農業に専念し、農業経営の中心的な担い手となっていた。しかし、農繁期（二季）の労働需要をまかなうには「妻」と「老母」を動員しなければならない。その分、妻の製織労働への労働投入は制約された。このことは、「妻」と「娘」の二人で製織労働に費やした日数が、一・五年分にとどまることに端的に現れている。しかし同時に、この農家世帯には、製織への労働投入を増大させる仕組みも備わっていた。「老母」の存在によって農業労働を免除された「娘」は、家事労働以外の労働時間をすべて製織労働に費やすことができた。その家事労働においても、比重の重い「炊事」を「老母」が担当することによって、

表1 織物農家（大阪府和泉地方）の世帯内労働配分

15番泉北（小自作・明治34年）

耕作面積	6.493 反			
自作地	1.327 反			
小作地	5.137 反			
畑地率	14.3%			
〈労働配分〉	農業	家事	機織	その他
老父(75)			△(糸巻)	
老母(59)	△(二季)	○(炊事・裁縫・洗濯)		
主人(38)	○			△
妻(35)	△(二季)	△(裁縫・洗濯)	○	
娘(14)		△(裁縫・洗濯)	○	
息子(11)		△(子守)		
息子(9)				
娘(5)				
娘(3)				
労働量	239.4 人		540 日	
生産木綿反数			2160 反	
従事者(概算・除臨時)	2 人	2.5 人	2 人 + α	0.5 人
一人当労働	119.7 人		270 日	
木綿工賃収入	58.3 円			
縄・俵・草履・筵代	5.5 円			
木綿収入比率	17.8%			
余業収入比率	21.8%			
収支差引	-15 円 25 銭			

出典：「農家経済調査書」（和泉文化研究会編『和泉史料叢書・農事調査書』1968年）
注：労働配分のカッコ内は年齢

「妻」、「娘」の分担は軽減されている。さらに「老父」を糸巻き労働に動員し、十一歳の息子にも家事労働の一部（子守）が割り当てられている。このように、単独では労働力化が困難な老年ないしは幼年の労働力が、それに適合的な家事労働や補助的労働に動員されていたのであり、そこで産み出された余力が、この世帯の製織労働への労働投入を増加させていたのである。

3 問屋制の「矛盾」とその克服

以上のように、問屋制の採用とその存続は、製品市場と労働市場双方の要請に対する織元の適応行動であったといえよう。賃織はまた、相対的に低賃金であったから[6]、織元にとって問屋制は、労賃コストの抑制に

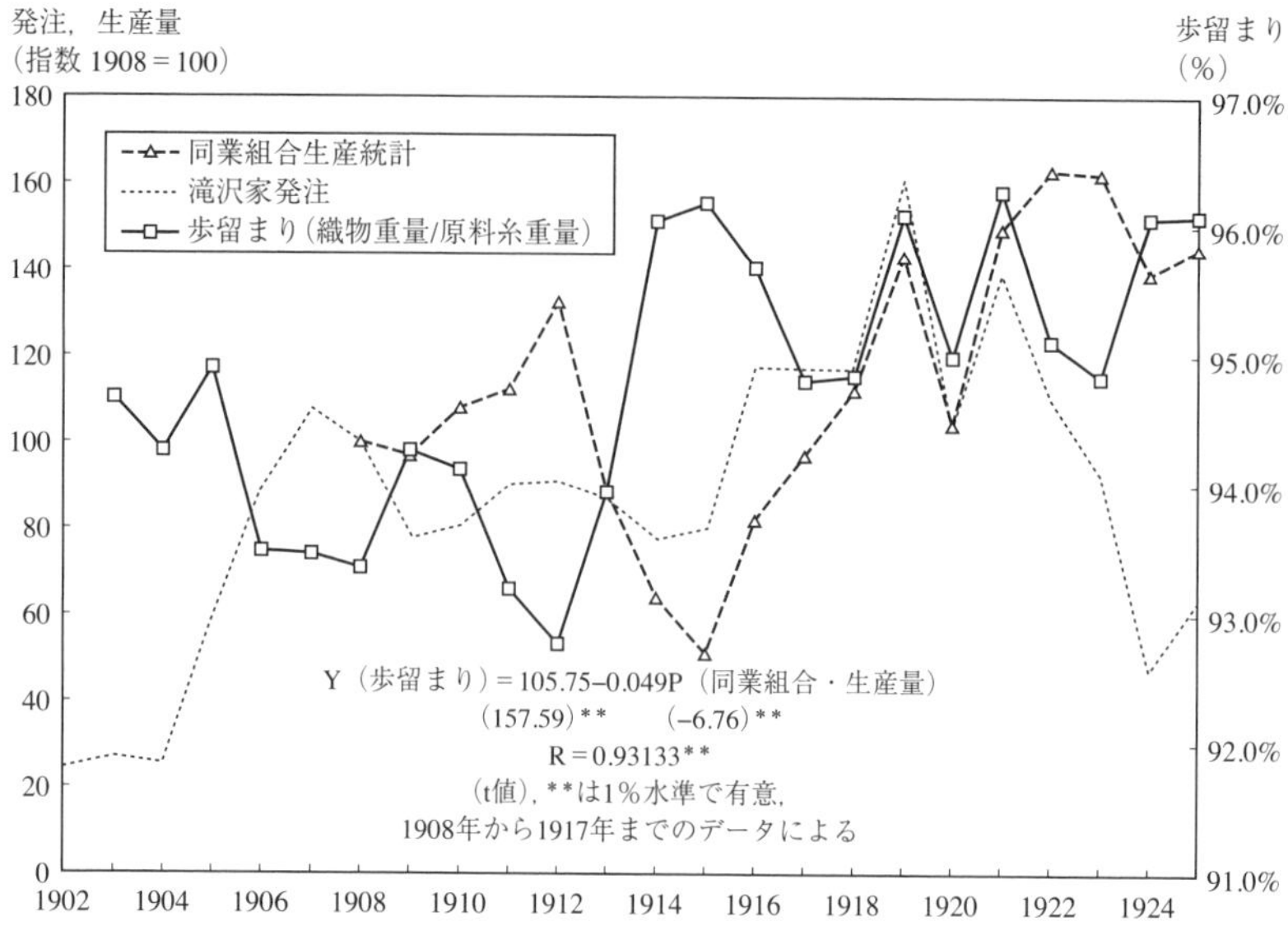

出典：『滝沢熊吉家文書』，同業組合データ
図2 景気変動と歩留まり

つながるメリットもあった。しかし分散的な労働現場を基盤とする問屋制形態は、管理コストの面で固有の問題を抱えていた。外部労働の管理の困難さが、問屋制形態の放棄に繋がりかねないことは、早くからD・ランデスらが強調しており（Landes 1969）、その後、生産組織としての工場制の優位性を論じる際の、有力な論点として位置づけられている。実際、入間織物業においても「管理」問題は、具体的には賃織の「原料着服」や「納期の遅延」として発現し、これらの問題への対処が求められていた。織元は管理問題を克服できていたのであろうか。

「原料着服」に関して、図2を参照しよう。一織元の取引データによれば、一八九〇年代末以降、重量で計った歩留まり率（織物／原料糸）は、発注動向＝景気変動と逆相関の関係を描くようになっていた。好況に歩留まりが低下し、不況期には上昇しているのである。これは賃織獲得競争が激しい時期に、織元は工賃を引き上げると共に、余分な糸を現物給付として賃織に渡していたことを意味している。すなわち原料糸の賃織の留保は、織元の預かり知らないものではなく、織元側の掌握のもとでなされるようになった。実際、一八九〇年代後半以降、織元は取引原料と製品の受け渡しに際して、逐一重量計測を行うようになっていた。「原料着服」問題は、賃織への交渉手段としての「現物給付」問題へと転化していたのである。同時期には、納期を示す製織日数の平均値も短縮の方向をみせていた。織元は、「管理」問題の一応の克服を達成していたといえよう。

その背後には、織元による周到な織元―賃織関係の形成があった。織元は一八九六（明治二十九）～一九二五（大正十四）年の三十年間、少ないときでも年間六十戸弱、多いときには二百戸近い賃織へ織物製織の委託を行っている。賃織戸数の多さ、またその変動は、滝沢家が問屋制の利点を活かし、時々の需要に応じて賃織への発注を変動させ、また、新規取引の開始あるいは取引の打ち切りをくりかえしていたようにみえる。しかしそのような対象は、滝沢家が取引を行った賃織群のなかで、周辺部分に位置づけられる存在であった。発注行動の中心は五年以上にわたって発注関係を続ける賃織との取引であり、これが織物調達にとって中核をなしていた。このような「中核」と「周辺」二様の賃織の存在は、好況期の賃織確保と不況期の柔軟性という、生産調整にかかわる二つの課題への対処策であり、また、集荷「管理」遂行の方策でもあった。継続的な取引関係の形成は、賃織に信用を損なうような行動を抑制させるからである。また、製織の督促や他の織元からの受注牽制のためには、賃織との接触密度を高めることも要請され、実際、滝沢家の発注地域は、発注反数の増加が見られるにもかかわらず織元自身の居住する村とその周辺農村に凝縮する方向にあった。ここでみた織元―賃織関係は、継続取引と発注地域の近接性を特色としており、それが管理問題を克服し、問屋制が比較的長期にわたって存続・展開する条件となっていたのである。

二　基盤としての小農社会の論理

以上のように、近代日本の在来織物業は、「問屋制家内工業」に担われる部分が大きかった。この生産形態を構成しているのが、労働供給主体としての賃織であり、市場対応の主体である織元＝問屋制経営主であった。この両主体の存在と、その安定的な結合関係の形成が、「在来的発展」と称されるべき固有の産業発展のパターンを産みだしていたと考えられる。ではそれぞれの主体の活動を特徴付け、また、その関係を安定化させる基盤はどのようなものだったのだろうか。

賃織に典型的に現れているように、問屋制経営が依拠する労働力は、「家内工業」形態をとるケースが多かった。そこでの労働力基盤は、世帯主およびその家族労働力である。その種の労働力が、近代日本の労働力基盤の特徴をなしていたことは、国際比較の中で明らかとなる。「業主（employer）」と「家族従業者（family worker）」の合計を自営業就業者数（self-employed labour）とみなし、各国の自営業就業率（推計自営業就業者／全就業者）を比較してみよう。推定された日本の自営業就業率は、一九三〇（昭和五）年六十七％、一九五〇（昭和二十五）年六十％であり、欧米諸国やメキシコと比べて最も高い。自営業就業の典型とみなされる農業人口の大きさが、自営業就業率を押し上げていたともいえるが、しかし日本の農業人口比率は、一九三〇年頃にはイタリアと同じで、一九五〇年にはメキシコを十ポイント近く下回っている。また、一人当たりＧＤＰがほぼ等しい一九三〇年代のハンガリー、一九五〇年代のメキシコ、ポルトガルに比べても自営業就業率は高かった。同様なことは、イギリス、アメリカにたいするドイツ、フランスの自営業就業率の高さについても指摘し得る。自営業就業率は経済発展の先進、後進の差異だけではなく、各国の就業構造の個性をも反映するものであったと考えられる。

産業別の数値からは、農業部門における自営業の比重の圧倒的な高さが、日本の際立った特色であったことが判明する。九十％以上が自営業就業者なのは、日本をおいて他にはない。対極にあるのがイギリスで、自営業就業比率は三十〜四十％程度、残りの農業就業者は雇用労働者であった。アメリカ・ドイツ・フランス・イタリア・メキシコは七十％台に上昇し、自営業就業者が農業労働の中心的担い手であったと見なされるが、しかしそこでも、雇用労働者が農業就業者の四分の一を占めている。周知のように、近代日本において地主制は顕著な発展をみせ、二十世紀初頭には耕地面積の四十%以上が所有と経営の一致しない貸付地となった。土地の所有権が一部の地主に偏在していたことは明らかである。しかし農家経営に関してみれば、一ヘクタール弱を平均とし、一・五ヘクタールを上回る経営戸数は全戸数の十五%前後に留まっていた。近代日本の農業では、雇用労働力を主体とするような大経営はほとんど存在しなかったのである。自作、小作を問わず、小農経営がその大部分を占め、かつそこでの経営面積のばらつきは、二十世紀に入ってさらに縮小の方向（＝経営面積〇・五〜一・五ヘクタール層の比率の増大）を示していたのである。

この「中農標準化」傾向は、自作地・小作地を組み合わせた農家の経営発展の軌跡と捉えることができる（沼田二〇〇二）。市場への対応を強めながらも、農家は分解するのではなく、小農としての経営発展を志向するのである。実際、商業的農業や養蚕業の展開、あるいはそれらを含めた農業所得の上昇は、農家世帯の労働力が世帯外へと流出することを抑制していたし（斎藤一九九八）、農外収入を得られた小作農は、それを農業経営に投ずるケースがあったことも確かめられている（西田一九九七）。「家内工業」やその他の兼業機会は、このような農家経営の存続・発展に向けた戦略の一環として、農家世帯内に取り込まれていたと考えられる。農家内の労働需要に合わせて世帯内に維持される家族労働力にとって、「家内工業」はその燃焼度を高めるのに格好の就業機会であった。また就業機会の世帯内への取り込みは、可変的な就業を可能として、家事労働等の世帯内「再生産労働」の処理にも好都合であった。農家にとって「家内工業」の取り込みには、特に労働集約的な農業経営に立脚した日本の農家経営にとって、「合理的」な就業選択というべき側面が確かにあったのである(7)。

ただしそれは、小農経営の維持・再生産を前提とした場合の「合理性」であった点に留意しなければならない。近代日本の産業発展が非農業就業機会の拡大を意味していたことを想起すれば、脱農による非農業就業への移行の潜在的可能性は否定されない。実際、ヨーロッパのプロト工業化過程では農工の世帯間分業の進展が指摘されているし、たとえば現代インドネシア農村織物業の事例でも、農村内には零細な専業的織物生産者が輩出していた（水野 一九九九）。農家が世帯内へ非農業部門を取り込むことは、日本の農家のもつ農業維持への強い指向性の現れであった。

これらの問題は、日本の小農経営を理解するために、その行動を外枠で規定する要因の検討を要請しているといえる。日本の家族制度を特徴付ける「いえ」の存在に着目してきた日本の農村社会学研究は、その手がかりの一つであろう。たとえば有賀喜左衛門の家族理論は、日本の小農が直系男子の単独による家産相続慣行をもち、それが「家」の継承を意味していたことを強調した（有賀 一九七二）。実際、近代日本の農家戸数は、五百五十万戸前後で推移しており、その固定性が顕著な特徴とされているのである（並木 一九五五）。「家」を主体として設定するならば、その代で土地を処分し脱農化する選択肢は与えられていない。小農世帯は、ア・プリオリ（先験的）に農業経営の再生産を第一の目的とし、他の就業機会の選択は、農業での労働需要との兼ね合いで決まることになる。日本の地主―小作関係が長期の安定した関係を特徴とすることを想起するならば（坂根 一九九九）、この議論は、土地を所有しない小作農についても適用が可能となろう。また世帯内での労働力配分に関しては、男性の管理労働と女性の現場労働に端的にしめされる、固有のジェンダー分業の構造も留意されるべきである（長野 二〇〇三）。世帯単位での所得最大化のために、世帯構成員個々の選好を超えて労働の割り当てを遂行しうる権能を、世帯主は保持していたといえよう。それが社会的に保障されているとするならば、小農経営は単なる個々の経済主体の集合ではありえない。すなわち、日本の小農経営は、「家」「ジェンダー分業」といった要素を構造的に組み込んだ、固有の「制度」であった。「家内工業」の広範な展開は、このような小農「制度」の特質との関連において理解される必要がある。(8)

三　都市型小工業の発展

1　都市小経営

以上のように、近代日本の「在来的経済発展」を特徴付ける大きな要素は、労働力基盤としての小農経営にあった。しかし一方で、工業化は本来的に非農業部門の成長を含意している。実際、近代日本の経済発展は、着実に非農業部門が集住する都市の成長をもたらした。一八九三（明治二十六）年から一九一八（大正七）年の都市人口の五年増加率は、一貫して十五％を超え、全国人口の増加率の三倍前後を記録していた。最大の人口を有した東京市も、この間、十三％弱〜十七％強の五年人口増加率を示している（伊藤 一九八二）。一九二〇（大正九）年『国勢調査』では、府県別の工業、商業共に男性有業者数は東京府が最も多く、東京府は、最大の男性商工業有業者の集積地となっていたのである。では、農業経営が僅少で、非農業就業の集積する都市部において、「在来的発展」を論ずることは可能なのであろうか。

手がかりとなるのは、このような都市への非農業有業者の集積が、ただちに雇用労働に基づく「工場の世界」の広範な成立を意味するわけではなかった事実である。たとえば、人口増大の中で、一九〇八（明治四十一）年の東京市内の男性製造業有業者の七割程は、雇用労働五人未満の作業場の就業者（経営主または被雇用者）と見積もられる（『東京市市勢調査原表』）。また税務統計によれば、一九〇八、一二〇年ともに、東京府下で課税対象となった物品販売業の営業人員（東京府）当たり従業者は三人弱であった。このほか課税対象外の、さらに零細な物品販売業者が存在している。集積する東京市の非農業有業者の多くは、経営主とその家族＋少数の雇用労働によって営まれる「小経営」に、自営業就業者（経営主または家族）として、または被雇用労働力として、就業機会を見出していたと考えられる。

工場統計の側からも、この時期の大規模工場労働の部分性が窺える。表2は一九〇九（明治四十二）年の民間工場（職工五人以上雇用ないしは原動機を使用する作業場）の性別、年齢別労働力構成を示している。見られるように、工場労働者の六割以上は女性であり、かつ、その六十％弱が二十歳未満の若年女性であった。大規模工場の方が、女性比

表2 工場労働者の性別・年齢別構成（民間工場，1909年）

（%）

	男女計	男	女	
職工5人以上30人未満工場の職工割合	34.8	48.5	26.3	
染織工場	60.8	9.0	51.7	
機械及器具工場	8.0	7.6	0.4	
化学	9.7	6.5	3.3	
飲食物工場	11.1	8.0	3.1	
雑工業	10.0	6.8	3.2	
特別工場	0.5	0.5	0.0	
計	100.0	38.4	61.6	
	男			
	20才以上	20才未満 16歳以上	16歳未満 14歳以上	14歳未満
染織工場	6.2	1.8	0.7	0.3
機械及器具工場	5.6	1.3	0.5	0.2
化学	4.7	1.0	0.5	0.3
飲食物工場	7.0	0.8	0.2	0.1
雑工業	4.3	1.4	0.7	0.4
特別工場	0.4	0.0	0.0	0.0
計	28.3	6.4	2.5	1.2
	女			
	20才以上	20才未満 16歳以上	16歳未満 14歳以上	14歳未満
染織工場	20.5	19.0	8.5	3.8
機械及器具工場	0.2	0.1	0.0	0.0
化学	1.8	0.7	0.4	0.3
飲食物工場	2.0	0.6	0.3	0.2
雑工業	1.4	1.0	0.5	0.3
特別工場	0.0	0.0	0.0	0.0
計	25.9	21.4	9.7	4.6

出典：『明治42年 工場統計表』
注：民間工場（職工5人以上雇用ないしは原動機使用）の職工総数に対する割合

率が高いことも判明する。一方、二十歳以上の男性労働者は、工場労働者全体の三十%を割り込み、かつ、相対的に規模の小さい工場に偏在していた（五人以上三十人未満工場にほぼ半数）。官営の軍工廠を考慮すれば、大規模機械工場の男性労働者比率はもう少し高まるだろうが、それにしても、工業発展が工場規模の拡大をもたらし、そこに中核的男性労働者が集積する、という図式は、日本の工業化の現実を広く反映したものではなかった。大工場が吸収した就業者の多くは、工業部門への就業をライフコースの一部分に留める若年女性であり、労働社会の中核となる青壮年男性層は、相対的に少数派で、かつ主に中小工場の方に集積していたのである。

では、中核的な男性労働の集積する非農業部門は、どのような展開の論理を内包していたのであろうか。以下ではこの問いを、二十世紀前半の東京市における都市「小経営」の存在形態の検討を通じて探っていこう。

2　東京市の場合

日本における、全労働人口を対象とした就業調査の嚆矢は、一九二〇（大正九）年の第一回国勢調査である。しかし東京市については、プレ国勢調査ともいうべき調査がなされたため、一九〇八（明治四十一）年に関して、一九二〇年と同水準のデータが得られる（『東京市市勢調査原表』）。有業者の年齢構成のピークは、十代から二十代前半の年齢層にあった。そこでは、労役者・労務者層が圧倒的な比重を占めていたから、この局面にのみ着目すれば、明治後期の東京市は、「賃労働」の集積地として語られることになろう。しかしこれらの人々が、そのまま労役者・労務者の地位にとどまることは、必ずしも一般的ではなかった。コーホート分析によれば、一九〇八年に十八歳から二十三歳であったコーホート（同一年齢集団）の労役者のうち、その五十%が十二年後（一九二〇年）までに、東京市内の労役者・労務者の地位から離脱していた。二十歳を超えていれば、一九〇八年時点で既に労役者から離脱していた者もいたであろうから、このコーホートの実際の離脱率はさらに高かったはずである。都市居住者にとって、労役者・労務者として被雇用の地位にあるのは、必ずしも生涯を通じてのことではなかった。その離脱後の有力な選択肢として、独立者・業主形態での就業があったのである。それは、加齢後の労役者・労務者に予想される相対的低所得からの離脱の試みでもあった。実際、四十代の労役者・労務者の有配偶率が七十%を切る産業・職業が見られるのに対して、独立者・業主のそれは、産業・職業を問わず、九十%を超えている。都市居住者にとって、「労務者」から「業主」への「職業上の地位」の変更は、世帯形成の可能性にも関係する、ライフコースにおける大きな節目でもあったのである。(9)

有配偶率については、二十代のそれが、独立者・業主と労役者・労務者および役員・職員間で明確に異なっていた

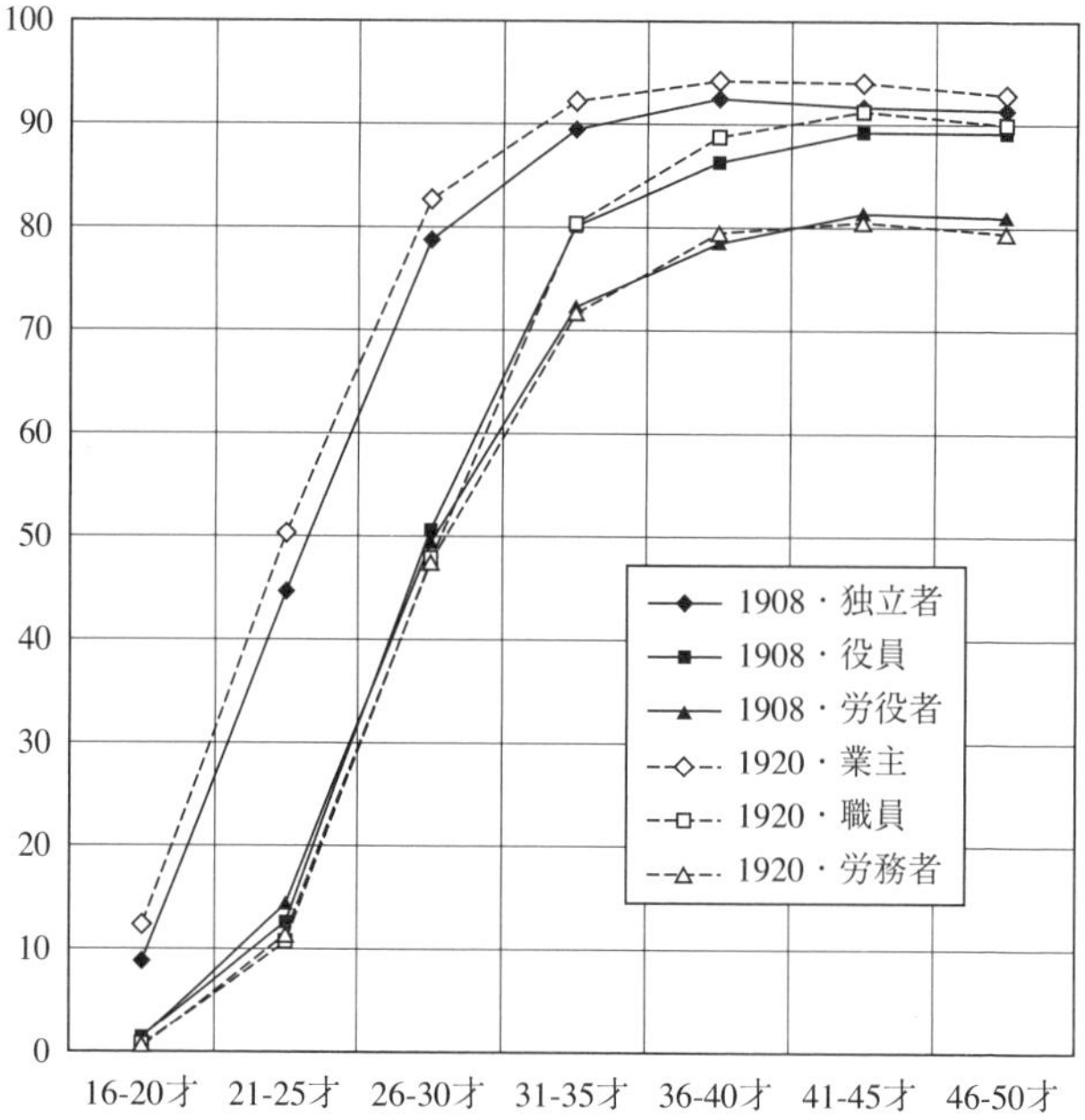

出典：『東京市市勢調査原表』（明治41年，大正9年）
図3 年齢・従業上の地位別有配偶率（東京市・工業従業者・男）

ことも注目される（図3）。配偶者（業主の妻）は生産・再生産双方の労働需要に柔軟に対応しうる、重要な経営内資源であった。配偶者と子弟、それに徒弟（十代の労役者・労務者）を組み合わせた労働力構成が、「小経営」を成り立たせていたのである。そこには、「小経営」再生産の契機も孕まれていた。技能形成を目的とする徒弟層は、明確に次の独立者・業主の給源となりうる存在である。家族の子弟にも技能形成の潜在的可能性はあるし、当該「経営」にその価値があるならば、一端外部に就業機会を求めた子弟が、継承者として復帰することもありうる。これに加えて、工業、商業の大経営からも、技能ないしは資金の一定程度の蓄積を背景に、加齢後の労役者・労務者の新たな参入が試みられていたのである。

このように、日露戦後期から第一次大戦期の都市「小経営」の就業構造は、「小経営」に固有の存続と再生産の論理を内包していた。このことは、「小経営」が都市居住者にとって、「熟練工場労働者」、「新中間層」と並立する、現実的で実現可能な、ライフコース上の一つのモデルとして位置付けられていた可能性を示唆している。[10] ではこれら「都市小経営」の産業的な存立基盤は、どのようなものであったのだろうか。以下では、戦間期東京の「都市小工業」

を代表する玩具工業を事例に、この問題をみていこう。

3　玩具工業と「技能集約型」輸出工業

⑴輸出向け「工業品」と玩具工業[11]

戦間期の玩具産業は、日本の輸出志向型「工業品」の一つの方向を体現する産業として位置づけられる。日本の最大の輸出工業品は一九三〇年代初頭まで一貫して生糸であり、第二の地位を絹織物（明治中期まで）、綿糸（日露戦後期まで）、綿織物（第一次大戦期以降）が交代で占めていた。しかし、重要輸出工業品は、繊維製品に限られていたわけではない。産業中分類レベルでの集計値ではこれら各種繊維産業に遠く及ばないものの、多様な「消費財」をラフに「雑貨」と括るならば、その合計値は、工業品輸出総額において、無視できない存在であった。

東洋経済新報社編『日本貿易精覧』（一九三五年）の製品分類に基づき、「雑貨工業品」を中分類の緞通・マッチ・メリヤス・帽子・履物・ボタン・身辺粧飾品・陶磁器・硝子製品・琺瑯鉄器・真田・花莚・洋傘・漆器・ブラシ・行李・玩具の合計、「雑貨工業品（広義）」を、大分類の薬剤・化学及び爆発薬、衣類及同附属品、紙及び紙製品、陶磁器及び硝子類、金属製品、雑品の合計とするならば、「雑貨」は、多くの年次で生糸に次ぐ第二位の輸出品の地位を綿糸、織物と争い、「雑貨（広義）」にまで広げるならば、その輸出額が生糸に拮抗する年次もあった。

輸出「雑貨工業品」に関しては、量的比重とともに、その製品構成の変化も注目される。図4からは、「雑貨工業品」製品の内容が時期によって大きく変化し、およそ三つのパターンに分けられることが読み取れる。一つは、開港後の早い時期から輸出がはじまる製品群で、陶磁器・漆器などがこれにあたる。次に、明治二十～三十（一八八七～一九〇六）年代に輸出が急増する製品群がある。マッチ（これは明治十年代の急増と減少をも含む）、緞通および真田・花莚類がこれにあたっており、これらの製品の輸出増加によって、明治中期は雑貨製品の総輸出額の面でも一つの画

メリヤス製品
46.0
11.2
39.3
23.2
26.3
100.0

ランプ・ランプ部分品	身辺粧飾用品
22.0	15.5
15.3	4.7
21.6	34.3
21.2	26.5
41.9	34.4
100.0	100.0

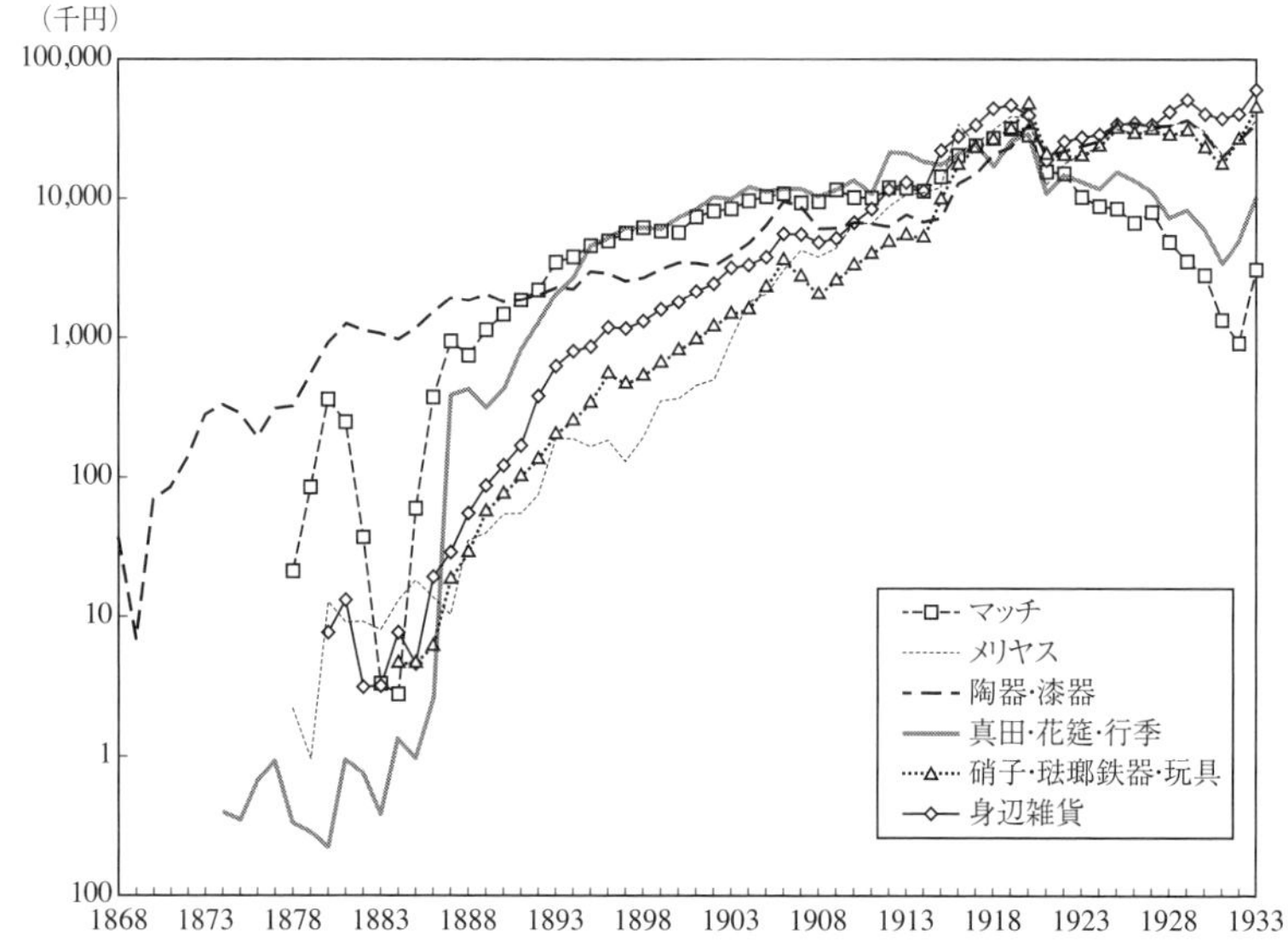

出典：東洋経済新報社編『日本貿易精覧』
図4 雑貨工業品の輸出動向（輸出額）

表3 主要輸出工業品の輸出先

	機械・機械部分品	生糸	綿織物
輸出額（百万円）	227.7	407.1	573.1
「満州」「関東州」「中国・香港」	64.4	0.0	18.5
その他アジア	26.8	2.1	33.7
中南米・アフリカ・中近東・オセアニア	4.3	2.9	39.6
ヨーロッパ・北米	4.0	95.0	8.3
総計	100.0	100.0	100.0
	衣類及同付属品計	陶磁器	玩具
輸出額（百万円）	268.6	54.0	83.2
「満州」「関東州」「中国・香港」	23.0	11.3	3.3
その他アジア	25.5	20.4	13.1
中南米・アフリカ・中近東・オセアニア	28.2	22.1	18.6
ヨーロッパ・北米	23.3	46.2	65.1
総計	100.0	100.0	100.0

出典：大蔵省『大日本外国貿易年表』

期となっていた。そして、これらの製品は遅くとも一九二〇年代には輸出額を減らしている点でも共通点をもっていた。そして第三の類型として括れるのは、身辺雑貨、メリヤス、硝子製品、琺瑯鉄器、玩具などで、第一次大戦期にかけて伸び率が増大し、一九二〇年代においても輸出額がほぼ維持されている製品群である。玩具産業は、この第三の類型の代表的な製品であった。

第三類型として挙げた製品の第一の特徴は、基本的に移植技術に依存した新しい製品であったことである。原料となるのも、金属や化学製品である場合が多い。第二にこれらの産業分野の多くでは、その用途や意匠によって、「質」のことなる多種類の製品が作られていたことである。「下級代替財」的な面は残るが、「安価」であることとともに、市場の嗜好に細かく対応することが求められる製品群であった。換言すれば、安価な労働力だけではなく、市場情報を製品に体現するために、広い意味での「技能」を保持することが、競争力の獲得には不可欠であったのである。

この変化の方向を、別の角度から見てみよう。表3は、一九三七（昭和十二）年の主要輸出工業品の輸出先を比較したものである。輸出先は、①「満州」「関東州」「中国・香港」、②その他アジア、③その他地域、④欧米に大別した。工業製品市場として考えた際、工業国である④が、市場参入への敷居が最も高く、逆に政治的影響力によって①が最も低い。②、③はその中間に位置すると考えられる。実際、欧米工業国と技術水準に差のある機械類の市場は①にほぼ限られていた。一方、生糸は欧米市場（特に北米市場）にほぼ特化しており、機械類と対照的であったが、これはアメリカの工業（絹織物業・靴下編業）との堅固な補完関係が形成された、中間財としての性質の反映であった。最終消費財として、欧米の工業生産と競争関係にあった綿織物の場合、主たる市場は、②、③であり、欧米市場（④）の比率は十％を下回っていた。この綿織物を基準とした場合、「雑貨」製品の特徴は、欧米市場の比率の相対的な高さであったといえる。表示のなかでは、玩具、身辺粧飾用品、陶磁器、ランプ・ランプ部分品が、欧米市場を最大の輸出先としている。そしてこれらの製品が、前述の雑貨における第三の類型にほぼ一致していたのである。

このように、戦間期の「雑貨」輸出の発展は、高所得国の市場をターゲットに、欧米工業国との直接の競争下において実現したものであった。堀和生の指摘する日本の「世界市場進出型の工業化」の最も先端的な部分であり、かつ、第二次大戦後に本格化する欧米市場への最終財工業品輸出の、最も直接的な先駆けであったともいえる（堀 二〇〇七）。セルロイド・ゴム・金属といった新しい素材を用いる新興産業の性質をもった戦間期の玩具工業は、その代表的な事例であった。この玩具の一大産地であったのが東京府で、生産額は、第一次大戦期の急増ののち一九二〇年代の停滞をへて、一九三二年頃から再び急成長をとげている。この軌跡は東京の工業生産動向とほぼ並行しており、かつ三十年代の伸びは全国工業生産額の推移を上回っていた。北米および欧州市場でドイツを筆頭とする欧米玩具産業に対抗し、競争力を獲得したことが、戦間期の玩具生産発展を可能とした。そしてこの玩具生産の強い国際競争力を生み出したのが、小規模製造業者を基盤とする分散型の生産組織であった[12]。

⑵問屋の機能

表４には、一九三三（昭和八）年の『大東京玩具業者名簿』記載の商業者および製造業者の業者数お

表4 1933年の玩具業者

区	1933年玩具業者名簿						
	商業			製造業			
	卸商	原材料	問屋	金属	セル	ゴム	その他
日本橋区	1		15				2
神田区			15	2			5
浅草区	51	10	121	42	10	10	90
深川区	11		1	6			4
本所区	4		12	113	8	5	50
下谷区	12	4	11	19	2	9	61
足立区	12			10	14	4	37
城東区	4	5		2	40	11	9
向島区	8	1	1	11	55	45	20
荒川区	15	4	2	20	54	30	113
葛飾区	7	1		2	59	9	11
江戸川区				1	8	1	1
王子区	6				2	1	5
瀧野川区	9					4	2
その他東京市	39	1	7	5	6	10	28
その他							
総計	179	26	185	233	258	139	438

出典：『大東京玩具業者名簿』，『東京玩具商報』，『セルロイド商工大鑑』，『セルロイド玩具祭盛観録』

よび地理的分布が掲げてある。商業者は卸商・原材料商・問屋の三つの業態に分けられていたが、このうち浅草区蔵前および南元町に集住する「問屋」が、創業を近世に遡る有力な経営を含み、商業機構の中心に位置していた。一方、製造業者の地理的分布は、素材別に少しずつ異なっている。旧市域の伝統玩具および金属玩具生産、新市域のセルロイド・ゴム玩具生産を、浅草（および神田・日本橋）の問屋が束ねていたのが、玩具生産の大まかな見取り図であった。

では、玩具問屋はどのような業務を担っていたのであろうか。同時代の調査によれば（東京市役所『問屋制小工業調査』一九三七年）、玩具問屋では純粋の商業機能――配給――のみを手がけるものは十六％にとどまり、なんらかの生産活動――製造・加工――に関与することが常態であった。製品売買にとどまらない関係を製造業者との間に構築するのが問屋の特徴であり、それが問屋―小売商間の配給のみを担う「卸商」との区別がなされる理由であった。実際、製造業者への発注に際し、原料となる金属・ゴム・セルロイドなどの供給を行うことは、製造業者側の調査で「受託生産」が広範にみられたことからも確認できる（東京市役所『小工業調査書』一九三七年）。加えて、玩具問屋は、新商品の開発活動にもコミットしていた。その指標となるのが、実用新案および意匠の出願・登録数のデータである。一九二八（昭和三）～一九三八（昭和十三）年の期間、少なくとも三十五軒の問屋が実用新案出願ないしは意匠登録を行っており、その総件数は、玩具関係者（その他を除く）の出願・登録数の四分の一を占めていることが判明する。項目別では意匠よりも実用新案で構成比が高く、業者一軒当たりの件数で他を上回るのも実用新案のほうであった。玩具問屋の備える開発力は相対的に高いものであったと考えられる。

⑶製造業者の活動　製造業者については、まずその零細性が指摘される。一九三三（昭和八）年の玩具業者名簿は、製造業者数を金属二百三十三、セルロイド二百五十八、ゴム百三十九としている。これらの業者のうち、同年の『工場通覧』（＝雇用職工五人以上工場名簿）に記載のある「工場」（以下、特に断らない限り、「工場」は『工場通覧』掲載レヴェルの規模の工場を指す）は、それぞれ三十六、三十二、四十七戸にすぎず、この業者名簿には現れない「工場」を含めてもそれぞれ六十五、四十七、七十七戸にとどまっていた。製造業者は、「工場」と非「工場」からなっていたこと、かつ業者数では、非「工場」（以下、職工五人未満の作業場を指す）が製造業者の過半数を占めていたことが読み取れる。

非「工場」のイメージを、一九三〇年代半ばの東京市の調査から窺ってみよう（東京市役所『小工業調査』一九三六年）。玩具「小工業」における平均従業員数は三・六四人、そのうち男性家族労働力（業主を含む、一・〇七人）およびその女性家族員（〇・二五人）で全体の三分の一を占め、その他（〇・二五人）を除く残りの雇用労働の中では、「徒弟」（一・〇〇人）が「職工」（一・〇六人）に匹敵する比重を占めている。この徒弟・職工・家族（業主）の組み合わせは、先に指摘した東京の小工業一般の特徴と一致している。またこれらの小規模製造業者の手がける作業には、一定の技能を必要としていたことも、玩具業者の過半が少なくとも一年以上の、三割弱は二年から五年の練習期間が必要と答えていることから明らかである。「下請」や「受託生産」とはいえ、小規模作業場での作業は必ずしも不熟練労働ではなかった。一定程度の技術的基礎を有する業主と職工、それに技能習得の意味合いを備えた徒弟を加え、さらに家族労働に補完されて成り立つのが、小規模玩具製造業であったといえる。(13) さらにその中には、「商品開発力」を有するものも含まれていた。

玩具製造では実用新案や意匠の出願・登録者が盛んにみられたが、戦間期において、出願の人数および件数とも最も多いのは製造業者、なかんずく非「工場」＝小規模作業場であった。総数でいえば、彼らによって問屋を上回る件数が記録されているのである。さらに、実用新案・意匠の出願にコストがかかることを考慮するならば、ここに現れているのは、「商品開発力」を有する業者の一角に過ぎないことも予想される。実際、セルロイド業者の事例では、工業組合の実施した意匠専用権登録制度への応募数のうち、残された史料の限りではあるが、非「工場」の割合が最も大きかった。小規模製造業者を、不熟練労働のプールとみなすことは適当ではないのである。

⑷取引関係

では、問屋と製造業者の取引関係は、どのようなものだったろうか。両者の取引の起点に問屋が存在したことは確かであろう。市場情報を最も掌握しているのが問屋である限り、製造業者は販路を問屋に依存せざるをえない。流行品の様相が強い玩具の場合、売れ筋製品に関する市場情報は、死命を決する意義を持つ場合も多いだろうし、そこには製品の内容の変化に対応しつつ、長期にわたって築いてきた問屋と玩具卸商との関係もあった。実際、『東京玩具商報』（玩具小売商向け広報誌）には、豊田屋倉持商店、山田初治商店、増田屋斎藤商店など、自工場を持たない有力問屋が写真付で製品を掲載し、その製品に自らの商標を付け、かつそれを製品の質の高さを担保するものとして表現していた。ここでは、製造業者が、自己の製品を以て需要側にアプローチする手段は閉ざされている。

しかし一方で、一九二八（昭和三）年の『日本セルロイド商工大鑑』（川上進一編、セルロイド新報社、一九二八年）には、非「工場」の小規模製造業者を中心に、二百八の玩具製造業者の商標が掲げられていた。また、売れ筋製品の確保をめぐって、問屋が製造業者の専属化を試みるケースもしばしば観察される。意匠開発能力を備えた零細製造業者は、売れ筋製品の開発・製造に関与しうる存在であり、潜在的に、自らの製品による需要者へのアピールの可能性を秘めた存在であった。ここに、問屋と製造業者の取引関係が、問屋による製造業者の組織化だけでは捉えきれない理由がある。玩具生産における問屋・製造業者関係は、ごく少数の問屋が、垂直的に産業全体の取引を統括していたわけではなかった。多数の問屋と製造業者が、業務の同質化の方向――商品開発力における潜在的同質性の存在と、問屋の製造への接近――の中で、対抗と補完の関係を取り結んでいたのである。

総括と展望

以上みてきたように、近代日本の産業発展は、業主およびその家族の労働供給に強く依拠する、数多くの小規模経営体を含むものであった。織物業も、中心的な工程である製織工程の担い手に、そのような特色をもつ小経営を、賃織の形で数多く抱えていた。この賃織就業は、農業経営と組み合わされており、そこでは自営業経営が保持する労働力配分の自立性に根拠づけられた、固有の労働供給パターンを特質としている。そのパターンを所与の前提とし、そこでの生産活動と製品市場を結び付ける機構の成立が「産地」形成であった。その「産地」が「主体」となって市場競争を繰り広げることが、近代日本の織物業発展の動力だったのである。

他方、東京における両大戦間期の工業発展も、小工業の新たな形での展開を伴っていた。そこでは、問屋、工場を核としつつ、小工業、内職者との複雑な取引関係によって製品が作り上げられており、それが製造問屋型生産組織と呼ばれるものの内実であった。特に、一定の技能が要求される加工プロセス、あるいは重要部品の供給は、内職等とは区別される小工業に担われることが多かった。それは、担い手としての小工業の創生と再生産を条件としている。それを可能にしていたのが、客観的な条件——期待される所得水準——とともに、徒弟としての入職から独立開業に至る、工業就業者間で共有されていたライフコースの認識であった。一方に生産の組織化によって、市場情報をより踏みこんで生産現場に伝える問屋の存在があり、他方にそれを受け止める多数の小規模製造業者の創生と再生産がある。この両者が結びつき、かつ、都市固有の条件——内職者の存在（都市低所得者の堆積）・関連業者の存在（技術集積）・周辺産業の存在（産業集積）——に支えられることで、第一次大戦以降、農村部では衰退しつつある問屋制的生産組織が、都市部において新たに活性化していくのである。

それは新たな環境——都市化——の中での、「在来的経済発展」の再生の場としても捉えられるものであった。脱農の過程で産み出された都市小経営が、スキル形成の機能を内包した分散型生産組織を産み出し、かつこの生産組織の特性ゆえに、この時期新たに拡大した高所得国最終消費財市場において競争力を保ち得たとすれば、小経営を基盤とする産業発展は、本格的な脱農化・工業化の過程にも及んでいたといえる。少なくとも二十世紀前半の日本経済は、「在来的経済発展」の論理を、そのうちに含んでいた。それは、近世小農社会の達成を基盤としつつ、「近代部門」にも伍して展開していたのである。

このことは、「近代部門」を含めた近代日本経済の総体的な理解においても、小農・小経営の論理との関連を考慮すべき局面が存在することを窺わせる。たとえば、戦間期日本の工業発展が、多くの「小経営」就業者の再生産を伴い、かつそこでの「ライフコース」の見通しが、典型的「工場労働者」とは異なっていたとすれば、大経営や大都市における就業機会を社会的に稀少とみなし、それをめぐる競争とその帰結として近代日本の労働市場の構造を描くことの可否が、改めて問われてくる。実際、この独立開業と小経営への志向性は、歴史的に深く根付いたものであった。江戸期大商家の労務管理政策を、通説的な奉公人の淘汰と選抜の策としてではなく、むしろ経営内への引留を意図するものであったとした西坂靖の議論は、商家奉公人が、昇進競争に投企する俸給労働者の前身ではなく、いずれかの時点で自ら区切りをつけ、小経営の世界へと戻っていく存在であったことを示唆している（西坂 二〇〇六）。かりにそれが正しいとするならば、商家経営の労務管理システムの形成は、小経営への対抗として構築されたことになろう。ここに近代的大企業の「日本的雇用関係」の原型を、商家奉公人の雇用システムにみる議論をオーバラップさせるならば、典型的な「近代部門」の労使関係システム形成に、「小経営」に足場を置く「在来的経済発展」の存在が影響しているとする仮説も成り立ちうるのではないだろうか。

あるいはまた、女性労働の位置づけにおいても、小経営世帯に固有の問題を明示的に議論することの必要性が示唆される。前述のように工場労働は女性のライフコースの一時期を占めるに過ぎないものであり、女性労働の場の多くは小経営の中にあった。この小経営世帯において世帯内の女性は、生産と再生産の双方を担う存在であり、その位置付けは、労働者多就業世帯とも、また、単一稼ぎ手世帯とも異なるものであった（谷本 二〇一一）。それがひとつのモデルたりえていたとすれば、近代日本における女性に対する社会的・経済的な規制の方向が、「雇用労働」世帯を基盤とするそれとは、必ずしも同一ではなかった可能性を孕むことになる。

たとえば、別稿[14]で論じたように、小経営では家事労働の多寡が世帯の消費水準に直結していた可能性がある。これを家事労働投入との結びつきが強い消費生活のあり方（家事労働集約的消費パターン）とするならば、そのパターンは、農家や都市小経営世帯が、複数の女性家族労働力を抱え、そこでの分業によって世帯当り家事時間を確保していたことに支えられていた。逆に、小経営では一定水準の家事労働の投入が可能であったが故に、家事労働を集約的に用いる消費生活のパターンが歴史的に形成・定着することが可能となったともいえる。この労働と消費のパターンは、女性労働の場が家業従事から雇用労働へと転換した農家においても継続していたようである（倉敷 二〇〇七）。さらに、消費生活には「慣性」が強く働くことを想起すれば、そこで形成された消費パターンが、新たに勃興する都市新中間層――そこでは家族構成も労働のあり方も変化している――に持ち込まれたとすることも、非現実的な想定ではないように思われる。[15] 戦後日本の単一稼ぎ手世帯における家事労働の特質を、本来は複数女性に担われていた家事需要を、単一の成人女性（専業主婦）の責任としたことに求められるかもしれない。そうであるならば、戦後日本で一般化する単一稼ぎ手世帯モデルを、小経営モデルの否定の上に新たに導入されたものとする通説的理解の妥当性もまた、必ずしも自明なものではないと考えられる。少なくとも、戦前期、都市上中層に形成されたとされる単一稼ぎ手世帯の文化的・イデオロギー的な浸透力は、相対化される必要があろう。

このように、小農・小経営の労働供給面での特質に着目するこれらの論点は、近代日本総体と「在来的経済発展」との関係を問う上での切り口の一つを示していると思われる。もちろん右記の推論は、いずれも一つの可能性を仮説的に示しているにすぎない。しかしこれらの論点の可能性は、「在来的経済発展」論の射程が、「在来産業」発展論を超え、近代日本社会の特質把握に及び得ることを例示しているのではないだろうか。それが新たな視角からの歴史像構築への手がかりとなることを期待したい。

（1）「マニュファクチュア論争」の研究史的位置づけについては、谷本 二〇〇〇を参照。
（2）谷本 二〇〇五は、この複数の経済発展パターンの併存を「複層的な発展」（二六一頁）と呼んでいる。
（3）これらの研究成果については、谷本 二〇〇二および Tanimoto 2006 を参照。
（4）以下の「生産組織選択論」および「柔軟な専門化論」について、詳しくは谷本 二〇一二を参照。
（5）以下、第一～三節の叙述は、特に断らない限り谷本 二〇一〇：第二～四節の記述を要約的にまとめ、若干の加筆を行ったものである。データの典拠については、同論文を参照。
（6）賃織の相対的低賃銀については、大島 一九八五、松崎 一九八七、谷本 一九九八などに賃金データが提示されている。

（7）谷本 二〇〇六は、幕末期畿内農村の「年雇」奉公人を雇用する農家は限界原理に従っていたと考えられること、また、そこに労働を供給する小農経営側の行動様式の理解にも、必ずしも「コミュニティー原理」を持ち出す必要がない可能性を指摘し、小農の行動の「合理的」理解の必要性を示唆している。
（8）小農の行動を規定したのは、近世以来の「通俗道徳」であるとした安丸良夫の思想史的研究は、小農の行動のイデオロギー的基盤を明らかにしている（安丸 一九七四）。さらに安丸 一九九九によれば、「通俗道徳」は都市小経営の行動様式の基盤でもあった。
（9）中川清は、「家族としての世帯形成」を、下層社会とは異なる「生活構造」の獲得として重視している。日露戦後期には家族形成とその維持のために、多くの家計でエンゲル法則の逆転（所得の低い世帯の方が食料費の支出割合が低い）が起こり、「生活構造の緊張」が見られたという（中川 一九八五：第三章）。
（10）自営業就業を、一つの雇用モデルとして位置付ける議論に、野村 一九九八：第三章がある。ただし、そこで扱われているのは主に第二次大戦後の日本経済であり、自営業モデルと対比されるのは、大企業モデルおよび中小企業モデルである。
（11）この項は、谷本 二〇〇七：第一節による。
（12）竹内常善は、輸出雑貨工業でみられる類似の組織を「製造問屋型生産組織」と名づけている（竹内 一九七九、Takeuchi 1991）。
（13）ここでの「徒弟」は史料用語であり、この時期に、明示的な規定を備えた制度としての「徒弟制」が機能していたとするのは、現実的ではない。しかし、官庁調査においてこの語が広く用いられていたことは、若年労働者層が、一般の「職工」とはある程度異なる存在であった現実を反映していると考える。
（14）Tanimoto 2012. 谷本 二〇一一にも関連する記述がある。
（15）品田知美は、二〇〇〇年頃のイギリス、オランダ、日本の時間利用調査を比較検討し、「日本女性は職の有無や子供の年齢にかかわらずオランダ・イギリス女性よりも毎日一時間程度も長く台所で過ごしている」事実を見出している。

男性の投入時間を加味すれば、世帯単位での時間の差は縮まるが、それでも日本の世帯が「食事の管理」に相対的に長い時間を掛けていることは確かであった（品田 二〇〇七：八八～八九）。

参考文献

阿部武司 一九八九『日本における産地綿織物業の展開』東京大学出版会。
有賀喜左衛門 一九七二『家』至文堂。
石井寛治 一九八六「維新変革の基礎過程」（『歴史学研究』第五六〇号）。
伊藤繁 一九八二「戦前期日本の都市成長」㊤（『日本労働協会雑誌』第二八〇号）。
大石嘉一郎 一九六五「日本における「産業資本確立期」について」（『社会科学研究』東京大学社会科学研究所、第一六巻四・五号合併号）。
大島栄子 一九八五「絹綿交織物産地の形成過程」（『社会経済史学』第五〇巻第五号）。
倉敷伸子 二〇〇七「近代家族規範受容の重層性――専業農家経営解体期の女性就業と主婦・母親役割」（『年報・日本現代史』第一二号）。
斎藤修 一九九八『賃金と労働と生活水準』岩波書店。
―― 二〇〇八『比較経済発展論――歴史的アプローチ』岩波書店。
斎藤修・谷本雅之 一九八九「在来産業の再編成」（梅村又次・山本有造編『日本経済史』第三巻「開港と維新」、岩波書店）。
坂根嘉弘 一九九九「日本における地主小作関係の特質」（『農業史研究』第三三号）。
品田知美 二〇〇七『家事と家族の日常生活――主婦はなぜ暇にならなかったのか』学文社。
新保博・斎藤修編 一九八九『日本経済史』第二巻「経済成長の胎動」岩波書店。
高村直助 一九七一『日本紡績業史序説』上巻、塙書房。

竹内常善　一九七九「都市中小ブルジョワジーをめぐる諸動向」（安藤良雄編『両大戦間の日本資本主義』東京大学出版会）。

谷本雅之　一九九八『日本における在来的経済発展と織物業――市場形成と家族経済』名古屋大学出版会。

――二〇〇〇「厳マニュ論争とプロト工業化論」（石井寛治・原朗・武田晴人編『日本経済史』第一巻「幕末維新期」、東京大学出版会）。

――二〇〇二「在来的発展の制度的基盤」（社会経済史学会編『社会経済史学の課題と展望（創立七十周年記念）』有斐閣）。

――二〇〇五「産業の伝統と革新」（『日本史講座』第七巻「近世の解体」、東京大学出版会）。

――二〇〇六「〝小農社会〟における農業雇用労働――近世畿内農村の一、二の事例」（『経済志林』法政大学経済学会、第七三巻第四号）。

――二〇〇七「戦間期日本における都市型輸出中小工業の歴史的位置――「在来的経済発展」との関連」（中村哲編『近代東アジア経済の史的構造』日本評論社）。

――二〇一〇「日本の工業化と「在来的経済発展」――小農経済から都市型産業集積へ」（『年報・近現代史研究』名古屋大学近現代史研究会、第二号）。

――二〇一一「近代日本の世帯経済と女性労働――「小経営」における「従業」と「家事」」（『大原社会問題研究所雑誌』法政大学大原社会問題研究所、第六三五・六三六号）。

――二〇一二「「分散型生産組織」論の射程」（社会経済史学会編『社会経済史学の課題と展望（創立八十周年記念）』有斐閣）。

田村均　二〇〇四『ファッションの社会経済史――在来織物業の技術革新と流行市場』日本経済評論社。

中川清　一九八五『日本の都市下層』勁草書房。

長野ひろ子　二〇〇三『日本近世ジェンダー論』吉川弘文館。

中村隆英 一九七一『戦前期日本経済成長の分析』岩波書店。
並木正吉 一九五五「農家人口の戦後一〇年」(『農業総合研究』第九巻第四号)。
西坂靖 二〇〇六『三井越後屋奉公人の研究』東京大学出版会。
西田美昭 一九九七『近代日本農民運動史研究』東京大学出版会。
沼田誠 二〇〇一『家と村の歴史的位相』日本経済評論社。
野村正實 一九九八『雇用不安』岩波書店。
速水融・宮本又郎編 一九八八『日本経済史』第一巻「経済社会の成立」、岩波書店。
古島敏雄・永原慶二 一九五四『商品生産と寄生地主制』東京大学出版会。
堀和生 二〇〇七「両大戦間期日本帝国の経済的変容——世界市場における位置」(中村哲編『近代東アジア経済の史的構造』日本評論社)。
松崎久実 一九八七「奈良県農村織物業の衰退過程」(『社会経済史学』第五二巻第六号)。
水野廣祐 一九九九『インドネシアの地場産業』京都大学学術出版会。
宮嶋博史 一九九四「東アジア小農社会の形成」(溝口雄三・浜下武志・平石直昭・宮嶋博史編『アジアから考える』第六巻「長期社会変動」、東京大学出版会)。
安丸良夫 一九七四『日本の近代化と民衆思想』青木書店。
—— 一九九九「「通俗道徳」のゆくえ」(『歴史科学』大阪歴史科学協議会、第一五五号)。
李榮薫・朴二澤 二〇〇七「十八世紀朝鮮王朝の経済体制——広域的統合体系の特質を中心として」(木村拓訳、中村哲編『近代東アジア経済の史的構造』日本評論社)。
Abe, Takeshi 1999, "The Development of the Putting-out System in Modern Japan", in Kōnosuke Odaka and Minoru Sawai eds., *Small Firms, Large Concerns*, Oxford University Press.

Bernhofen, D. and J. Brown 2005, “Estimating the Comparative Advantage Gains from Trade: Evidence from Japan”, *American Economic Review* 95(1), pp. 208–225.

Landes, David S. 1969, *The Unbound Prometheus*, Cambridge University Press,（D・S・ランデス『西ヨーロッパ工業史』第一巻、石坂昭雄・冨岡庄一訳、みすず書房、一九八〇年）.

Marglin, S. A. 1974, “What Do Bosses Do?: The Origins and Functions of Hierarchy in Capitalist Production”, *The Review of Radical Political Economics* 6(2).

Mendels, F. 1972, “Proto-industrialization: The First Phase of the Industrialization Process”, *The Journal of Economic History* 32.

Mokyr, J. 2002, *The Gifts of Athena: Historical Origins of the Knowledge Economy*, Princeton University Press.

Piore, M. J. and C. F. Sabel 1984, *The Second Industrial Divide: Possibilities for Prosperity*, Basic Books（マイケル・J・ピオリ&チャールズ・F・セーブル『第二の産業分水嶺』山之内靖・永易浩一・石田あつみ訳、筑摩書房、一九九三年）.

Sabel, C. F. and J. Zeitlin 1985, “Historical Alternatives to Mass Production”, *Past and Present* 108.

Smith, T. C. 1988, *Native Sources of Japanese Industrialization 1750–1920*, University of California Press（トマス・C・スミス『日本社会史における伝統と創造』大島真理夫訳、ミネルヴァ書房、一九九五年）.

Sugihara, Kaoru 2003, “The East Asian Path of Economic Development: A Long-term Perspective”, G. Arrigi, T. Hamashita, and M. Selden eds., *The Resurgence of East Asia: 500, 150 and 50 Year Perspectives*, Routledge.

Takeuchi, Johzen 1991, *The Role of Labour-intensive Sectors in Japanese Industrialization*, United Nations University Press.

Tanimoto, Masayuki 2006, “The Role of Tradition in Japan’s Industrialization: Another Path to Industrialization”, Masayuki Tanimoto ed., *The Role of Tradition in Japan’s Industrialization*, Oxford University Press.

——2012, “The Role of Housework in Everyday Life: Another Aspect of Consumption in Modern Japan”, Penelope Francks and Janet Hunter eds., *The Historical Consumer: Consumption and Everyday Life in Japan, 1850–2000*, Palgrave Macmillan.

Williamson O. E. 1985, *The Economic Institutions of Capitalism: Firms, Markets, Relational Contracting*, The Free Press.

「近世化」をめぐる諸問題

飯島　渉

はじめに

学会や研究会に出席したときに困るのは、関心を持っている地域や時代を特定して説明できないことである。最初の著作である『ペストと近代中国――衛生の「制度化」と社会変容』（飯島 二〇〇〇）では、十九世紀末から二十世紀初頭の中国、台湾、朝鮮や日本におけるペストの流行とそれへの国家的社会的な対応を「衛生の制度化」をキィ・ワードとして論じた。この本でも、日本における腺ペストの流行とそれが惹起した問題を論じているので、既存の東洋史の枠組みに収まりきらないことは明らかだった。けれども、この時には、自分が中国近現代史を研究しているのだという意識は依然として明確であった。もともと中国に興味があって、この道に進んだので、かなりのこだわりがあった。次の著作『マラリアと帝国――植民地医学と東アジアの広域秩序』（飯島 二〇〇五）では、二十世紀の中国、台湾、そして沖縄におけるマラリアの流行とその対策をめぐる学知の構造と展開を論じた。このとき、東洋史や中国史を専門としているという意識をほとんど失った。腺ペストは香港を起点として、中国や台湾、日本に広がった感染症である。マラリアも感染症だがその流行は生態系との関係が深く、いわば地方病としての性格が強い。地域性を捨象するならば、本来は、ペストをきっかけとする方が自然なのだが、実際には逆だったことが今となっては面白く感じられる。

こうして、感染症を研究課題とするなかで、中国だけを論じるのではなく、中国を東アジアのなかで、東アジアを広域アジアのなかで論じること、さらに、そうした作業をヨーロッパやアメリカ、アフリカなども意識しながら進めることを自分の課題とするようになった。もちろん日本も研究の対象である。日本の歴史学に固有といっても過言ではない、日本史、東洋史、西洋史という枠組みは、十九世紀末以後、歴史学を大学や学校教育のなかで制度化する過程で確立された。けれども、歴史それ自体には本来こうした区分はない。

私は、現在、ペスト、マラリアに次いで、第三の感染症＝日本住血吸虫病に「罹り」、なかなか「治癒」できずにいる。病気を治すには、本を書くことが必要である。日本住血吸虫病は、日本、フィリピン、中国で流行した水系感染症である。生態系の変化（たとえば、稲作などの農業の展開による土地利用の変化、そして牧畜も重要である、この病気は人獣共通感染症だからである）が流行の背景にある。そのため、研究手法として、環境史を意識せざるをえなくなったこともあって、なかなか成果をまとめられずにいる。

研究対象がヨーロッパやアメリカではないことは確かだが、中国やフィリピン、そして日本に限定されるわけでもない。何せ、日本住血吸虫病と同じ仲間のマンソン住血吸虫病やビルハルツ住血吸虫病は、アフリカや南アメリカで流行してきた。そのため、自分の専門を紹介する必要に迫られると、「医療社会史（social history of medicine）」と説明することが多くなった。つまり、「どの地域のどんな時代」を縄張りとしているのかを意図的に避け、手法のみを説明するようになったのである。

大学の授業でもそれほど地域性にはこだわらないで、グローバル・ヒストリーを強く意識した内容を喋っている。とりあげる問題は毎年すこしずつ変える。最近の授業で、学生の「受け」がよかったのは、「コロンブスの交換[1]」による植物のグローバル化が、世界のさまざまな地域の生態系、経済や社会にどのような影響を及ぼしたかを紹介したものであった。これは、伝統的な中国史学とも関係させることが可能である。例えば、アメリカ大陸原産のトウモロコシの伝播によって、中国の山地開発は飛躍的に進んだ。山地の斜面でも比較的容易につくることができたからであり、それが中国における人口爆発の一つの要因であった。そして、こうした山地開発の進展は漢人と諸民族の対立の要因ともなった。

植物の交換と並んで、動物の交換にも興味がある。例えば、食用サケの南アメリカでの養殖なども重要なテーマとなる。もともと、サケは南アメリカには生息していなかった。しかし、莫大な需要を満たすために、南アメリカでも養殖されるようになった。もちろん、ヒトの交換、すなわち、ミトコンドリア・イヴ以来の人類の世界への拡散も重要なトピックである。DNA分析の進展によって、現在、七十億人にまで増加し、空前の繁栄を誇っているヒトの共通の祖先が、いまから十数万年前に気候変動によって東アフリカを出発したミトコンドリア・イヴという一群の女性たちであることが明らかになっている（単一起源説）。「我々はみなアフリカ人なのではないか」などと言って学生を煙に巻いて、なるべく東洋史の枠組みから逸脱する。しかし、日本の大学の歴史学の講座は、依然として時代と地域によってかなりきっちりとした分業体制を構築しているので、こうしたスタンスを続けることにはそれなりの覚悟が必要である。また、日本史と世界史という区分によって高等学校の歴史教育を受けてきた学生も、この面ではむしろ保守的である。正直に言うと、世界史と日本史、日本史・東洋史・西洋史、また、中国史や日本史という枠組みは、かっちりし過ぎていて、私には窮屈である。

こんなことを日々考えているときに、本書の編者である日本史の、それも近現代史ではなくて近世史の若手研究者から、毎年夏に開催している「近世史サマーフォーラム」に来て喋ってくれと言われた(2)。正直なところ、とても驚いた。けれども、フォーラムの企画書から、意気込みの真剣さが十分にわかったし、日本近世史の研究者が私の著作を読んでくれたことにもほだされ、よろこんで協力することにした。それ以来、彼らからさまざまな刺激をもらっている。歴史学の社会的役割という、つねに議論されてきたにもかかわらず、結論の出しにくい問題への取り組みにも心動かされる。

最近、彼らは荒武賢一朗編『近世史研究と現代社会――歴史研究から現代社会を考える』（荒武編 二〇一一）を刊行した。二〇一一年の東日本大震災という、未曾有の、また、どこまでが天災で、どこからが人災か依然として判然としない災害をまたいで企画・刊行されたこの論文集は、官僚制、財政、公共性（圏）、自己責任、消費者、教育など、抽象度の高いテーマを設定し、日本の近世社会を具体的な検討の対象としながらも、それを歴史に閉じ込めるのではなく、「過去と現在の対話」というE・H・カーの問題提起に果敢にチャレンジした。そのナイーブさは称賛されるべきである。他方、その意図が十分に実現されていない面もあることを正直に指摘しなければならない。それは、歴史学が「過去と現在の対話」を方法的な特徴とする学問であることは確かだとしても、歴史学が直截的に現代社会の処方箋を書いてよいのかという難問があるからである。

また、日本の近世史研究において、現在いったい何が課題として意識されているのかがどうもはっきりしないこともある。けれども、現在の日本の中国近現代史研究に求められている課題がどのようなものなのか（もし、求められているものがあればだが）をうまく答えることができないという点で私も同じである。さらに、日本近世史研究の世界で流通している専門的用語によって語られることがらの歴史学的な意味が、私に十分に理解できないという問題もある。

こうした現象は、日本史と外国史、例えば、日本史と中国史のあいだでもしばしば起こる。もっと言ってしまえば、中国史の明清史と近現代史の研究のあいだにもかなりの溝がある。つまり、他の学問領域から見るとほとんど違いが感じられない領域のなかでも意思の疎通が難しい場合があるということである。敢えて言えば、たかが「歴史学」という基本的に手法を同じくするはずのディシプリンでありながら、堂々と「専門が異なる」などという言い方が通用し、用語の意味するところも異なるという状況がある。そして、これは同じく「歴史の研究」のなかでも、歴史学の手法を基礎とする研究と、政治史（政治学をバックボーンとする）や経済史（経済学をバックボーンとする）、さらに美術史や科学史、医学史などの手法の異なった「歴史の研究」とのあいだではより顕著である。

ある時、私は、科学史学会の研究発表へのコメンテーターを引き受けた。その時言われた、「東洋史の人がコメントしたのは初めてだ」という言葉にはかなり驚いた。研究発表は、科学史的な視角から、植民地に設立された日本の帝国大学における学知の構造や思想を問うものだった。二十世紀前半を対象としており、その時代や地域は私にはなじみ深いものだった。いったい、歴史学が対象とする時代や地域と科学史が対象とする時代や地域は異なっているのか。歴史学と科学史は異なった問題を対象としているのだろうか。それは、研究する側の勝手な思い込みで、その時代や地域のリアリティ、そしてそれを表現している歴史そのものは、本来は同じものではないのかと強く感じた。そんなことを考えていたため、「私は、東洋史とはちょっと言えません」といういつもの発言をうっかり忘れてしまった。

現在、私は歴史学以外の研究者と意見交換する機会がますます多くなっている。そのなかで学んだことを一つ。「ああでもない、こうでもない」とは言わない。異なった領域の専門家は、私に歴史学からの見方を求めている。いろいろ言うのは、関心をほとんど同じくする共同体でのみ可能である。こうした立場に立つと、歴史学における地域性や時代性はそれほど決定的なものとは考えられない。また、人文学としての歴史学をとりまく困難な状況のなかで、「そんなこと言っている場合ではないでしょ」と思っていることもある（飯島 二〇一一b）。

本書の目的の一つは、歴史学をとりまく困難な状況を、日本の日本近世史を主とする研究の内側から打破しようとするところにあるという。そのためには、まず、私が考えている日本の近世や近世史の研究に関するイメージを正直に示すことが出発点になるのではないか。そこで、本稿では、東アジアにおける感染症のグローバル・ヒストリーを研究してきた立場から、自由にこの問題を論じてみることにする。

一　世界史のなかの「日本の近世」

1　「日本の近世」とは？

いったい「日本の近世」とはどんな時代なのだろうか。正直に言おう、私は、日本の国家史や社会史を、次のようなきわめて単純化した枠組みで理解している。すなわち、縄文時代から弥生時代、古墳時代をへて、日本列島には、中国大陸や朝鮮半島との密接な交渉の中で、中国王朝をモデルとし、律令制度を導入した古代国家が建設された。中国大陸、朝鮮半島、日本列島という地理的力学の中で、国家建設が試みられたのだが、それは、現在的な「中国」・「朝鮮」や「日本」ではとらえきれないものであった。その後、日本列島の国家は、中国大陸や朝鮮半島との交渉を民間の交渉や倭寇にゆだね、日本型華夷秩序を志向して、中国的な国家モデルからの離脱をはかり、封建的秩序としての中世、身分制と「鎖国」によって象徴される日本型近世社会をかたちづくった。十分な理解ではないと思う。けれども、二〇一三年度、一年間かけてひさしぶりに「日中関係史」を講義したとき、かなりの数の文献を読んだ。そして、いわゆる古代史や中世史の内容の充実に圧倒された。私は、大学生の時にはほとんど古代史や中世史に興味を持てなかったのだが（これは、教えてくださった先生方のせいではなくて、ひとえに私の問題）、はじめてといっていいほど、興味をひかれた。それは研究の進展によって明らかにされた歴史の機微を意識することができたからである。

日本の社会は、十九世紀半ば以後には、欧米のアジア進出の下で、ヨーロッパ型近代国家を規範として、日本型近代国家を成立させた。この過程で獲得した成果と課題を考えると、「二十世紀はアメリカの世紀であった」のと同様に「二十世紀は日本の世紀であった」とも思えるほどである。二十世紀の日本は、日本主義、アジア主義、近代主義のないまぜとなった社会である。そのため、それに対応する日本史、東洋史、西洋史という歴史学の枠組みが必要になった。東洋史と西洋史＝外国史が異常に大きな存在であるのが日本の歴史学の特徴である。つまり、中国史などの外国史の講義をすることによって私が生活の糧を得ているのは、その蓄積のおかげである。そうした有難い社会を実現したのが、近世的な蓄積なのか、それとも急速な近代化のおかげなのかに私は大きな関心がある。

別の言い方をすると、私は、日本の側から日本を見る習慣はほとんどなくて、中国型モデルとヨーロッパ型モデルのはざまに、日本の国家や社会を位置づけている。これ自体はそれほど特異な考え方ではない。川勝守『日本近世と東アジア世界』（川勝守 二〇〇〇）は、日中関係史の講義のために読んだ文献のひとつで、東洋史家が日本の近世を東アジアの国際的環境のなかに位置づけた著作である。この研究のポイントは、琉球王朝の『歴代宝案』や朝鮮李朝の『朝鮮王朝実録』などを用いながら、鎌倉・室町・江戸期の日本と琉球王国、朝鮮王朝、そして明清中国王朝の関係を論じたところにある。主要な論点は、中国王朝を中心とする東アジアの冊封体制の構造と、そこからの離脱をはかる日本型華夷秩序の展開である。

日本の歴史学における東アジアの近世に関する通説的な理解としては、岸本美緒『東アジアの「近世」』（岸本 一九九八）をあげることができよう。岸本は、まず「近世」の意味を論じる。同書は、内藤湖南が『支那論』（一九一四年）のなかで、明朝と清朝以後の時代を近世とする一般的理解を退け、十世紀以降の宋朝以後の時代を近世と呼んだことから説き始める。これに対して、戦後きわめて大きな影響力を持ったマルクス主義歴史学の潮流は、土地＝生産手段の所有者とそのもとで労働する生産者とのあいだの関係を軸に、宋朝以後の中国に広くみられた地主制を、ヨーロッパの中世封建制の下での農奴制と同じ段階にあるとした。岸本は、ここに宋朝から清朝に至る時代の中国を、「近世」とするか、それとも「（中世）封建制」とするかをめぐる時代区分論争が展開されたことを説明する。こうした論争ゆえに、中国史家にとって「近世」という言葉は気軽には使えない言葉であるとしながらも、「十六世紀から十八世紀の東アジアの歴史を巨視的な観点からながめてみるとき、われわれの目に映るのは、十六世紀の急速な商品経済の活性化、社会の流動化のなかで従来の秩序がくずれてゆく混乱状況のなかから、新しい国家が生まれ、十七世紀から十八世紀にかけて新しい秩序が作り上げられていく、一サイクルの大きな動きである」（岸本 一九九八：二〜四）と述べ、日本の近世もこのような動きのなかで理解される。

岸本は、近世という歴史概念を、十六世紀から十八世紀までの時代をさすものとして用いながら、それは「中国をはじめとするこの時期の東アジア諸地域の国家体制や社会経済のあり方が、ヨーロッパの「近世（初期近代）」と同じだからという理由にもとづくものではない。そうではなくて、さまざまな個性を持つ諸地域が相互に影響を与えあいながら、十六世紀から十八世紀というこの時代の激動のリズムを共有してきたという認識にもとづくものである」（岸本 一九九八：四）と述べる。それは、「皇帝を頂点とした官僚政治（「郡県」制）のもとで小農民がおもに契約によるさまざまな生産関係を結んできた中国の社会は、ヨーロッパの歴史発展のモデルに容易にあてはめられない独自のかたちをもっている。さらに東アジアのなかでも、日本や朝鮮など、中国の周辺地域は中国と異なるそれぞれ独自の社会構成を発展させてきた」（岸本 一九九八：三）からである。そして、岸本は、銀の国際的な流通、特産品としての江南の生糸と遼東の人参の生産、政治史上の明清交替、技術史上の革命としての鉄砲の普及、アメリカ大陸作物の導入と山地の開発、人口爆発などを紹介しながら、東アジアの近世をグローバルな文脈に位置づける。岸本が述べる東アジアの近世への理解は、現在、中国史や東アジア、あるいは東アジアの近世をより国際的な文脈に位置づけようとする際の出発点である。

2 「日本の近世」の描かれ方

最近話題になっている歴史書の一つに、クリストファー・ロイド『137億年の物語――宇宙が始まってから今日までの全歴史』（ロイド 二〇一二）がある。この本は、地球ができてから現在までの百三十七億年を一冊にまとめるという荒唐無稽な試みである。こうした発想は、地球時間ともいうべき時間軸を問題としていて、人文学的歴史学からはなかなか出てこない。しかし、著者のロイドはイギリス生まれで、ケンブリッジ大学で中世史を学び、新聞記者となった経歴の持ち主で、つまり人文学から出発している。彼は、既存の学校ではなく自分の家庭で子どもたちを教育する必要に迫られてこの本を書いたと述べる。

ロイドの描く地球と人間の歴史は、第一部の地球史（「母なる自然」、百三十七億年前から七百万年前）、第二部「ホモ・サピエンス」（七百万年前から紀元前五〇〇〇年）、第三部「文明の夜明け」（紀元前五〇〇〇年から西暦五七〇年ごろ）、第四部「グローバル化」（西暦五七〇年ごろから現在）から構成される。ロイドが、ヨーロッパ勢力のアメリカ進出やアジア進出を、現在に至るグローバル化の端緒として重要視しているにもかかわらず、第四部の叙述である「グローバル化」をイスラームの成立から説き起こしているところは興味深い。これには齟齬も感じられるが、ロイドが中世史を学んだことと関係しているだろう。批判的な印象を一つ。やはり、ホモ・サピエンスの登場以来の七百万年ではなくて、ここ数十万年ほどの歴史、つまり、先に述べた、現在の私たちの歴史を、単一起源説に立つミトコンドリア・イヴの「出アフリカ」以来の、世界へのダイアスポラの物語として描いたほうがいいのではないか。

さて、この荒唐無稽な試みの本で、日本の近世ははたして取り上げられているのか。取り上げられているならば、それはどのように描かれているだろうか。ロイドは、「門を閉ざした日本」として、まず日本への鉄砲の伝播とこれを積極的に用いた豊臣秀吉による日本の統一から朝鮮出兵を説明し、その後のキリスト教の禁止と日本人の海外渡航の禁止を説明する（ロイド 二〇一二：三九八）。ここでロイドが典拠としているのは、二十世紀を代表とする著作としてとても有名になったジャレド・ダイアモンド『銃・病原菌・鉄――一万三〇〇〇年にわたる人類史の謎』（ダイアモンド 二〇〇〇）である。ダイアモンドは、この本の中で、十六世紀から十七世紀の日本の近世社会の特徴を論じつつ、世界の歴史をつくった三要素の一つであると自らが主張する鉄砲を日本が積極的に導入し、しかもその大量生産を可能にして政治的統一を達成したにもかかわらず、なぜそれを放棄してしまったのかに関心を寄せる。

ここで、ロイドとダイアモンドの著作に触れたのは、欧米人が日本の近世にどのような関心を持つのかを確認したかったからである。それも、『近世日本の国家形成と外交』（トビ　一九九〇）を著したロナルド・トビのような専門家ではなく、歴史をもっと一般的に書こうとする場合の関心を確認したかったのである。そこでは、キリスト教の禁止と同時に、鉄砲の大量生産からの撤退に大きな関心が寄せられている。これは、ごく自然なことに思える。

もうすこし歴史主義的な叙述も確認しよう。ウィリアム・マクニール『世界史』（マクニール　二〇〇八）は、最近では、東京大学や早稲田大学・慶應義塾大学の大学書籍部で最も売れている歴史書として紹介されている。マクニールには、『疫病と世界史』（マクニール　一九八五）などの名著があり、疫病史の先達として私がもっとも影響を受けた歴史家の一人である。

マクニールの『世界史』は、第一部「ユーラシア大文明の誕生とその成立」（紀元前五〇〇〇年まで）、第二部「諸文明間の平衡状態」（紀元前五〇〇～後一五〇〇年）、第三部「西欧の優勢」（一五〇〇～一八五〇年）、第四部「地球規模でのコスモポリタニズムのはじまり」（一七八九年～現在）からなる。この区分は、ロイドの記述に比べればよほどなじみやすいが、やはり、「コロンブスの交換」が重要なのだ。そして、「日本の近世」は、十六世紀におけるヨーロッパ人の日本への来航から記述が始まる。重要なのはやはり鉄砲で、それが日本の統一の原動力となったことが強調される。それにくらべて、江戸時代の日本社会の記述はシンプルだが、「徳川の平和」による武士の破産や市場経済の浸透なども描かれる（マクニール　二〇〇八、下巻：一二一～一二五）。

ここで注目すべきなのは、近世社会を登場させた日本の基本的な社会構造への理解である。マクニールは、日本の封建制は初期中世ヨーロッパの封建制と酷似していたとしている。もちろん、ヨーロッパにおける騎士の契約関係と日本における血縁関係の違い、日本では農業が水田耕作を中心とする集約的なものであったことなど、ヨーロッパと日本の違いも論じられている。しかし、マクニールは、「一五〇〇年までに、日本の社会と文化はその複雑さと強靭さと極度の洗練性において、旧大陸の他の文明社会に伍して劣らないものになっていた。だが、日本文化の担い手が比較的大きな種族的等質性を持っていたこと、および比較的小さな、孤立した地理的範囲に限定されていたことなどが原因で、この新しい文明は、十分な発達を阻害された」と説く（マクニール 二〇〇八、下巻：四一九）。すなわち、海外進出は長くは続かなかったが、ヨーロッパに匹敵するような文明化を達成し、それが、日本が植民地化を免れた要因だったのだとするのである。マクニールの言う、洗練された社会を、労働集約的農業形態や強靭な共同体的秩序と読み替えるとすれば、速水融によって提起された「勤勉革命」論にもとづく日本の近世社会への理解とも共通することに注目したい（速水 二〇〇三）。

私は、日本の歴史学における日本近世史研究の最近の関心を承知していない。しかし、ロイドやダイアモンドほどシンプルではないにせよ、マクニールが問題にした、十九世紀半ばに日本が植民地化を免れた要因が、洗練された近世社会にあったのかどうか、そして日本の中世から近世社会が、ヨーロッパの封建制社会と似ていたのかどうかには興味がある。それは、ヨーロッパやアメリカ、あるいは中国、朝鮮やベトナムから見たとき、日本の近世から近代への移行、あるいは、近代化や近代という時代における日本の役割をどのように説明できるか、という問題関心があるからである。これは、ある意味で、日本の近代を準備したのは近世的蓄積なのか、それとも「西洋の衝撃」以後の近代化政策なのかという問題と考えられがちだが、実際には、二項対立的な問題には解消できないであろうし、そのなかでのバランスに歴史学的なリアリティがあると考える。

3 グローバル・ヒストリーのなかの「日本の近世」

日本の社会が封建制という意味において、ヨーロッパと類似性をもっていたとする考え方は、梅棹忠夫の生態史観にも見られる（梅棹　一九五七）。ちなみに、私が歴史学の修行をはじめた一九八〇年代、梅棹の議論は、和辻哲郎の『風土――人間学的考察』（一九三五年）などとならんで環境決定論として、きわめて単純な歴史観として歴史学界では退けられることが多かったように思う。しかし、現在、環境史に関心を寄せながら、梅棹の著作を再読すると、その構想力に圧倒され、示唆を得るところが多い。梅棹の「文明の生態史観序説」が『中央公論』に発表されたのは一九五七年、梅棹はその時三十七歳だったのだが、ほぼ半世紀を経過した現在でも、その価値は失われていない。

梅棹は、「文明の生態史観序説」で、有名な、第一地域と第二地域の理論を展開し、古代帝国が成立した第一地域と、封建制が成立した第二地域を区別し、日本をヨーロッパと同じく第二地域に類型づけ、ヨーロッパとの比較の文脈の中に位置づけた。こうした発想はいったいどこから得られたのか。よく知られているように、梅棹は、第二次大戦中の一九四四年から張家口に設立された西北研究所で、今西錦司などのもとで調査活動をすすめた。二〇一一年に開催された国立民族学博物館の梅棹に関する展示を見たとき、私は梅棹の当時の研究ノートを見て、敗戦後、それを日本に持ち帰ることは命懸けだったことを実感した。[3] 日々の学校の仕事に追われ、研究のための時間を十分に取れないなどと嘆いている現在の自分の姿を恥じ、深く反省した。

梅棹の世界観＝文明の生態史観の中で、中国がどのように位置づけられているのか、あるいは梅棹の中国理解はきわめて重要である。この問題は別の機会に詳しく論じることにしたいが、梅棹は、西北研究所での活動の中で、中国社会の持っているある種のリアリティのありかを知ったと言う。但し、梅棹がフィールドワークを行って調査したのはチャハル盟などのモンゴルだったから、梅棹の滞在した張家口などが中国社会のある現実を示していたことは事実だとしても、中国社会の全体像とは言いにくいだろう（飯島　二〇一一ａ）

梅棹忠夫の文明の生態史観を自らの歴史観に位置づけているのは中国環境史研究の先達である上田信である。上田は、通史として『海と帝国』（上田　二〇〇五）を著していて、それは創見に満ちている。上田の東ユーラシア論は、梅棹の生態史観を基礎としながら、独自の地域論と歴史観を提示している。上田の言う「東ユーラシア」とは、海から見た場合には、日本海・渤海・黄海・東シナ海・南シナ海・ベンガル湾とそれに接する陸地や島嶼から構成される空間であり、陸から見た場合には、中国を中心にして、シベリアの東北部を含む北東アジア、チベット高原・モンゴル高原を含む中央アジア、日本・朝鮮を含む東アジア、マラッカ海峡以東の東南アジア、インド沿海部をあわせた空間である。そして、東ユーラシアは歴史的に形成され、変化してきたとして、梅棹の文明の生態史観、さらに川勝平太の海洋史観（川勝平太 一九九七）に伍して、次のような時代区分を試みる。すなわち、(1)朝貢システムの完成期である一三八〇年代から一五六〇年代、(2)互市システムの形成期である一五六〇年代から一六八〇年代、(3)互市システムの完成期である一六八〇年代から一八六〇年代、である。上田の議論は、近代を意識した一八六〇年代から一九八〇年代の華人チャンネルの時代へと続く（上田 二〇〇九）。

上田の東ユーラシア論は、経済がもつインパクトとヒトの生活の根本的な条件である生態系を視野に入れた点に特徴があり、社会構造としての封建制を意識した梅棹の生態史観の延長線上というよりは、海域世界のもつダイナミズムに力点を置いたものである。また、上田の理解は、一九八〇年代における、近代アジア貿易圏の歴史的位置についての、濱下武志（朝貢貿易システム論）、川勝平太（物産複合論）、杉原薫（アジア間貿易論）によるヨーロッパとアジアをめぐるパラダイム・シフトを意識したものでもある。[4] そして、こうした研究に大きな影響を与えたのは、イマニュエル・ウォーラーステインの近代世界システム論であった。

ヨーロッパと日本の社会構造の比較は、封建制を意識するかどうかは別として、現代の歴史叙述においてもよく取り上げられる。岡本隆司『中国「反日」の源流』（岡本 二〇一一）はまことに物騒なタイトルの本だが、その内容は、まず近世の日本と中国の社会構造の違いを平易に論じ、近世における差異性が近代世界への包摂の中で、その後の日本と中国の軌跡をわけたのだと論じる。具体的には清朝中国の、徴収する税額が固定されている原額主義、それを支える徴税の請負、さらに、十七世紀から十九世紀における人口の爆発や辺境の開発＝漢人移民の拡大、統治構造における政治コストをさげるためのシステムとしての中間団体の役割などが論じられる。岡本は、中国近代の財政や外交に関して数多く精緻な研究を公刊している（岡本 一九九九、二〇〇四）。そして、日本と中国における歴史認識問題の背景にある構図を「社会構造およびその差異が、経済制度・政治権力の性質と違いとなってあらわれ、それがさらに、対外姿勢とその齟齬をつくりだす。そのそれぞれが、相互の理解不足をもたらし、歪んだイメージや誤解、矛盾をうみだし、対立を重ねて破局にいたる。その破局の結果がまた、あらたな対立の出発になる。近代の日中関係と反日の源流を形作った歴史経過も、ほぼ以上につきている」と断じる。十九世紀半ばから現在に至る日本と中国の関係は、岡本が指摘するように相互の理解不足に基づくものであっただろう。そして、戦争と革命の二十世紀を経た現在、日本と中国の関係が、経済関係に象徴されるように、これほどまでに深まった時代であるにも関わらず、その相互理解が過去のそれに比べて妥当なものとなっているかといえば、尖閣問題などのさまざまな摩擦を見る限りはなはだ心もとない[5]。しかし、社会構造の差異にもとづく認識のズレを指摘することは、ある意味で、日本の社会をヨーロッパの社会との相対的な近さから理解するのか、日本の社会を中国の社会との相対的な遠さから理解するのかという立ち位置の問題でもあり、この議論からはただちには相互理解を深める糸口を見出しにくいことも事実である。

日本の近世社会の特徴を「勤勉革命（industrious revolution）」として位置づけたのは、前述したように速水融であった。速水は、経済学を基礎とする歴史人口学からの分析によって、日本の近世社会のリアリティを描いてきた。現在、こうした理解を基礎としながら、杉原薫が労働集約的な東アジア型の経済発展理論を提示しており、こうした成果は英語でもその成果が発表されることが多い（Sugihara 2005, 杉原 二〇一〇）。しかし、こうした研究成果とこれまで蓄積されてきた日本の近世史研究における農村社会論や身分制論などの研究成果がどのような関係にあるのかは判然としない。

私が意識している以上のような研究群からは、日本の近世をグローバル・ヒストリーの中に位置づけるなかで、大きな二つの流れがあるように思われる。一つは、日本の近世社会をヨーロッパの産業化と比較しながら、「勤勉革命」の文脈からこれを描こうとする歴史人口学や比較経済史の立場であり、いま一つの立場は、日本の近世社会を海域世界の中に位置づけ、日本の近世がけっして「鎖国」という閉鎖的な社会ではなかったことを強調する立場である。

日本の近世社会が「鎖国」には収まりきらない多様な対外関係を構築してきたことは、一九九〇年代以降のグローバル化の進展と相まってさかんに論じられるようになった。日本の「鎖国」＝東アジアにおける「海禁」という日本近世の対外関係に、私は以前から関心があった。また、こうした研究の展開を画したと思われる「漂流民送還体制」にも親近感を持ってきた（荒野 一九八八）。漂流は、現在、私が授業でよく取り上げるテーマの一つである。それは、中国王朝的な国家＝律令国家制度をいったんは導入しながらも、しだいにそれを崩壊させ、その後、日本型華夷秩序を志向しながらも、社会構造の面では封建的な社会を構築した日本の近世社会の多様な現実の一つのように感じられるからである。

中世社会において、中国への朝貢が停止されるなかで、仏教僧侶の交流や倭寇に代表される民間レベルの日中関係や日朝関係が顕在化したという、東アジアから日本の社会を見る視点にも親近感を抱いてきた。もっとも、この論理は日本的かもしれない。ある時、ドイツで、蘭学、さらにケンペルとシーボルトについて喋ったことがある。ケンペルやシーボルトは、日本の近世社会を目撃したヨーロッパ人（実際には、ドイツ人である）であり、自覚的に日本を訪問する人生を選択した（松井 二〇一〇）。これに対して、歴史に名を残す多くの漂流民は、自分の意思とは関係なく漂流し、そして、異国を体験した。漂流民に親近感を持っていた私の思い込みはあまりドイツの学生には通用しなくて、自らの意思で日本を選択した二人のドイツ人（もっとも、当時は、ドイツ人という意識はあまりなかったはずだが）により興味があるようであった。このあたりの勘どころは、なかなか難しい。

近年では、いわゆる「四つの口」での対外交渉が個別的に論じられる段階から、よりグローバルなコンテクストの中に日本の近世社会を位置づける議論が展開されている。最近編集された講座本の一冊である、荒野泰典・石井正敏・村井章介編『近世的世界の成熟』（荒野・石井・村井編 二〇一〇）に収録された論考を見るだけでも、研究の「成熟」が見て取れる[6]。そこでは、砂糖、ジェンダー、通訳、地方における蘭学などの従来では考えにくかった視角からの斬新な視点が配置されている。

二　「近世化」をめぐって

１　地域社会論と「近世化」

日本の近世という時代を考える場合にも、これを縦軸と横軸の中で考えてみる必要があろう。縦軸とは、中世から近世、近世から近代への移行をめぐる問題であり[7]、横軸とはグローバルなレベルで、近世的社会を出現させた要因とは何だったのだろうかという問いである。

繰り返しのエクスキューズになるが、日本における日本近世史研究の論点がどのように推移してきたのか、また、現在何が課題なのかを私は十分に理解していない。この文章のために、『史学雑誌』の「回顧と展望」の日本近世の部分をここ十年ほどだけざっと目を通してみたが、研究の精緻化にともなう専門化が顕著であって、全体像を展望することは難しい。しかし、身分の項目にジェンダーが加えられていたり、史料論として独立した項目が設定されていることに新鮮さを感じた。

こうした中で、地域社会論が研究手法の中心に位置しているように感じられた。それは、膨大な地方《じかた》文書の整理を基礎としながら、歴史を再構成する空間として地域を選び取る手法である。この点では、中国史研究における明清史研究や近代史研究との共通性を感じる。これはたいへん興味深いことだが、日本の中国明清史研究者や近代史研究者には、江南の専門家、四川の専門家などの地域性が明確にある。そして、地域を対象とする個別の研究会も存在する。その背景として、膨大な地方レベルでの資料の発掘と整理があったことも共通しており、一九八〇年代以後にマルクス主義歴史学を基礎とする構造主義的な理解の限界が指摘されると、それにかわって「地域社会論」が強く意識されたことも軌を一にしている。

一九八〇年以後の中国史研究における地域社会論をけん引したのもやはり岸本美緒であった。そして、岸本は、近年、十六世紀から十八世紀の世界を「近世」＝early modernとしながら、各地域における広域的な変動＝「歴史のリズム」を「近世化」と表現してきた。この視角は、岸本によれば、ある種の実体的な定義を断念したところに想定されている。しかし、おおまかな特徴は指摘されており、それを私なりに整理すると、①近代の未熟な段階ではなく、②広域的な変動の衝撃を受け、独自の方法によって模索された動的な過程の結果としての新しい秩序である、その意味で、③「衝撃―対応」それ自体も近代特有のものではない、というあたりになろうか(8)。

ここで印象的なのは、岸本が指摘する「歴史のリズム」である。それは、気候変動や生態系の変化などの変数を含みこんだ社会変動へのアプローチの可能性＝開放性をたしかにもっている。このことは「近世化」アプローチの有効性の一つである。しかし、「近世化」をめぐる議論に対して、あるいは「近世」から「近代」を展望する議論に対して、これまで主として「近代」・「近代化」・「近代性」を論じてきた者として、私はある種の不安感（それ自体は、比較的直感的なものなのだが）を抱いたことも事実である。それは、「近世化」アプローチの延長線上には、「近代」という時期区分の不要論が漠然と意識されていると感じたからである。これを学問的に敷衍すれば、岸本が「近世化」のあり方の吟味を通じて、新たな再編成の時代としての「近代」を多様性の中に位置づけるとしていること（岸本 二〇〇六：三五）、また、「近代化」も本来多様なものでありえたのではないかと述べていることには（岸本 二〇〇七：四八）、「近代」の側からの応答が必要である。

2　比較史の中の「近代性」

多様な「近代化」という議論は、たしかに一つの論理である。しかし、岸本の主張への直感的な印象として、「現実としてはそれほどの多様性は許されなかったのではないか」という感触も抱く。もちろん、十九世紀以後の世界に出現したさまざまな政治、経済、社会、文化のあり方を、単純に植民地主義によるグローバル化の進展によって標準化が進んだ結果ととらえることは出来ない。しかし、ある種の類似性を認めつつ多様性を議論することと、原理主義的な多様性を強調することでは議論の基礎は大きく異なる、というのが私の印象である。そのため、「近代」という時代像に関しては、吉澤誠一郎が指摘した「類似性の凌駕という視角に居心地のよさを感じる」のである（吉澤 二〇〇二、田中 二〇〇八：一九）。

それは、畢竟、こうした事実を modernity と意識するのか、あるいは modernities として意識するのかという問題でもある。岸本の言うように、「近世」は early modernities でいいと思う。modernity は、辞書的には不可算名詞である。つまりひとつの型しかないものである。しかし、あえて modernities と表記される場合も多く、また、以上のような視角を基礎に、multiple modernities とか alternative modernities という表現も使われることがある。

「近代化」ないし「近代性」は、同時代性、すなわち、私たち歴史認識の主体を前提とする概念である。その意味で、「近世化」ないしは、これと同時に指摘される「中世化」は、その射程は自ずと異なるものとならざるを得ない。また、「近世」が独自の性格をもつとされながらも、岸本の議論においても「近世化」それ自体は、依然として「近代」ないし「近代化」を論理的には前提としたものであることも指摘しておかなければならない。それは、私たちがよってたつ歴史学の方法が近代において確立されたことを背景としているので、それ自体の否定はまったく難しい。

こうした中で、水島司が率直に問うた、「近世化」の延長線上に「近代」はあるのか、あるいは、非西欧地域の

「近代」は、欧米（日本）の影響下に進展したのか、という問いは、依然として重要であろう（水島 二〇〇六）。私が現在反省しているのは、私のこれまでの仕事は十九世紀末以後の社会を「近代」として自明のものとし、その中で「近代性」を摘出したにすぎなかったことである。つまり、移行論の欠如である。また、岸本の議論が、それまでの封建制をめぐる議論が暗黙のうちに前提としてきたヨーロッパの封建制社会との比較史的方法への批判であったことを十分に理解していなかったという反省もある。これには、中国の明清史研究はある種のまとまりをもって議論が行なわれているのに対して、中国の近現代史研究は共通の討論の基盤を失い、一種の漂流状況にあることが背景にある。

岸本は、最近では、『風俗と時代観』（岸本 二〇一二a）と『地域社会論再考』（岸本 二〇一二b）の中で、さまざまな問題を論じている。岸本は、この二冊について、出版社の求めに応じて「肩の凝らない文章を集めて」論集をつくることからスタートしたとするが、すぐれて学界への警鐘となっている。時代区分論からスタートするこの論集は、「伝統社会」を論じる際に、グローバルな近世的世界のリズムを意識しつつ、身分や風俗、社会秩序といった一見平易な表現ではあるけれどもその豊かな内容を論じて余すことがない。他方、市場や貨幣といったより抽象度の高いテーマも配置されていて、明清中国社会、すなわち、近世社会のあり方を論じている。日本の近世史研究が世界各地の近世社会との共通性や差異性を論じる際に、中国の事例を示すものとして第一に参照されるべき論集である。

取り上げるべき論点は多いのだが、あえて一つだけあげる。それは、『地域社会論再考』に収められた「動乱と自治――日中歴史イメージの交錯」である。この論文は、もともと村井章介編『「人のつながり」の中世』（村井編 二〇〇八）所収の論文で、二〇〇七年十一月に開催された史学会大会日本中世史部会のシンポジウム（「人のつながり」の中世）を基礎としている。但し、岸本は当日のコメントとは別にこの論文を書き下ろし、ほぼ百年前に書かれた日本中世史家の三浦周行（一八七一～一九三一年）の日中比較社会論（辛亥革命時期の地方団体と日本中世の一揆の比較）を取り上げた。同時代の中国における政治変動を日本史家が歴史論として大胆に論じた内容をあらためて取り上げることの意味は、比較の意味を研ぎ澄ませることにあるという。岸本は、三浦の所論を引きながら、次のように論じる。

〔…〕そうした歴史段階上の位置づけについて明示的に述べられてはいないが、私がむしろ興味深く思うのは、時空を超えて社会現象に一種の同型性を感じ取る、歴史研究者の感覚の働きである。このような同型性の感覚は、厳密な発展段階論的な見地からいえばアナクロニズムともいえよう。しかし、歴史研究において、このような感覚がしばしば重要な働きをしていることを見逃すことはできない。「発展段階」や「社会類型」の固い枠にははまらない、人間社会の普遍性と多様性に関する自由な感覚が、ひらめくインスピレーションを通じて、しばしば重要な問題の発見につながる。漠然と心の中に沈殿していた問題関心が、他の時代の現象を媒介として、急に明確な輪郭を持って立ち現れる。今日の学界では、さまざまな分野の歴史研究者が、シンポジウムなどで意見を交換する機会は多い。しかし、そのような機会がむしろ多すぎるからであろうか、他分野からの啓示を敏感にキャッチする感受性や、そのような啓示をじっくりと育て深めていく余裕は、却って失われつつあるようにも思う。そうした視点からも、百年前の歴史研究者の捉えた日中歴史イメージの交錯を、改めて検討してみる意義はあるのではなかろうか。（岸本 二〇一一b：二〇五〜二〇六）

二〇一一年は、辛亥革命の一〇〇周年にあたり、中国や世界の各地、そして日本でもその歴史的な意味を問う会議が数多く開催された。私自身もその組織者の一人であり、東京での国際会議を開催するために時間を費やしたのだが、遺憾ながら、岸本が喝破したこの問題を十分に意識することができなかった。

岸本が求める比較史のもっとも成功した事例のひとつは、斎藤修『比較史の遠近法』（斎藤 一九九七）であろう。斎藤は、同書の総論である「比較史の遠近法」の中で、ヨーロッパのプロト工業化は徳川・明治経済史に適用することはできないという。そしてその課題を「むしろ、なぜ適用できないか、相違点はどこにあるのかの検討を通して、徳川・明治経済史に新しい視角と新たな論点を提供することにある」として、この意識のもとに『プロト工業化の時代——西欧と日本の比較史』(斎藤 一九八五)を書いたと述べる。こうしたスタンスは、安易な比較とは相当に距離のあるものである。また、斎藤は同じく『比較史の遠近法』に収める「稲作と発展の比較史——タイから見た日本の中世と近世」という斬新なアプローチの中で、タイと日本の稲作の展開を、「工学的な適応」と「農学的な適応」から検討した石井米雄や高谷好一などの議論を援用しつつ、水利拡大による乾田化の系譜と赤米に象徴される新たな品種の普及の系譜から活写して見せた。

斎藤が提示したこの問題は、中国経済史あるいは農業史においてはやくから指摘されていた問題であった。すなわち、渡部忠世・桜井由躬雄編『中国江南の稲作文化——その学際的研究』(渡部・桜井編 一九八四)は、中国江南における稲作の展開を対象として、歴史学者と農学者が共同討論を行ったきわめてエキサイティングな企画であった。しかし、伝統的な文献史学は、こうした企画の主旨を十分に受け止めることができず、歴史学の研究手法としてはたしかに意味があったのであるが、権力構造や秩序といった問題を軸に検討を進め、いわゆる地域社会論に研究を収斂させた。斎藤は、その後、『比較経済発展論——歴史的アプローチ』(斎藤 二〇〇八)によって、生活水準などの多様な要素を経済発展の具体像としながら、日本とヨーロッパの経済発展の軌跡を比較史的な観点から論じた。それが可能なのは、斎藤が歴史人口学や経済史というディシプリンによって、なにものかをはかる明確なメジャーを持っているからだと思われる。このことは、時間的な経過を資料に即して再構成するという歴史学の方法の積み重ねのみでは、意味のある比較あるいは比較史の研究は難しいのではないかということを示しているように思われる。

おわりに

「近世化」という視角によって「コロンブスの交換」以後の近世的グローバリゼーションに、二十一世紀初頭の今日、あらためて研究の関心が向けられていることは、今日的なグローバリゼーションの顕在化と無関係ではあるまい。そして、概念装置としての「近世化」には、近代主義的な歴史解釈＝歴史学が成立した近代社会、国民国家的な視角を歴史に遡及させることへの本質的な批判が含意されている。だからこそ、さまざまな地域での近世社会のあり方を論じる歴史学的な意味とともに、「近世化」を問うことが近代社会のあり方へのするどい問題提起となっている。

こうした研究動向は、冷戦崩壊後のヨーロッパやアメリカの歴史学界の動向に影響されたものでもあった。しかし、日本をとりまく東アジアにおいては決して冷戦が崩壊したわけではなかったから、歴史認識への国家的なタガがはずれるとともに、歴史認識をめぐる問題が政治化したことは皮肉である。

こうした理解に立つとき、伝統的な近世論が、それを自覚的に意識するか否かは別として、ヨーロッパの封建社会論と深い関係にあったことを想起せざるを得ない。すなわち、日本の社会構造をヨーロッパ（もちろん、ここにいうヨーロッパとはわずかに西ヨーロッパでしかなかったが）との共通性のもとに説く議論である。その背景には、日本の近世社会のあり方を検討する際に、日本の近代歴史学が成立以来抜きがたく持ってきたその構造によって、結局は、ヨーロッパ的な中世や封建制社会を比較の軸にすえざるをえなかったことがある。

近世や近代、また、古代や中世といった歴史学における時代区分が、ある時代を理解しようとする歴史学的知見のなかで生み出されてきたことは自明のことである。つまり、同時代人はみずからの生きる時代を古代や中世として意識していたわけではない。それは、近世についても同様である。しかし、こうした時代区分の中で、近代だけはすこし事情が異なっている。それは、時代区分論などを含め、現在の歴史学の方法が確立された時代が近代にあたっていたため、各時代の特徴が近代との比較のなかで理解されることになった。つまり、近世という時代は、明確に近代以前の時代を説明する言葉として意識され、つねに近世を批判的にとらえることから、近代化が模索された。そのため、時代区分の中では、近代のみが唯一「近代化」として意識され、明確な時代感覚のなかで、たとえば、「制度の近代化を目指す」ということがらが事実として登場したのであった。

宮嶋博史は、封建制という概念を議論して、日本史的な「近世」理解を批判し、それをどのように世界史に位置づけるかを展望している（宮嶋 二〇〇五、二〇〇六）。宮嶋の議論の重要な点は、ヨーロッパを比較の対象としてきたこと自体を批判したことにあり、日本の中世から近世社会が東アジアの規範的な秩序からの逸脱であったことを問題にしている。これは、ヨーロッパの封建制を参照基準とする歴史解釈からのパラダイム・シフトである。こうした中で、岸本が提起した近世化論は、日本とヨーロッパの比較などの次元をこえて、「歴史のリズム」を問題にしている。それが、日本の近世社会の理解にどのような意味をもつのかは、今後検討されるべき日本の研究史に課せられた大きな課題であるとしなければならない。私のこうした理解と現在の日本における近世史研究の距離はいったいどの程度のものなのだろうか。

付　記

本稿の一部は、『歴史学研究』第八三九号（二〇〇八年四月）に掲載された、飯島渉「「近代」と「近世」」をもとにしている。この特集では、村上衛、深町英夫の各氏とともに近世化論への意見を述べた。

（1）「コロンブスの交換」という言葉は、クロスビーが公刊した名著 Alfred W. Crosby, *The Columbian Exchange: Biological and Cultural Consequences of 1492*, Greenwood, 1972 にもとづく。この言葉をぜひもっと普及させたい。「コロンブスの交換」は、ヨーロッパとアメリカ大陸だけではなく、のちに、太平洋にもひろがり、オーストラリアやニュージーランドにも及んだ。この結果、これらの土地にもたらされた外来の植物や動物、そして感染症によって、環境や社会は激変したのである。

（2）近世史サマーフォーラム二〇〇九「帝国の技法――個から迫る歴史世界」（二〇〇九年九月五日、京都市・キャンパスプラザ京都）で、私は、「衛生と帝国――近代化・帝国・脱帝国」と題した口頭発表をおこなった。その内容は、同名のタイトルで近世史サマーフォーラム二〇〇九実行委員会『近世史サマーフォーラム二〇〇九の記録　帝国の技法――個から迫る歴史世界』（二〇一〇年三月）に掲載されている。

（3）国立民族学博物館特別展「ウメサオタダオ展」（二〇一一年）、その内容は図録『梅棹忠夫――知的先覚者の軌跡』（特別展「ウメサオタダオ展」解説書）、千里文化財団、二〇一一年に収録されている。

（4）ここで紹介した所説については、次のような書籍を参照されたい。濱下武志『近代中国の国際的契機――朝貢貿易システムと近代アジア』東京大学出版会、一九九〇年。濱下武志・川勝平太編『アジア交易圏と日本工業化――1500–1900』リブロポート、一九九一年、杉原薫『アジア間貿易の形成と構造』ミネルヴァ書房、一九九六年、など。

（5）いささか文脈は異なるのだが、敢えて一言すると、現在の日本と中国（尖閣）、日本と韓国（竹島）のあいだの問題は、歴史問題ではない。もし、日本と中国、そして韓国の歴史家が会して、歴史学的な結論を出したとしても（その可能性はほとんどないが）、日本、中国や韓国の政治家や国民はこれに従うことはないであろう。すなわち、尖閣問題や竹島問題は歴史問題ではなく、政治問題である。また、最近では、政府が主導して、尖閣や竹島に関する歴史的な資料などを収集し、日本の領土としての正統性を証明しようとする動きがある（『日本経済新聞』二〇一四年七月二十一日朝刊）。これには、次のような問題がある。まず、歴史的な正統性を証明する資料を探す競争は不毛である。そして、日本の古代国家のあり方を検討する資料として中国史料を利用するような歴史学の手法が基礎になるので、これは意図せざる結果を招く可能性が高い。その結果、こうした問題の着地点をさぐるハードルをかえって高めてしまうことになる。

（6）荒野・石井・村井編 二〇一〇には、砂糖（真栄平房昭「砂糖をめぐる世界史と地域史」）、ジェンダー（松井洋子

「ジェンダーから見る近世日本の対外関係」）、通訳（松方冬子「通訳と「四つの口」」）、地方における蘭学（青木歳幸「蘭学における中央と地方」）などが収載されている。

（7） 縦軸という時間軸の議論に収斂したものではないが、宋代史を中心とする実証研究を基礎に、英語圏、中国語圏における近世論を展望したものとして、青木 二〇一三参照。

（8） 岸本 二〇〇六：三四。この論文は、『歴史学研究』（第八二一号、二〇〇六年十一月）での「「近世化」を考える」という特集に寄せられたものであり、中世から近世への移行を論じた池上裕子「日本における近世社会の形成」などの論考をはじめとして、中国、インド、さらにはドイツなどの事例が論じられた。

参考文献

青木敦 二〇一三「ユーラシアの近世・中国の近世」（『歴史評論』第七六三号）。
荒武賢一朗編 二〇一一『近世史研究と現代社会――歴史研究から現代社会を考える』清文堂出版。
荒野泰典 一九八八『近世日本と東アジア』東京大学出版会。
荒野泰典・石井正敏・村井章介編 二〇一〇『日本の対外関係』第六巻「近世的世界の成熟」、吉川弘文館。
飯島渉 二〇〇〇『ペストと近代中国――衛生の「制度化」と社会変容』研文出版。
―― 二〇〇五『マラリアと帝国――植民地医学と東アジアの広域秩序』東京大学出版会。
―― 二〇一一a「生態（せいたい／sheng tai）ということば」（『SEEDer』第四号、総合地球環境学研究所）。
―― 二〇一一b「「中国史」が亡びるとき」（『思想』第一〇四八号）。
池上裕子 二〇〇六「日本における近世社会の形成」（『歴史学研究』第八二一号）。
上田信 二〇〇五『中国の歴史』第九巻「海と帝国――明清時代」講談社。
―― 二〇〇九「文明史としての中国近現代史」、飯島渉・久保亨・村田雄二郎編『シリーズ20世紀中国史』第四巻「現代中国と歴史学」、東京大学出版会。

梅棹忠夫　一九五七「文明の生態史観序説」（『中央公論』第七二巻第二号、のちに『文明の生態史観』中公文庫、一九七四年）。

岡本隆司　一九九九『近代中国と海関』名古屋大学出版会。

――二〇〇四『属国と自主のあいだ――近代清韓関係と東アジアの命運』名古屋大学出版会。

――二〇一一『中国「反日」の源流』講談社選書メチエ。

川勝平太　一九九七『文明の海洋史観』中公叢書。

川勝守　二〇〇〇『日本近世と東アジア世界』吉川弘文館。

岸本美緒　一九九八『東アジアの「近世」』山川出版社（世界史リブレット）。

――二〇〇六「中国史における「近世」の概念」（『歴史学研究』第八二一号）。

――二〇〇七「「近世化」概念をめぐって」（『歴史学研究』第八二七号）。

――二〇一二ａ『風俗と時代観』（明清史論集１）、研文出版。

――二〇一二ｂ『地域社会論再考』（明清史論集２）、研文出版。

斎藤修　一九八五『プロト工業化の時代――西欧と日本の比較史』日本評論社。

――一九九七『比較史の遠近法』ＮＴＴ出版。

――二〇〇八『比較経済発展論――歴史的アプローチ』（一橋大学経済研究叢書）、岩波書店。

杉原薫　一九九六『アジア間貿易の形成と構造』ミネルヴァ書房。

――二〇一〇「グローバル・ヒストリーと複数発展経路」（杉原薫・川井秀一・河野泰之・田辺明生編『地球圏・生命圏・人間圏――持続的な生存基盤を求めて』京都大学学術出版会）。

ダイアモンド、ジャレド　二〇〇〇『銃・病原菌・鉄――一万三〇〇〇年にわたる人類史の謎』倉骨彰訳、草思社（Jared Diamond, *Guns, Germs, and Steel: The Fates of Human Societies*, W. W. Norton, 1997）。

田中比呂志　二〇〇八「「近世」論をめぐる対話の試み」（『歴史学研究』第八三九号）。

トビ、ロナルド 一九九〇『近世日本の国家形成と外交』速水融・永積洋子・川勝平太訳、創文社。

浜下武志 一九九〇『近代中国の国際的契機――朝貢貿易システムと近代アジア』東京大学出版会。

速水融 二〇〇三『近世日本の経済社会』麗澤大学出版会。

マクニール、ウィリアム 一九八五『疫病と世界史』佐々木昭夫訳、新潮社（のちに中公文庫、全二冊、二〇〇七年）（William H. McNeill, *Plagues and Peoples*, Anchor Press, 1976）。

――二〇〇八『世界史』全二冊、増田義郎・佐々木昭夫訳、中公文庫（William H. McNeill, *A World History*, Oxford University Press, 1999）。

松井洋子 二〇一〇『ケンペルとシーボルト――「鎖国」日本を語った異国人たち』山川出版社。

水島司 二〇〇六「インド近世をどう理解するか」（『歴史学研究』第八二一号）。

宮嶋博史 二〇〇五「日本史・朝鮮史研究における〝封建制〟論――一九一〇年―四五年」（宮嶋博史・金容徳編『近代交流史と相互認識』第二巻「日帝支配期」、慶應義塾大学出版会）。

――二〇〇六「東アジア世界における日本の「近世化」――日本史研究批判」（『歴史学研究』第八二一号）。

村井章介編 二〇〇八『「人のつながり」の中世』山川出版社。

吉澤誠一郎 二〇〇二『天津の近代――清末都市における政治文化と社会統合』名古屋大学出版会。

ロイド、クリストファー 二〇一二『１３７億年の物語――宇宙が始まってから今日までの全歴史』野中香方子訳、文藝春秋（Christopher Lloyd, *What on Earth Happened?: The Complete Story of the Plant, Life, and People from the Big Bang to the Present Day*, Bloomsbury, 2008）。

渡部忠世・桜井由躬雄編 一九八四『中国江南の稲作文化――その学際的研究』日本放送出版協会。

Sugihara, Kaoru ed. 2005 *Japan, China and the Growth of the Asian International Economy, 1850–1949*, Oxford University Press.

第二部　日本から広がる世界

前近代の外交と国家
――国家の役割を考える――

平川　新

はじめに

1　問題関心について

本稿で「前近代の外交と国家」というテーマを掲げたのは、二〇〇八年に小学館から出版した『開国への道』（『全集日本の歴史』第一二巻）の第二章第三節として、「「帝国」としての近世日本」を書いたことが前提にある。同書では戦国時代後期から江戸時代初頭の時期に、日本を「帝国」とみなし、徳川家康を「皇帝」と呼ぶ言説が西洋人の間に広く形成されていた、ということを指摘した。しかし、日本に対してなぜそのような認識が生まれたのかということについては、十分に論じることができなかった。本稿でそれを試みることになるが、あわせてもう一つ、以下の課題を提示しておきたい。

この時期の世界史の主要な動きとして、ポルトガルやスペイン、あるいはオランダやイギリスなどのヨーロッパ列強が世界を植民地化していく動向があった。アフリカや南北アメリカ、アジアの多くの地域や国々がこれら列強の植民地となったのだが、なぜ日本は植民地化を免れたのだろうかという問題である。このことと、西洋列強が日本を「帝国」とみなした問題はどのように絡んでいるのだろうか。またこの時期は、秀吉の朝鮮出兵や、いわゆる徳川政権による「鎖国」化の問題もあるが、これらは日本「帝国」認識とどう関係しているのだろうか。あるいは逆に、日本のヨーロッパやアジアに対する認識はどのようなものであったのだろうか。こうした点も、同列の問題群として考えてみたい。そうした視点をもつことで、秀吉政権期から家康政権期にかけての外交政策だけではなく、ヨーロッパ列強との対峙のなかではたした国家の役割についても、新たな論点を提示することができると考えている。

とはいえ、この時期についてはこれまでに膨大な研究がある。独自に史料を発掘してくることも、なかなか難しい。そこで本稿では、すでに紹介されている史料などを再整理するなかで右の問題にアプローチし、再解釈を試みることにしたい。ただし本稿では、世界史上における豊臣政権期の日本の位置を確認することに主眼をおき、家康政権期については末尾に記した論考を参照願いたい。

なお本稿は、『近世史サマーフォーラム二〇〇九の記録　帝国の技法――個から迫る歴史世界』（近世史サマーフォーラム二〇〇九実行委員会、二〇一〇年）所収の講演録「前近代の国家と外交――国家の役割を考える」を加筆修正したものである。

2　この時期の対外関係史研究について

この時期の対外関係史研究でもっとも中心的に検討されてきた貿易論には、岩生成一氏をはじめとして多くの研究蓄積がある。朱印船貿易から奉書船貿易へ、さらに貿易制限令が禁教令と組み合わされて「鎖国」あるいは「海禁」へ、という道筋が具体的に明らかにされてきた。そのなかで加藤栄一氏が、「ヨーロッパ勢力の東アジア世界への進出によって、日本は対外関係の新たな定置を迫られた」（加藤　一九九三）と述べているように、ヨーロッパ世界との邂逅は日本の対外関係を大きく変容させた。その近世における帰結は、いわゆる「鎖国／海禁」であり、その体制下における交易体制として論じられた「四つの口」論的な状況であった。「四つの口」論とは、オランダ・中国との関係は長崎、朝鮮とは対馬、琉球とは薩摩、アイヌとは松前という、それぞれの「口」を通じて展開した対外関係論のことをいう。

近世日本におけるこの外交体制は、キリスト教の排除を伴うものであった。水本邦彦氏は『徳川の国家デザイン』（水本 二〇〇八）で、西洋との対峙のなかで日本が非キリスト教国家として確立していく過程を描いているが、禁教令をどう評価するかという点では、これまでにもさまざま見解が出されてきた。手近なものから特徴的な発言だけを少しあげてみると、たとえば清水紘一氏は『キリシタン禁制史』（清水 一九八一）のなかで、「キリシタン禁制は結局近世日本に、視野の狭い排他的な島国的気質をもたらす一因となった」と指摘している。

また、若桑みどり氏の『クアトロ・ラガッツィ——天正少年使節と世界帝国』（若桑 二〇〇三）では、「スペイン・ポルトガルには日本を征服する国力も意志もなかったにもかかわらず、国民の愛国心に訴えて仮想の外敵を作り上げ、国民の心をひとつに引き絞った。そのときキリシタンは二重の意味で血の制裁を受けなければならなかった」と記されている。さらに若桑氏は、「日本は世界に背を向けて国を閉鎖し、個人の尊厳と思想の自由、そして信条の自由を戦いとった西欧近代世界に致命的な遅れをとったからである。ジュリアンを閉じ込めた死の穴は、信条の自由の棺であった」という指摘もしている。ジュリアンというのは、天正遣欧使節の一員だった中浦ジュリアンのことである。

いずれも禁教と鎖国を関連づけた文明論的評価だと思うが、正直なところ、こういう評論にどれほどの根拠があるのだろうかと思わざるをえない。たとえば、日本は島国的で排他的になったというが、ではヨーロッパは視野が広く融和的だったということなのだろうか。キリスト教を排除したり鎖国をしたからというのであれば、あとで述べるように、キリスト教勢力はキリスト教以外の宗教に対して、きわめて排他的であった。しかも強烈な暴力によって世界侵略を推し進めていった。こうした事態は、どう評価されるのだろうか。

若桑氏に対しても、スペイン・ポルトガルには日本を征服する意志はなかったと本気で考えておられるのか、という疑問を抱かざるをえない。これものちに紹介するが、若桑氏も承知しているはずの研究史を顧みれば、とてもそうした解釈が成り立つ余地はない。また江戸幕府がキリスト教の布教を否定したことは事実だが、それが「信条の自由の棺」だったと決めつけられると、ではヨーロッパではどうだったのかと尋ねてみたくもなる。魔女狩りをして世俗の信仰を否定し、非キリスト教世界の宗教を否定して植民地化を推し進めてきたのは、ヨーロッパのキリスト教であった。はたしてそこに、信仰（信条）の自由や思想の自由はあったのだろうか。日本でもキリシタンによって寺社がかなり破壊された、ということが研究史では明らかにされている。廃仏毀釈は明治維新のことだと考えられているが、じつは日本における最初の廃仏毀釈は宣教師やキリシタンがおこなっていた。信仰の自由を論じるときに、こうしたことは視野に入れてなくてよいのだろうか。

キリスト教世界にとってはキリスト教こそが唯一至高の宗教であるがゆえに、バチカンや宣教師たちはそれを非キリスト教世界に「強制する自由」をもっていると考えていた。それが彼らにとっての「信仰の自由」だった。しかし、それを規制したり排除する動きに対しては、「信仰の自由」の否定だと論断する。こうした論調は、キリスト教を絶対善とするキリスト教徒としてならばともかく、研究者の評価としては著しくバランスを欠いた、アンフェアな解釈だといわざるをえない。

鎖国体制と関連づけたこのような閉鎖的体質論、あるいは日本の非文明性や信仰の自由を否定したとする国家的性格の強調は、ここで紹介した研究者だけではなく、かなり多くの人たちが、なにかにつけ言及してきた。しかし、それらはかなり印象批評的であって、必ずしも実証的でも論理的でもない。ところが、こうした言説は、あまり疑われることもなく人口に膾炙してきた。

この点で注目しておきたいのは、朝尾直弘氏の次の指摘である。「カトリックへの教化は伝統的文化との闘争であり、それの圧伏なくしてはありえないであろう。ここに、宗教と文化の民族的形態の存立をかけた闘争の生じる原因があった。闘争の性格がこのようであれば、教化は軍事的征服をともなわざるをえない」と述べている（朝尾 一九七五）。朝尾氏は、キリスト教の布教あるいはその受容は決して「信仰の自由」が拡大したものではなく、軍事的な「征服」と表裏一体であること、すなわち固有の民族的な信仰や文化の否定であったということを指摘していた。文明の衝突を考察するにあたっては、こうした視点を忘れるべきではないと私も考える。

キリスト教史研究者の高瀬弘一郎氏も、同様の指摘をしていた。高瀬氏は『キリシタン時代の研究』（高瀬 一九七七）のなかで、イベリア両国（ポルトガルとスペイン）による中国・日本侵略計画の存在を非常に丁寧に、かつ多くの史料を引用して紹介している。そのなかで、「現実にスペイン、ポルトガル両国によって我が国に対する武力征服が行われる可能性の有無にかかわらず、このような当時の布教事業の本質的性格を等閑に付して、江戸幕府の対切支丹政策を単に信仰や思想に対する不当な弾圧とのみみるのは、必ずしも充分とは言えないのではないであろうか」と述べている。高瀬氏もまた、日本における禁教の問題を信仰の自由の否定としてとらえる傾向に対して注意を喚起していた。

ところで、この時期の対外関係史で抜きにできないのが豊臣秀吉による朝鮮出兵である。この研究のもっとも大きな特徴は、侵略の歴史的責任あるいは歴史的反省という視点が強調されていることかもしれない。たとえば北島万次氏の『豊臣秀吉の朝鮮侵略』（北島 一九九五）では、「唐・南蛮まで征服しようとした専制君主秀吉の大義なき戦い」と記している。曽根勇二氏もまた、徳川政権が創出した「鎖国体制」は朝鮮侵略戦争に関する「民族的な総括を不問」に付したと述べている（曽根 二〇〇七）。

朝鮮出兵が朝鮮や中国との具体的な確執から生み出されたものではなく、日本の側の独断によることはその通りかもしれない。では、なぜ秀吉がそうした行動を起こしたのか。この点については、秀吉の狂気論や誇大妄想論なども あるが、戦後歴史学においては、秀吉の野望論に加えて、統一政権の成立にともなう国内矛盾の国外への転嫁、すなわち国内的契機論を中心に検討されてきたように思う。それを総括的に整理した論が、藤木久志氏の「惣無事体制」の国外への延長論だろう（藤木　一九八五）。北島万次氏の近著『秀吉の朝鮮侵略と民衆』（北島　二〇一二）でも、戦国動乱を統一した秀吉が、「さらなる知行（領地）加増を望む子飼いの家臣や秀吉に従属した諸大名の要望にもこたえるため、彼らの目を海外征服にむけさせ、これによって、自己の政権をさらに強化しようとするものであった」と述べ、内的要因による海外への領土拡張だとする理解をみせている。

とはいえ、なぜ秀吉の征服構想が、中国・朝鮮だけではなく、琉球・台湾・ルソンを含めた東アジア全域にまで広がったのだろうか、それを国内的要因だけで説明できるのだろうか、というのが私の素朴な疑問である。そこで、秀吉の目を東アジア一帯に向けさせた大きな要因としての外的契機に注目すると、ポルトガル人やスペイン人の世界征服行動や彼らがもたらした世界情報が浮かびあがってくる。そうした意味では、秀吉の西洋列強に対する認識をも検討し、それとの関連で東アジア征服構想の意味を考察すべきではないかと考えている。

そこで、これまでの研究史を検証しながら、この時期の対外関係を私なりに再整理し、そこから国家というものが果たした役割、国家が存在することの意義などについて、新たな解釈を提示していきたい。

一　ヨーロッパ列強とアジア・日本

ヨーロッパ列強とアジアおよび日本との関係を考えるさいに大前提となるのは、一四九四年、スペインとポルトガル両国によるトルデシリャス条約が締結されて、デマルカシオン（世界領土分割）体制が確立することである。この条約では、西アフリカのセネガル沖にあるカーボベルデ諸島の西の子午線（西経四十六度三十七分）を基準に、その東側の新領土はポルトガル領、西側はスペイン領とすることを決定した。両国で世界を二つに分けよう、という条約であった。

ポルトガルは東へと進出して、アフリカ・アジアの各地を征服した。一方のスペインは西へ進んで、インカやマヤやアステカなどの南北アメリカの王国や文明を滅ぼし、さらに太平洋を越えてルソン諸島を支配下においた。かくして両勢力は現在の東南アジアで行き会い、とくにモルッカ諸島の帰属をめぐって争った。そこで一五二九年にサラゴサ条約を結んで線引きをおこない、モルッカ諸島の東を通る子午線（東経百四十四度三十分）をもって、東アジアの地域を分けあうことにしたのである。誠に独善的な世界観にもとづく世界分割領有条約だったといってよい。

ただし、一五八〇年には、スペイン国王がポルトガル国王を兼ねることになり、スペインがポルトガルを併合した。国としては別々だが、これ以降、スペインが非常に大きな要素となってくる。ポルトガルがスペインから独立するのは、一六四〇年のことである。

これら両国と日本の関係は、一五四三年のポルトガル人の種子島来着や、一五四九年のイエズス会（ポルトガル系）のフランシスコ・ザビエルの鹿児島上陸などで知られているが、一五五〇年代にはマカオを拠点にポルトガルが対日交易を展開していたことが明らかにされている。マニラのスペイン船も一五八四年には平戸に来航し、交易が始まった。サラゴサ条約が引いた分割線は現在の北海道東部を走っており、ポルトガル系が先に日本に接近したが、遅れてスペイン系も渡来し、日本は両勢力が混在する場となった。

これに対してオランダは、一五六八年以降、宗主国スペインからの独立戦争を展開し、その戦いは一六四八年のウェストファリア条約で独立が承認されるまで続いた。この間、アジアに進出してジャカルタに拠点を築き、東南アジア貿易でスペインやポルトガルと勢力を争うにいたる。慶長五（一六〇〇）年にリーフデ号が豊後臼杵湾に来着して以降、日本との関係が深まり、同十年には徳川家康がオランダ国王に正式に通商を求めた。その後同十四年、平戸にオランダ商館が開設されるのは、よく知られたことである。

イギリスとの関係は、豊後に来着したオランダ船リーフデ号に乗り組んでいたイギリス人ウィリアム・アダムスから開かれた。日本との通商をアダムスに勧められたイギリス国王が家康に親書を届けたのは、慶長十八（一六一三）年のことであった。

１　ポルトガルとスペインの主な中国征服論

高瀬弘一郎氏は前掲の『キリシタン時代の研究』において、ポルトガル人やスペイン人が語ったアジア「征服論」に関する多数の書簡を紹介している。史料集としても価値の高い論文集である。最近ではこの論著自体が歴史研究者をはじめ一般にもあまり知られていないようなので、まずは同著に示されている中国征服論を紹介しておきたい（高瀬　一九七七）。

高瀬氏が紹介した征服論の数々を私なりに分類して、これらを即時征服論と時宜征服論に分けてみた。即時征服論とは一刻も早い即時の征服行動を主張したものであり、時宜征服論は即時にではないが状況をみながら適切な時期に征服行動をおこす意見のことである。

最初に即時征服論だが、スペインのフィリピン総督フランシスコ・デ・サンデは一五七六年にスペイン国王に対して、鉄・生糸等の貿易を確保するために中国へ軍隊を派遣しなければならないと上申している。貿易品を確保するための軍隊派遣であるから、これほど露骨な軍事制圧論はない。スペイン国王は翌年の返書で、いまは適切な時期ではないとしているが、もし友好政策を改める必要があるときは然るべき措置を命じるとしている。こちらは時宜征服論にあたるといってよい。フィリピン総督は一五八〇年と八三年にも中国征服論を国王に上申しているので、これが植民地為政者の現場感覚だったのかもしれない。とくに八三年のディエゴ・ロンキーリョ総督の書翰では、中国の為政者が宣教を妨害しているので征服行動を起こすことは正当であるとして、国王に迅速に遠征隊を派遣することを求めている。しかも、わずか八千人のスペイン兵と十隻ないし十二隻のガレオン船で簡単に中国を征服できるとまで豪語していた。

こうした認識は宣教師たちも同様に抱いていた。マニラ司教フライ・ドミンゴ・デ・サラサールは一五八三年にスペイン国王に対して、中国が布教を妨害していることは武装攻撃を正当化するとして、わずかな鉄砲隊で何百万人もの野蛮人（中国人）を殺すことができるので、できるだけ迅速に軍勢を派遣するよう要請している。

こうした露骨な即時征服論に対して、もう少し適切な時期を待とうという意見もあった。たとえば一五八二年にマカオの宣教師アルメイダがフィリピン総督に送った書翰では、広東を占領するだけなら二百人の兵隊で十分だが、中国全土を征服するためには、まずは布教に取り組み、そのうえで一万ないし一万二千人の軍勢を送り込めばよいと述べている。硬軟両様取り混ぜての征服論である。イエズス会東インド巡察使ヴァリニャーノ（在マカオ）も同年、フィリピン総督に宛てて、中国を武力で征服することは大きな益をもたらすが、危険もあるために情報をよく分析し時期を選ばなければならない、と述べている。

一五八四年にイエズス会のアロンソ・サンチェスがマカオから同会日本準管区長カスパリ・コエリョに宛てた書翰では、中国人を改宗させることは不可能なので、メキシコやペルーと同じように征服すべきだと書き送っていた。マカオのサン・パウロ・コレジオ院長フランシスコ・カブラルからスペイン国王への書翰でも相当に露骨なことが述べられている。今の中国は宣教師の入国も貿易も認めているので征服事業を正当化することはできないが、貿易を口実にマカオへの移住民を増やせば広東の役人は関税収入を増やすために何らかの不法を働くだろう、これは戦争を行う理由となる、陛下が征服事業を決定すれば、それを正当化する口実には事欠かない、と。布教が妨害されればそれを口実とし、布教を容認しているのであれば別な理由を簡単に探し出すというのだから、征服にかけるこの強欲さはなにをかいわんやだろう。これが聖なる福音を唱える者たちの考えていることであった。

高瀬氏の論著によれば、もっと過激かつ露骨に中国侵略を論じているフィリピン総督や宣教師たちの姿を確認できるが、前出したヴァリニャーノが一五八二年にフィリピン総督に書いた手紙には、「私は多くの人がそれ〔中国征服〕について語り、いろいろ多くの計画を立てているのを耳にしている」とある。つまり宣教師たちの世界では、即時征服論か時宜征服論かの違いはあるとしても、中国征服についてほとんど異論なく意見交換がなされていたことを、この書翰は証明していることになる。それは前述した「デマルカシオン」（世界領土分割）体制のもとでの議論であるから、彼らにとっては当然の論理だったということだろう。

2　ポルトガルとスペインの主な日本征服論

一方、日本についてはどのような話がなされていたのだろうか。一五八五（天正十三）年にイエズス会日本準管区長カスパリ・コエリョが、イエズス会布教長アントニオ・セデーニョに出した書翰には次のようにある（高瀬　一九七七）。日本に早急に兵隊・弾薬・大砲、数隻のフラガータ船を派遣してほしい、キリスト教徒の大名を支援し、服従しようとしない敵に脅威を与えるためである、これで諸侯たちの改宗が進むだろう、と。松田毅一氏によれば、これより少し前の一五八〇（天正八）年頃、巡察師ヴァリニャーノは龍造寺隆信と対立していた有馬晴信を軍事的に支援し、これに感謝して有馬はキリスト教に改宗したという（松田　一九九二a：一九六）。コエリョはフィリピンからの軍隊派遣を得て、これをもっと大規模に実行したかったのだろう。

ただ、ヴァリニャーノがフィリピン総督に宛てた一五八二（天正十）年の書翰によると、日本の国民は非常に勇敢で、しかも絶えず軍事訓練をつんでいるので征服は困難だ、とある（高瀬　一九七七：八三）。戦国大名間の実際の戦争状態を目の当たりにして、その戦闘力の高さを認識したためだろうか。日本征服については慎重に進めなければならない、と警告している。この点では積極的な攻勢をかけることを望んだコエリョとの差はあるが、両者に共通しているのは中国と日本の関係である。

コエリョは先にあげたセデーニョ宛ての書翰で、もしスペイン国王が軍隊を出して日本六十六カ国すべてが改宗すれば、好戦的で怜悧な日本の兵隊を得て、いっそう容易に中国を征服できるであろう、と述べている。ヴァリニャーノもまた右の書翰において、中国でスペイン国王がおこないたいと思っていることのため、すなわち中国征服のために日本を重視する必要がある、と書き送っている。

こうした意見は、その後も出続ける。一五八三（天正十一）年までイエズス会日本布教長を務めたサン・パウロ・コレジオ院長のフランシスコ・カブラルが、一五八四年にスペイン国王に宛てた書翰には次のようにある。中国を征服するために、日本に駐在しているイエズス会のパードレ（神父）たちは容易に二〜三千人の日本人キリスト教徒を送ることができる、彼らはうち続く戦争に従軍しているので、陸、海の戦闘に大変勇敢な兵隊であり、少しの給料で喜んで馳せ参じるだろう、と。また、アウグスチノ会士のフライ・フランシスコ・マンリーケによる一五八八年のスペイン国王宛書翰では、もし陛下が戦争によってシナに攻め入り、そこを占領するつもりなら、陛下に味方するよう日本において王たちに働きかけるべきである、キリスト教徒の王は四人にすぎないが、十万以上の兵が赴くことができ、彼らがわが軍を指揮すればシナを占領することは容易であろう、と述べられていた。

先に紹介した中国征服論では、マニラはもちろんだが、インドやメキシコからの派兵が論じられていた。しかしここでは、中国を征服するためには日本からの軍事動員が効果的であることが異口同音に述べられている。まずは日本での改宗を実現し、神の名のもとに日本兵を中国侵略に駆り出す構想であった。一五八〇年代は日本でキリスト教徒が増大していた時期であり、日本支配の実現を楽観視していたのかもしれない。こうした論に従えば、布教は領土獲得と一体化していたことが明白であり、日本征服は中国征服の前段としての位置づけだったということにもなる。

高瀬氏が紹介したこれらの史料には、驚くような話があふれていた。しかし、このような事実が、これまでの歴史研究にどこまで活かされてきているのだろうか。本稿をあえて草したのは、これらの歴史的事実に再びスポットを当て、日本とヨーロッパおよびアジアの関係を再考するためである。

二　豊臣秀吉によるバテレン追放令とイエズス会

天正十五年六月十九日（一五八七年七月二十四日）、豊臣秀吉はバテレン追放令を出した。その経緯については、高瀬弘一郎氏の『キリシタン時代の研究』（高瀬　一九七七）や松田毅一氏の『豊臣秀吉と南蛮人』（松田　一九九二a）、あるいは山本博文氏の『天下人の一級史料――秀吉文書の真実』（山本　二〇〇九）などで検討されている。それぞれがどのような説明をしているのか、いくつかを紹介しておこう。

たとえば高瀬氏は、イエズス会日本準管区長コエリョによる「軽率な振る舞い」がバテレン追放令発布の引き金になったというヴァリニャーノの言葉を紹介している。これは九州平定のために博多に在陣していた秀吉に、いかにも自慢げにフスタ船（軍船）を見せたことや、秀吉が中国征服構想を話したときに、コエリョが二隻のポルトガル船の提供やポルトガル領インド副王への援軍依頼を約束したことなどを指している。こうした行為が、イエズス会が有する軍事力への強い懸念を引き起こしたという。

一方、山本博文氏は、ルイス・フロイスがイエズス会総長に宛てた書翰で、比叡山の僧徳運が秀吉に、キリシタン大名が司祭へ服従していることや領内の神社仏閣の破壊を命じたり、領民・家臣に改宗を強制したことなどを告げたためだ、と書いたことを紹介している。

こうした事例をみると、コエリョの軍船を見て危機意識をもった秀吉が、徳運の話を聞いてバテレン追放を一気に決断した、と考えることができるかもしれない。

松田毅一氏は、一五九三（文禄二）年にイタリア人マルコ・アントーニオがフィリピン総督におこなったおもしろい証言を紹介している。彼は二年間日本に滞在したということだが、「関白はキリスト教や信徒を嫌悪しているのではなく、彼らは自ら望む宗教に従ってよいと公言していた」と語ったという。つまり秀吉は、信仰の自由を保障していたということである。しかし、宣教師たちが大砲を備えて武装したフスタ船をもち、数多くの領地と権力を有していることや、彼らが強大になることには強い「敵意」と「憎悪」を抱いていた、と述べている。アントーニオは、イエズス会巡察使ヴァリニャーノが龍造寺氏と対立する有馬晴信を、武装したフスタ船を出して援助したことも秀吉の疑心をかったと証言していた。

また、しばらくのちの一六〇七（慶長十二）年のことだが、オルガンチーノが長崎からイエズス会総長に宛てた書翰には次のようにあった（高瀬 一九七七）。

二〇年ほど前に太閤がわれわれに日本退去を命じた時も、われわれの敵が、イエズス会士は当地に要塞を築き、ルソンからスペインの援軍を呼び寄せて日本全土の支配者に反抗しようとしていると言って我々を非難したからにほかならない。このような中傷のために、イエズス会は日本で有するものすべてを失ってしまった。

文中にある「われわれの敵」とは僧侶のことだろうが、ここで注意しておきたいのは、秀吉がバテレン追放令を発した理由について、宣教師たち自身が明確に、イエズス会に領土侵略の野心があると秀吉が考えたからだ、と理解している点である。同時代における当事者の認識として重視されるべきであろう。秀吉はスペインの世界侵略の動きを十分に認識していたのであった。

とはいえ先のアントーニオの証言が示すように、秀吉の狙いはあくまで軍事力と政治権力を有する宣教師の追放であって、キリスト教信仰を否定したものではなかった。そのことは早くから指摘されていたのだが、どういうわけか秀吉が最初からキリスト教を禁止したという理解が広まっているようにもみえる。山本博文氏が改めて前出の著書で、秀吉は下々の者がキリスト教徒になることは構わないとしていたことを確認しているので（山本 二〇〇九）、こうした理解をもう少し共通のものにする必要がある。

なお、秀吉が二十日以内に国外に退去せよと命じたにもかかわらず、多くの宣教師はその後も日本に居残り続けているので、実際にはそれほど厳しく取り締まったようにはみえない。バテレン追放令は宣教師たちに、あまり増長するな、と警告する意味合いが強かったというべきかもしれない。

このようにみてくると、布教と一体化した軍事的脅威や、神社・仏閣を破壊して信仰の自由を否定する宣教師やキリシタン大名の動きに対して、秀吉が強い危機感を抱いたからこそバテレン追放令が発されたという事情が明確になる。キリスト教宣教師の排除については、こうした経緯をみるだけでも、やはり相当に宣教師やスペイン・ポルトガル側に問題があったといわざるをえない。それは、のちにみるように家康段階の禁教令においても同様であった。

秀吉のバテレン追放令に対してイエズス会側は、当然のことだが強く反発した。とくに日本準管区長カスパリ・コエリョの動きに注目しておこう。一五九〇（天正十八）年十月十四日付けのヴァリニャーノからイエズス会総会長に出された書翰によると、コエリョは有馬晴信や小西行長などのキリシタン大名に反秀吉連合の形成を呼びかけた、とある。武器・弾薬の提供を申し出たのであった。しかしキリシタン大名らはみな、これを拒否している。

一方でコエリョは、フィリピンの総督や司教などに対して援軍派遣を要請した。二、三百人のスペイン兵が来れば要塞を築いて秀吉から教界を守ることができると書き送ったのだが、フィリピン側はこれに応じていない。もし派兵していれば秀吉をさらに怒らせ、マニラとの全面戦争に突入し、日本のキリスト教界は全滅させられることになっただろう。賢明な選択だったといってよい。

とはいえ、この軍事支援要請はコエリョだけの考えではなかった。オルガンティーノなど七人のパードレが参加した協議会で決定されたものであり、そのなかには日本のよき理解者とされてきたルイス・フロイスも入っていた。

以上紹介してきたように、高瀬弘一郎氏の研究は非常に大きな意義をもっているのだが、これに対して若桑みどり氏は、「宣教師は最初から背後にポルトガルの軍隊を背負って日本を侵略しようとしていたのだということを考える歴史家が出てくるのは、しかたのないことかもしれない」と述べている（若桑 二〇〇三：第六章）。これはポルトガルやスペインによる布教と侵略の一体化戦略を指摘する高瀬氏への批判なのだが、こうした認識が前提にあるからこそ冒頭に紹介したような、「スペイン・ポルトガルには日本を征服する国力も意志もなかったにもかかわらず」と、あたかも日本の側が一方的に彼らを排除したとでもいうような若桑氏の言葉が出されてくるのだろう。

若桑氏の『クアトロ・ラガッツィ』は天正少年使節の時代状況を描いた歴史書なのだが、この征服の意思の有無に関しては高瀬氏の解釈のほうに圧倒的な説得力がある。若桑氏は、宣教師全員が侵略的ではなく平和主義的な宣教師もいたという。しかし彼らの論理は平和主義なのではなく、前に紹介したように時宜征服論であった。いまは適切ではない、といっているにすぎない。宣教師たちにとって、デマルカシオン（世界領土分割）体制は、議論の余地のない自明の前提だったということを再認識すべきだと考える。

私たちは歴史の結果を知っているので、秀吉や徳川政権は過剰反応だったなどということができる立場にいる。しかしその時代の当事者にとって、武力的・宗教的に世界支配を進めているポルトガルやスペインの姿を知ったときに、その勢いで日本に迫ってくるかもしれないと受けとめるのは当然のことだろう。その同時代感覚を大事にするかどうかによっても、解釈の差があらわれてくることになる。

三　豊臣秀吉の東アジア征服構想とスペイン勢力の動向

1　明・朝鮮征服計画とイエズス会

豊臣秀吉の東アジア征服構想とイエズス会やスペイン勢力の関係について、整理しておきたい。

まず、秀吉による明・朝鮮征服計画である。一五八六（天正十四）年三月にイエズス会準管区長であるコエリョは大坂で秀吉に拝謁している。その会見の様子を報じたオルガンチーノは、コエリョが秀吉に九州への出陣を要請し、出陣のさいには九州のキリシタン大名をすべて秀吉側に立たせるよう尽力をすることを述べたという。それだけではない。秀吉が中国への出征をほのめかしたので、コエリョはポルトガル船二隻の提供を申し出たという。

ところが、オルガンチーノと共にこの会見に同席したフロイスの書き方は、少し異なっている。フロイスによると、秀吉のほうからコエリョに大船二隻と優秀な航海士を求めたとなっている。これを紹介した松田毅一氏は「いずれが真なりや」と書いている（松田　一九九二ａ）。

軍艦二隻の提供をどちらが先に言ったのかは気になるところだが、これは実際の朝鮮出兵の六年も前のことである。随分早くから征服計画を練っていたことになるが、さらに大きな問題は、両者が軍艦二隻の提供で合意していたとすれば、中国征服は日本とスペインの同盟によって実施されることになるという点である。

先ほど紹介したようにコエリョは、一五八五（天正十三）年のイエズス会布教長セデーニョ宛ての書翰で、スペイン国王が日本に軍隊を派遣して改宗が実現すれば、日本の兵隊によって容易に中国を征服できると書いていた。軍艦二隻が話題になった秀吉との会見はその翌年のことであるから、コエリョは容教的な秀吉を巧みに利用してスペイン・日本同盟による中国征服を実現しようと考えたのだろう。

しかしこの軍艦二隻問題でもう一つ注意しておきたいのは、イエズス会がもつ軍事力の大きさを秀吉が認識したであろうという点である。この会見のあと、九州に出兵し博多に在陣した秀吉にコエリョは大型のフスタ船を見せた。秀吉は立派な軍船だと感嘆したというが、当然のことながらイエズス会に対する警戒心を膨らませていくことになった。

バテレン追放令が出されたあとの一五九〇（天正十八）年にヴァリニャーノがイエズス会総会長に宛てた書翰でも、

前に少し紹介したように、この経緯が報告されている。しかしこの書翰にはもう一つ、秀吉の警戒心をさらに増幅させたに違いない事柄が記されていた。それはコエリョが二隻の軍船だけではなく、中国出兵のさいにはポルトガル領インド副王に要請して援軍を送らせようと語った、という点である（高瀬 一九七七）。

こうしたコエリョの発言を聞けば、ポルトガルの軍船は日本にまでやってくることが可能なのだ、と受けとめるのは当然のことだろう。前に紹介した若桑氏だけではなく、後世の歴史家は、ポルトガルやスペインの軍船が日本に遠征する可能性は低かったと考えがちだが、こうしたやりとりを見ると、当事者としては現実味を帯びたものだったといってよい。あとで触れるが、そうした認識があるために秀吉は天正十九（一五九一）年、インド副王に対して明征服計画と布教禁止を通告する警告文を出したのではないかと考えている。インドまで秀吉の認識を広げさせたのは、宣教師たちの冒険的言説だったのである。

ほかの宣教師たちやキリシタン大名たちは、コエリョが秀吉に対してとても危険なことをしていると忠告したそうだが、その心配の通り、秀吉はその翌年にバテレン追放令を出したのであった。

ポルトガル・スペインの軍事力に対する警戒心がバテレン追放令につながったということは、これまでも指摘されてきた。しかし、その軍事的脅威は、たんにバテレン追放令だけではなく、次に述べるように、秀吉の東アジア征服構想にも大きくつながっていったのではないか、と私は考えている。

2　フィリピンへの服属要求とマニラの恐怖

秀吉が朝鮮出兵のために肥前国名護屋に築城を命じたのは天正十九（一五九一）年八月だが、原田孫七郎に託してフィリピン総督に書翰を送って服従を要求したのは、その翌月のことであった。その一節には、「これ旗を倒して予に服従すべき時なり。もし服従すること遅延せば、予は速やかに罰を加ふべし。後悔することなかれ」とある（『異国往復書翰集』（『異国往復書翰集／増訂異国日記抄』（異国叢書）、村上直次郎訳註、雄松堂出版、一九六六年）、二九頁）。秀吉からのこうした要求に対して、フィリピン総督は慌ててマニラに戒厳令を布き、スペイン国王にメキシコからの援軍派遣を要請するなど、非常事態を宣言した（松田 一九九二a）。ただしこのような対抗的な動きと併行して、緊張状態を回避するためにフィリピン総督は一五九二（天正二十）年、秀吉に返書を出している。そこには、秀吉の書翰を持参した原田孫七郎なる人物の格が低いので、本当に秀吉からの書翰であるのか偽書であるのか判断しかねる、なお日本との親交を希望する、とあった（『異国往復書翰集』：三四）。秀吉の攻撃に備えてマニラは臨戦態勢をとったわけだが、総督から秀吉へ友好のメッセージを送ることも外交的措置としておこなったのであった。

このあと天正二十（一五九二）年七月と文禄二（一五九三）年十一月、秀吉はさらにフィリピンに追い討ちをかけた。文禄二年のフィリピン総督宛ての書翰では、「多数の武将がマニラ占領を予に求めている」ことや、自分たちが「支那に赴けば呂宗は甚だ近く、予が拇指の下にあり」といった脅しをかける一方、「貴下が速やかに人を遣わしたるは賢明なることにして、予はこれを大に喜ぶ」と述べている（『異国往復書翰集』：五九）。

朝鮮やフィリピンに対するこうした動きと併行して秀吉は、天正十九（一五九一）年七月、ポルトガル領インド副王に、明征服計画を必ず成しとげるという話と、日本での布教禁止を告げた（『異国往復書翰集』：二六）。そのうえで貿易のために来航することを求めているが、朝尾直弘氏は「入貢を促した」という解釈をしている（朝尾 一九七五）。原文には「入貢を促す」というような文言はないが、たしかにそうしたニュアンスが感じられる文章ではある。

しかし私がここで注意しておきたいのは、なぜ明征服計画や布教禁止をインド副王に伝えたのかという点である。おそらく、ここがポルトガルのアジア拠点だという認識があったからだろう。これまでみてきたようにポルトガルの世界戦略は布教と貿易と征服の一体的推進であるから、秀吉がインド副王に対して、布教を禁止し貿易のためのみの来航を求めたのは、事実上この世界戦略を否定したことになる。明をも攻め取る勢いの日本にはポルトガルが進める世界植民地戦略は通用しないぞ、という警告の意味合いがあったという解釈も可能である。

文禄二（一五九三）年十一月、フィリピンへの使者派遣と相前後して、秀吉は高山国（台湾）に書翰を送り、日本への服属を求めた（『異国往復書翰集』：三四）。ただ、台湾にはまだ国家が成立していなかったので、手渡すべき対象を特定できずに戻ってきたという。この書翰には「南蛮、琉球も年々入貢し」とあるが、ここにいう「南蛮」は先ほど紹介したフィリピン総督が秀吉に使者を派遣したことを指しているのではないかと思われる。友好を求める使者も、秀吉にとっては入貢に等しいものだったようだ。

なお台湾について付け加えておくと、一五九六年にフィリピン総督ダスマリーニャスは台湾島の征服を計画している（ヒル 二〇〇〇）。これは実現しなかったが、のちの一六二二年にオランダ東インド会社が台湾海峡の澎湖島を占拠した。そのため一六二四年に明軍と交戦したが、和議によってオランダ人は台湾に移った。ところが一六二六年、今度はスペイン人が台湾北部を占拠して分有状態になっている。オランダは一六四二年、艦隊を派遣してスペイン勢力を台湾から駆逐し、台湾はオランダの植民地に組み込まれることになった。しかし一六六二年には鄭成功の攻撃を受けて、オランダは台湾から撤退せざるをえなくなった。

こうした熾烈な領土争奪戦が日本の近隣で展開していた。この時期の国際関係や秀吉・徳川政権の対外政策をみるときには、こうした動きも視野に入れておく必要がある。

ところで秀吉の攻勢をうけたフィリピン＝スペイン側は、日本に対して相当強い恐怖感を抱いた。一五九五（文禄四）年二月一〇日、フライ・ヘロニモ・デ・ヘスースから、マニラの王立会計院収税吏兼監査官フランシスコ・デ・ラス・ミサスに送られた書翰（ヒル 二〇〇〇）では、「マニラでは常に人員を整え、大きな城壁を備えておくことがきわめて重要」と述べられている。マニラ征服を求めている「薩摩の者」＝島津氏に秀吉が許可を与えれば彼らは島伝いに来襲するだろうともあるので、日本の情報をかなり詳しく把握していたようだ。そうならないためには太閤に贈り物をするように、ともある。ちょうど日本軍が朝鮮に出兵しているときで、「私は朝鮮との和平が成らないように切に望む。〔…〕さすればマニラは平和なのだから」とも記されている。日本の眼が朝鮮に向いているうちはマニラは安心だ、ということなのであった。

秀吉が朝鮮に再出兵する前のことだが、ヘスースはマニラに対して、「日本がマニラを攻撃することはありえないというのは事情を知らぬ人の言葉」であり、非常に切迫した状態であると警告していた。また彼がフィリピン総督に宛てた別な書翰には、「太閤が死ねば二歳の息子しか相続人がおらず、分裂がおこり、マニラは危険から免れるにいたるであろう。ねがわくば太閤の死の早からんことを」とある（松田　一九九二a）。秀吉が死んで政権が混乱することを期待していたのである。

とはいえ実際に秀吉が死んで朝鮮遠征軍が撤退すると、それはそれでまた不安をかきたてたようだ。一五九九（慶長四）年七月、マニラの最高司法院（アウディエンシア）からスペイン国王に宛てた書翰によれば、「太閤が死んだのは昨九八年九月のことだが、その後も用心に用心を重ねて暮らしている。朝鮮からの帰還兵は一〇万人以上で、彼らは貧しく欲に憑かれているのにその地〔朝鮮〕に期待すべきものをもたない。だから再び当地を脅かすことになる」（ヒル　二〇〇〇）とある。朝鮮から帰ってきた多くの兵隊たちが、今度はマニラに眼を向けはしないかと、大いに恐れていたのであった。

秀吉による朝鮮出兵は、失敗したとはいえ、スペイン勢力に対して日本の軍事力の強大さを否応なく知らせることになったといってよい。早く日本を征服してしまえ、と威勢のよかったフィリピン総督や宣教師たちは、どこかに行ってしまったかのようだ。朝鮮出兵は、世界最強を自負するスペイン人の心胆を寒からしめる効果を発揮していた。このことがその後の日本にとってもつ意味は、のちに述べるように相当に大きい。

3　デマルカシオン体制と秀吉の東アジア征服構想

以上、すでに紹介されている史料をもとに、西洋列強やキリスト教との関係を再整理してみた。問題は、これをどう総括していくかということである。

まず、これまでの研究史では西洋列強との関係をどのように理解してきたのだろうか。ここでは北島万次氏の研究を参考にしながら（北島 一九九〇）、とくに明征服・朝鮮出兵問題の位置づけに関して代表的なものをいくつか紹介しておきたい。

なぜ秀吉は朝鮮に出兵したのか。戦前には、秀吉が日明勘合貿易の復活を望んで朝鮮に斡旋をさせようとしたが、朝鮮がこれに応じなかったために出兵したとする説や、後代に名を残したいとする秀吉の功名心説、秀吉の領土拡張欲説などがあった。しかし戦後は、領土拡張を期待する領主階級とヨーロッパ商業資本に対抗する豪商の要求に乗った秀吉の海外拡張策とする説、あるいは武将たちの知行の拡大要求に応じるとともに、家臣団内部の対立を回避し体制固めのために大陸征服を構想したとする説、などが出されている。秀吉による全国平定は大名たちの国内における領土争奪戦を否定したため海外に新領土を求めざるを得なかった、あるいは家臣団の統一をはかるためには軍事動員が不可欠だった、ということだろう。しばしば、統一政権の成立にともなう国内矛盾の国外への転嫁、という言い方がなされていたように思う。豊臣政権が集権化のテコとして大陸出兵を掲げたとする朝尾直弘氏の説や、国内平定論理である惣無事令の延長に朝鮮出兵があるとする藤木久志氏の説（藤木 二〇〇五）も、これにあたる。

以上は国内的な契機からみた出兵要因なのだが、では国際関係とはどう関連づけて議論されてきたのだろうか。これも北島万次氏の整理を参考にすると、倭寇やヨーロッパ資本の東アジア進出などにより明の冊封体制が弛緩したこと、豊臣政権が明帝国からの自立を志向し東アジアの征服をめざしたこと、などが朝鮮出兵を可能にした国際的条件として共通理解になっていた。

しかし、国内的要因あるいは冊封体制の弛緩や、そこからの自立意識だけでは、秀吉の征服構想が、中国・朝鮮だけではなく、琉球・台湾・ルソンを含めた東アジア全域にまで広がった理由を説明することはできないと、私は考えている。

東アジアに関する秀吉の認識は、これらの地域を往来している日本人ルートから得たものが多いだろう。だが、秀吉は日本に来航してきたポルトガル人やスペイン人たちとも接触しており、彼らがもたらした情報に拠るところも大きいのではないか。そのように考えると、朝鮮出兵にいたる要素の一つとして、秀吉のヨーロッパ列強認識との関係を検討すべきではないだろうか。

そのさいに気になるのが、いったい日本人はいつごろからポルトガル人やスペイン人の世界領土支配の戦略に気づいたのだろうかということである。岡田章雄氏が、いくつかの事例を紹介している（岡田 一九八三）。たとえば一五六三（永禄六）年にルイス・アルメイダが横瀬浦（長崎県西海市）からインドのイルマンに宛てた手紙によれば、宣教師を受け入れた領主大村氏に対して地元の僧侶たちが、城内に土地を与えて会堂を建てさせるとポルトガル人たちがやってきてそこに城を建て、この地を奪うだろうと批判したとある。まずは宣教師が布教をおこない、そのあとに兵隊が占拠するという、まさしくポルトガル／イエズス会の世界戦略の構図で受けとめていた。岡田氏もこれについて、明らかに植民地的侵略に対する危惧の表明と評価している。その会堂は、この年に大村氏の家臣によって焼かれた。

またルイス・フロイスは一五七八（天正六）年、豊後のキリシタン大名である大友義鎮に対して重臣の田原親堅が、宣教師たちは日本で相当の数のキリシタンを得たあとにインドから艦隊を派遣して国を奪いとる計画をしていると言った、と書いている。ここにもかなり明確に、征服の先兵としての布教という受けとめ方があらわれている。これは秀吉がバテレン追放令を出す九年も前のことである。

仏教界はもちろん、在地領主層でもこうした危機感を早くからもっていたのであるから、さらに情報収集能力をもつ秀吉がポルトガルとスペインによるデマルカシオン体制、つまりイベリア両国による世界植民地化戦略というものを知らないはずはないと私は考えている。たしかに、天正十五（一五八七）年のコエリョの不遜な態度や比叡山僧である徳運の発言が、バテレン追放令の直接的な契機になったのかもしれない。だがその前提には、日本社会に存在するイエズス会へのこうした不信感を秀吉も共有していたとみてよいだろう。

それともう一つ重視しておきたいのは、ポルトガル領インド副王への警告である。前に紹介したように、秀吉は天正十九（一五九一）年七月、インド副王に書翰を出して、明征服計画を知らせるとともに日本での布教禁止を通告した。これを評して私は、ポルトガルの世界植民地政策が日本には通用しないことを警告したものだと述べた。布教活動のあとに来るものを、秀吉が当然予測していたからこその警告だった、といってよい。

これとの関連でもう一つ注意しておきたいのは、慶長二（一五九七）年七月、秀吉がフィリピン総督に出した書翰である。その前年、土佐に漂着したスペイン船サン・フェリペ号の積み荷を没収されたことに抗議したフィリピン総督に対する返書なのだが、次のようなことが述べられていた（『異国往復書翰集』：七八）。

〔…〕その国においては布教は外国を征服する策略または欺瞞なることを聞きたればなり。〔…〕予は思うに卿がこの方法を用いて其の国の古来の君主を追い出し、ついにみずから新しき君主となりたるがごとく、卿はまた貴国の教えをもって我が教えを破壊し、日本の国を占領せんと企画せるならん。是ゆえに予は前に述べたる所に対して憤り怒を懐ける時〔…〕

秀吉はここで、布教はスペインが外国を征服するための策略だと聞いている、フィリピンでもこの方法によって君主を追放し、みずからが君主になっているではないか、同様の方法で日本を占領しようとしているに違いない、怒りを抑えることができない、と強くスペインを批判している。これに続けて秀吉は、日本と交誼を結びたいのであれば布教をせず、単に「商賈往還」のためにのみ来航せよ、さすれば安全を保障する、と書いた。要するに秀吉はスペインに対して、布教を隠れ蓑にした日本侵略は絶対に許さない、と警告したのであった。

このようにみると、秀吉は明らかにポルトガルとスペインによる世界征服構想を知っていたといってよい。だからこそ秀吉の海外征服構想を、これまでのように国内的契機の延長や中国の冊封体制からの自立・克服ととらえるだけでは不十分だと考える。イベリア両国の世界戦略を知ったことが、秀吉の外征意欲を触発し、たんに朝鮮や中国だけではなく、東アジア全域（中国・朝鮮・琉球・台湾・マニラ）の征服構想へと展開したのではないかということである。

秀吉の東アジア征服構想について、藤木久志氏の『天下統一と朝鮮侵略』（藤木 二〇〇五）には次のようにある。

西ヨーロッパ勢力の侵入による東アジア世界の激動のなかで、日本中世国家の解体を果たすためには、伝統的にこの国家を支えてきた中国・北京を中心とする東アジア秩序に叛逆し、いわば北京上洛をなしとげることは、日本の新しい支配階級が、みずからの国家を樹立していくための緊急の課題であった。

東アジア世界の激動をもたらした要因として西ヨーロッパ勢力の侵入があげられているが、秀吉の朝鮮出兵や明征服構想は中国を中心とした東アジア秩序への叛逆であったという理解である。あくまで中国の冊封体制へのチャレンジ意識が強調されている。

朝尾直弘氏は、「大明之長袖国」すなわち公家の国家である中国に対して、「弓箭きひしき国」日本という意識を対置させ、武威の国であるとする自己認識が東アジア全域に対する尊大な武力示威外交展開の基調になったと指摘していた（朝尾 一九七〇）。やはり秀吉の主要なターゲットは中国だ、という認識である。

かくして研究史の大勢は、中国の冊封体制こそ秀吉が打破すべき国際秩序だと理解してきた。たしかに、そうした要素は否定できない。しかし私はこれに加えて、スペイン・ポルトガルによるデマルカシオン体制（世界侵略体制）に対抗する東アジア秩序の構築、という評価にまで広げていきたいと考えている。そうした見方をすると、世界史との関連で秀吉の動きがとらえやすくなる。

朝鮮支配をふまえて中国を征服し、北京に天皇を動座させて東アジアの首都とする。これは明らかに日本を中国に取って代わらせる構想であり、巨大な東洋帝国の構築を夢想したのだと思う。しかし秀吉が視野に入れていたのは、さらにそれを越えてスペイン・ポルトガルだったのではないだろうか。

では、秀吉が描く「スペイン・ポルトガルに対抗する日本」という構図を、どこから読み取ることができるのだろうか。一つは、先に紹介した天正十九（一五九一）年七月のポルトガル領インド副王への書翰、および慶長二（一五九七）年七月にスペイン領フィリピン総督に出した書翰である。これらの書翰では、明確に布教と貿易を切り離すしと通告し、布教をテコとした侵略を強烈に批判するメッセージが発せられていた。もう一つは、こちらも先にふれた文禄二（一五九三）年十一月二日の秀吉からフィリピン総督に宛てた書翰である。

その書翰では、秀吉が日本全国と高麗（朝鮮）を獲得したこと、多くの武将がマニラ占領を求めているが、いま自分はそれを抑えていることなどを書いたうえで、「支那に赴けば呂宗は甚だ近く、予が拇指の下にあり。我らは永久に親しく交わるべし。このことをカステリヤ（スペイン）に書き送るべし。カステリヤの王、遠方にあるというとも予が言を軽視すべからず」と述べている（『異国往復書翰集』：五九）。

この書翰は第一次朝鮮出兵の最中のことだが、その前には日本に服属せよという強硬な書翰をフィリピン総督にたびたび送りつけていた。しかも、中国を征服すればルソンはすぐその先だ、とまで言っているのだから、いくら親しく交わろうと言っても脅し以外のなにものでもない。フィリピン総督は翌年、秀吉に返書を遣わして、「服従のことを言ってきているが、スペイン国王は強大であり、フェリペ国王以外に従うことはない」と反発している（同右）。

ただ私がここで注目しておきたいのは、フィリピン総督に対して秀吉が、こうした事態にあることをちゃんとスペイン国王に伝えろと、言っている点である。つまり日本がフィリピンに日本への服属を求めてきていることや、朝鮮を服属させ明の征服も間近であることなどをスペイン国王に伝えよ、決して日本を軽んじてはならない、と警告しているところに、秀吉の対スペイン意識が強烈に発揮されていると考えている。これはフィリピン総督やスペイン国王に対して、日本という国および豊臣秀吉という人物の強大さを誇示したものであった。

では、そのことはいったい何を意味するのだろうか。たんに秀吉が強がりを言っているだけなのだろうか。従来はそのように解釈されていたのかもしれない。しかしこうした秀吉の言動は、ヨーロッパ最大の大国に対する強烈な対抗心と自負心を示している、と私は考える。秀吉がめざしたのは、たんに明の冊封体制からの自立というだけではなく、世界最強国家スペインに対抗し、東アジアを日本の版図に組み込んでいくことだったのではないだろうか。言葉をかえれば、世界の植民地化をめざすイベリア両国に対する東洋からの反抗と挑戦ともいえるだろう。

こうした秀吉の振るまいは、スペインの前線基地マニラに恐怖感を与えた。朝鮮出兵や明の征服計画を誇示し、さらにマニラ服属要求などを突きつけてくるのだから、スペイン側はメキシコやペルーなどのように簡単に日本を征服できないことを次第に認識していくことになる。つまり秀吉の国際的な軍事行動や強硬外交は、スペインの日本征服計画を強烈に牽制し、抑止する効果を発揮したのであった。秀吉以前までイベリア勢力では「布教・武力征服」論が盛んだったが、秀吉段階ではそれが不可能であることを悟り、その結果、後述するように家康段階では、①布教によるキリスト教化→②日本支配の実現、という二段構えの対日戦略へと大転換がおこなわれたのであった。

四　徳川幕府の初期外交

1　全方位外交の展開とキリスト教政策

次に、徳川初期の外交と列強の問題を検討しよう。豊臣秀吉のあとに実権を握った徳川家康は、アジア・ヨーロッパ諸国との間で全方位外交を展開していった。

まずヨーロッパ諸国との関係からみると、南蛮貿易に出遅れていた家康は慶長三（一五九八）年、宣教師へスースに対してマニラとの貿易の仲介を依頼し、スペインとの関係を築こうとした。オランダとの関係は、豊後に漂着したリーフデ号乗組員が慶長十（一六〇五）年に帰還するさい、オランダ国王宛てに通商を求める親書を託し、それに応じて同十四（一六〇九）年、オランダ東インド会社の船が平戸に入港したことから開かれた。イギリスとの関係は、そのオランダ船リーフデ号に乗船していたイギリス人のウィリアム・アダムスの仲介により、同十八（一六一三）年、イギリスのセーリスが国王の親書を家康に呈して通商が開始された。この間、イエズス会は家康に対して、オランダ人やイギリス人は海賊であるとして処刑を求め続けたという。しかし家康は、ウィリアム・アダムスやオランダ人のヤン・ヨーステンを外交顧問にしている。偏ることなく、さまざまな可能性を模索していたといってよい。

一方、東アジア諸国との関係をみると、家康は朝鮮出兵の後始末をするため、慶長四（一五九九）年に対馬の宗氏に朝鮮との講和を命じ、同十二（一六〇七）年に朝鮮から回答使兼印還使が派遣されて事実上の日朝講話が成立した。またカンボジア、安南、占城などの東南アジア諸国との間で、慶長十（一六〇五）年には親書を交換して通交の確認と安定がはかられている。琉球からは、同十四（一六〇九）年の島津氏の侵攻により、幕府に対して慶賀使・謝恩使が派遣されるようになった。明との間では勘合貿易の復活を期待していたが、明が拒否したために、長崎に明の商人を受け入れることで中国との貿易関係を樹立している。

こうして徳川家康と二代将軍秀忠は、各国商人に寄港地選択の自由と生命財貨の安全を保障し、アジア・ヨーロッパ諸国との多国間通商を模索した。しかしキリスト教に対しては、慶長七年（一六〇二）九月にフィリピン総督宛ての家康親書で布教禁止を通知しているように（『増訂異国日記抄』（『異国往復書翰集／増訂異国日記抄』（異国叢書）、村上直次郎訳註、雄松堂出版、一九六六年）、二五八頁）、厳しい姿勢をみせている。なぜ家康が布教禁止に踏みきったのかについて、在日司教セルケイラがマニラのイエズス会に宛てた書翰（一六〇二（慶長七）年十月二十二日付）には、次のようにある（松田　一九九二ａ：六〇）。

内府〔家康〕をはじめ異教徒の大名たちは、太閤〔秀吉〕と同様に、ルソンやメキシコのスペイン人は他国を侵略するものだと固く信じている。サン・フェリーペ号の船員がいったように、布教は侵略の手段にすぎぬと思っている。

家康は秀吉と同様に、スペイン人が日本を侵略するのではないかと危険視している、ということである。それまで世界各地で展開してきたスペインの領土拡張政策をみれば、セルケイラがいうように、家康の懸念は当然のことだった。これより前の慶長三（一五九八）年に家康は宣教師へスースにマニラとの貿易仲介を依頼していたが、マニラから船が来るようになり、宣教師たちも自由に活動している様子をみると、侵略への不安が高まったのかもしれない。

そうした眼でみたとき、このキリスト教の布教禁止通知を、「布教は駄目だが通商はいいよ」と、商教分離を明確にし、経済的関係を基軸にした友好を呼びかけたものとだけみるのは不十分である。むしろ、布教と一体化した植民地政策が日本には通用しないことを警告するという、そうした意味合いを強くもっていたと理解できる。慶長十（一六〇五）年にも家康は、同様の書翰をフィリピン総督に送っている。

しかし、スペイン側はあくまで布教と貿易を一体化した関係に固執した。その狙いはいったいどこにあったのだろうか。またなぜ徳川政権は、スペインとの断交を選択したのだろうか。その経緯について、みていこう。

2　スペインの野望

⑴前フィリピン臨時総督ロドリゴと家康の交渉　スペインと日本の関係が大きく動くのは、慶長十四（一六〇九）年、前フィリピン臨時総督のドン・ロドリゴ・デ・ビベロがメキシコに帰る途中、日本近海で遭難して上総国岩和田に漂着してからのことであった。救助されてから翌年帰国するまでの事柄が『ドン・ロドリゴ日本見聞録』（『ドン・ロドリゴ日本見聞録／ビスカイノ金銀島探検報告』〈異国叢書〉、村上直次郎訳註、雄松堂、一九六六年）として刊行されている。以下ではこれをもとに、ロドリゴの思惑をクローズアップしていきたい。

遭難者がフィリピンの前総督であることを知った家康と秀忠は、彼を引見した。そのさいロドリゴは、自分を世界最強であるスペイン国王の大臣として遇することを求めるなど、かなりしたたかに振る舞っている。しかもスペインとの友好はもちろん、宣教師の保護やオランダ人の追放なども要求している。これは、家康がマニラおよびメキシコとの通商を強く望んでいることを知ったからであった。オランダ人を追放すれば期待に応えますよ、ということである。さすがに前総督、ただ者ではない。外交駆け引きも相当に巧みであった。

それに対して家康は、オランダ人の在留を認めたばかりなのですぐに追放することはできないが、二年間の滞在期限が来たら退去させることを約束し、宣教師の滞在も許した。ロドリゴはオランダ人は海賊だと強調したので、家康は「オランダ人の暴状を知ったことは将来のために喜ぶことなり」と回答している。オランダについてはしばらく様子をみるということだろうが、この段階の家康には旧教国・新教国のいずれにも過度に傾斜しないというスタンスを見て取れる。また宣教師の滞在を容認したことも、慶長七（一六〇二）年や同十（一六〇五）年に通告した布教禁止を転換させるものであった。貿易を実現させるためには宣教師の滞在＝布教は容認せざるをえない、と判断したのだと思われる。

キリスト教に対する家康の考え方が転換したことを示す逸話が、ロドリゴの『日本見聞録』に収められている。京都を見学しているときに耳にした話のようだ。

〔日本の〕坊主等悉く団結してわが宣教師等を日本より放逐せんことを請願せしとき、皇帝〔家康〕は彼らの挙げたる理由に詰められ、日本にある宗派の数幾何なるかと尋ねしに、君〔所司代〕より三五なりと答えたれば、皇帝は直に三五あらば三六となるも妨げなかるべし、これを存せしめよと言へる由なり。

どうやら家康は、すでに宗教は三十五宗派もあるのだから、キリスト教が増えたとしても三十六宗派になるだけではないかと、かなりおおらかに考えようとしている。

(2)ロドリゴの日本征服構想　ところでこの『日本見聞録』には、ロドリゴの日本観が、かなりあけすけに語られている。これまでも部分的には利用されているが、スペインの対日戦略の分析としては十分に利用されていない。そこで彼の発言をいくつか紹介しておこう。

日本には多くの都市があり、いずれも人口が多い。全国どこでも米・小麦・大麦を豊かに産出し、狩猟と漁業の収穫量もイスパニアに勝る。銀の鉱脈も多く、金の質はきわめてよい。〔…〕このように広大にして繁栄する大王国に進入することはスペイン国王にとってきわめて有利なことだ。

日本の豊かさを誉めあげているが、これに続けて彼は、こう言う。「私が思うに、この地〔日本〕に欠けている唯一のことは陛下〔スペイン国王〕をその国王としていないことだ」と。要するに、スペイン国王こそがこの豊かな日本を支配しなければならない、ということである。しかし、「武力による進入は困難だ。なぜなら、住民多数にして、城郭も堅固だからである。新イスパニア〔メキシコ〕の土人のように野蛮なら恐れるに足りないが、日本人は弓・矢・槍や刀を有し、長銃を巧妙に使う。スペイン人と同じように勇敢なだけではなく、議論と理解の能力においてもこれに劣ることはない」としている。

メキシコ先住民はいとも簡単に屈服させることができたが、日本人には知性もあり軍事力もあるので征服は困難だ、と言っている。ロドリゴは滞日中に江戸、駿府、京都、大坂、豊後臼杵など、あちこちの都市や地方を見て回っているので、その認識がここには反映されている。しかし、それだけではない。彼は臨時とはいえ前のフィリピン総督であった。秀吉期における日本とフィリピンとの関係、または朝鮮との関係も知っていただろう。だからこそこの文章に示されているように、日本の軍事力の強大さ、強硬的日本外交を肌身に染みて感じていたのではないだろうか。

しかしだからといって、ロドリゴが日本征服をあきらめているわけではない。では彼が考える、日本をスペイン国王の支配下におくための戦略とはどのようなものなのだろうか。彼はこう述べている。

武力による侵入の困難なること、真に確実なりとすれば、我らの主なる神の開き給へる聖福音宣伝の途により、彼らをして陛下に仕ふることを喜ぶに至らしむる外、選ぶべき途なし。

キリスト教を弘布し、キリシタンの数増加するに至らば、現皇帝〔家康〕および他の皇帝〔秀忠〕死したる時は、新王は彼らを苦しむべきこと明らかなる者の中より選ぶことなく、陛下〔スペイン国王〕を挙ぐべしと考えられる。

まずはキリスト教化を進めることによって日本人の精神世界を掌握し、入信したキリシタン大名や一般のキリシタンたちによって徳川将軍家が排斥され、スペイン国王が日本の国王に推戴される、という見通しを述べている。その布教を効果的に進めるためには、宣教師をたくさん日本に投入しなければならない。そこでロドリゴは、「皇帝〔家康〕が新イスパニア〔メキシコ〕との貿易開始を望むを好機会」とし、家康の求めるスペイン人鉱夫や官吏のために司祭を同伴させることを要求した。これを許容すればスペイン国王も通商を開くと懐柔している。しかし、「その真の目的」は、「鉱山またはその付近にあるイスパニア人の間に居住せしむるを名として、諸宗派の宣教師をこの地方に入れ、各地に散在して努力し、前に掲げたる収穫を納めしむる」ということであった。「前に掲げたる収穫」とは、スペイン国王による日本支配のことである。ここには、まさに布教を先兵として領土化をはかる戦略が赤裸々に語られていたのであった。

かくしてロドリゴはスペイン国王に対して、日本と通商を開いた方がよいと上申するが、彼にはもう一つの狙いがあった。それはオランダを日本から追放させるためだということである。オランダ人が日本を拠点に東シナ海の制海権を掌握すると、スペインが支配するフィリピン諸島は孤立しかねない。だからこそ家康の希望通りにメキシコとの通商を認めることが、日本からオランダ人を追放させる有力な方法だと提案したのであった。そうすれば東シナ海や東南アジア海域においてもスペインのオランダに対する優位性が確保できるという目論見であった。もしメキシコとの通商が叶わなければ、日本はオランダとの関係を大事にすることになって、スペイン側が不利になる。したがって日本との通商関係の確立は、たんに日本征服の第一段階としてだけではなく、オランダとの対抗関係からも不可欠だというのがロドリゴの認識であった。

家康との交渉は、ほぼロドリゴの期待通りに進展したようだ。慶長十五年一月（一六一〇年二月）、家康とロドリゴは、日本からスペイン国王とメキシコ総督へ使者を派遣し通商交渉をおこなうことで合意した。これについてロドリゴは、スペイン国王に次のように報告している。

新世界の門戸は此のごとくして開かれ、数年の内に陛下の領有に帰するを実地に見んことを神に於いて期待す。

みずからの手腕でここまでこぎつけたことに自尊心を膨らませつつ、この通商交渉がスペインによる日本領有の第一歩になる、と強い期待をみせている。

同年六月、家康はロドリゴに船を提供してメキシコに送り届けると共に、フランシスコ会布教長フライ・アロンソ・ムニョースを家康の使者として一緒に乗船させた。

(3)ビスカイノの交渉　日本からの使者に対して、メキシコ総督は一六一一（慶長十六）年に答礼使としてセバスチャン・ビスカイノを日本に派遣した。ビスカイノもまた、日本とメキシコとの交易を推進し、それによって日本のキリスト教化を目ざすという、ロドリゴと同じ考えを持って日本にやってきた。ビスカイノの著した『金銀島探検報告』（『ドン・ロドリゴ日本見聞録／ビスカイノ金銀島探検報告』（異国叢書）、村上直次郎訳註、雄松堂、一九六六年）には、次のようにある。

〔…〕当国とイスパニアとの交通貿易継続すれば神佑によって帰依者は増加し、神は悪魔の掌中より当国にある多数の霊魂を救い給うべきこと疑いなし。

ビスカイノもやはり家康がメキシコとの交易に前向きであることをみて、次のようにオランダとの断交を交易の条件として提示している。

渡来の主要な用務は、皇帝〔家康〕がオランダと親交を結び当国に入ることを許すか否かを知ることにあり。もしこれを許せば我が国王は貿易のために当国に来ることを好まず、すでに端緒を開きたる平和は結果をもたらすに至らざるべし。

スペインを取るかオランダを取るか、と日本に迫っている。かなり強気に出ているが、こうした交渉の途中、慶長十六（一六一一）年末に岡本大八事件が発生した。キリシタン大名有馬晴信から本多正純の家臣である岡本大八が資金を詐取した事件だが、これが露見して家康が激怒した。この事件とキリシタン取締りの関係は不分明だが、両人ともにキリシタンであったことから、翌十七年からキリシタンの取締りを強化し、江戸の会堂等の破壊を命じたとされている。

慶長十七（一六一二）年六月、家康がメキシコ総督に宛てた返書では、「わが邦は神国なり。貴国の法ははなはだ異なるなり。わが邦にその縁なし」として、さらに「ただ商船来往して売買の利潤、偏にこれを専らとすべし」（『増訂異国日記抄』：六四）と述べている。ここにいたって、幕府がそれまでの容教姿勢を放棄したことがはっきりとわかる。

この「わが邦は神国なり」という言葉は、秀吉も述べていた。従来の研究では、「神国」思想との理念的対立がキリスト教排除の理由とされることが少なくない。しかしそもそもは、「キリスト教の布教＝スペインの脅威」を排除する理由として「神国」論が考案された、という経緯がある。その意味でこの「神国」論は、禁教を正当化する、国の内外向けの説得言語だといってよい。「神国」思想自体はもともと日本に存在しているが、対外関係のなかでキリスト教と対置する形で位置づけなおされて発信されたのであった。

前にも触れたように、秀吉も当初はキリスト教を認めていた。家康もロドリゴに対応したさい、キリスト教を仏教を含めた諸宗派の一つとして容認していた。しかし、それがなぜ、キリスト教＝「邪法」観へと転換するのだろうか。それは秀吉と家康が、「布教＝侵略」の連関に危機感をもった点にある。日本は神国だからという点からこの「邪法」観が出てきたわけではなく、「布教」と「侵略」が一体化しているところに、キリスト教の「邪法」性を読み取ったのではないかと私は考えている。つまり、「邪法」観を正当化するために「神国」論が提示された、ということである。

ところで、前述のようにビスカイノの眼前でキリスト教排除の動きが始まったのだから、彼は憤懣やるかたなかった。家康をとんでもない「悪皇帝」だと罵っている。慶長十七（一六一二）年八月、ビスカイノはメキシコへ帰国しようと出帆するが、遭難してまた浦賀に帰港せざるをえなくなった。当初、家康や秀忠は船の修繕費を出すといっていたのだが、その後は全然相手にしなくなったとビスカイノは嘆いている。家康と秀忠が、キリスト教あるいはスペインという国に対する嫌悪感を徐々に強めていったことがうかがえる。

五　伊達政宗の支倉常長遣欧使節

そこに助け船を出したのが伊達政宗であった。彼は慶長十七年（一六一二）十二月、ビスカイノに新造船の提供を申し出た。これが本当の助け船である。この新造船はサン・ファン・バウティスタ号と名付けられた。現在復元されて、石巻に繫留されている。同船は慶長十八（一六一三）年九月、メキシコに向けて牡鹿半島を出帆した。それを案内したのが宣教師のルイス・ソテロであり、政宗の使節として支倉常長が乗船した。支倉は政宗のスペイン国王とローマ教皇宛ての親書を携えていた。ソテロは家康と秀忠のメキシコ総督宛親書を預かっていたので、幕府の使者としての性格も持っていた。

この船でビスカイノもメキシコに帰国するのだが、帰った途端に日本との通商に強く反対している。家康と秀忠のもとでの布教活動は絶望的であり、そのような国と通商しても意味がないと主張した（『金銀島探検報告』：一七六）。

しかし、ソテロはビスカイノとは全く逆の考えであった。政宗や家康たちに使節を派遣するよう誘ったのはソテロである。彼は太平洋貿易を「マニラ—中国—日本—メキシコ」の環で構想していた。ソテロは、オランダやイギリスと対抗するためにも日本皇帝の要望を叶えることが大事だと考えていた（『大日本史料』第十二編之十二、東京大学出版会、一九七二年、四五頁）。

一方、政宗も奥州という立地の関係から南蛮貿易に出遅れていたので、なんとかルソンあるいはメキシコとの通商を開きたいと考えていた。南蛮商人を領内に呼び込むために、政宗は布教にも寛容であった。だからこそソテロは、政宗にスペイン国王への使節派遣を勧めたのである。

なお岡本大八事件以後、家康はキリシタン統制を強め、ビスカイノをかなり冷遇しているので、その段階ではおそらくメキシコとの通商断念も考えていたのだと思われる。しかし、支倉常長を案内するソテロにメキシコ総督への親書を託している。家康のこの動きは、いったいどう考えればよいのだろうか。

前に紹介したように、家康のメキシコ総督宛ての書翰には布教禁止が明記されているので、禁教政策に変更はない。しかし伊達政宗がスペイン国王やローマ教皇に宛てた親書では宣教師の派遣を求めている。サン・ファン・バウティスタ号には幕府役人も乗り込んでいるし、出帆前に政宗は家康や秀忠と打ち合わせた形跡があるので、幕府もそのことを承知していたと思われる。にもかかわらず家康が宣教師派遣要請を容認したのは、なぜか。私は家康と政宗のあいだに、布教は伊達領に限るという合意があったからではないかと推測している。

スペイン側は布教の可能性がなければ貿易を認めようとはしなかった。したがって少しでも貿易の可能性を探るとすれば、家康も伊達領での布教は容認せざるをえないことになる。もし政宗が派遣する支倉常長の通商交渉が成功すれば、スペイン船が伊達領内に入ることになるのだが、家康はその一部を関東に寄港させようと考えていたのではないだろうか。

家康も本来は、マニラやメキシコとの通商を希望していた。しかし、布教を手段としたスペインによる侵略を警戒した。その危険性を重視したからこそ禁教を選択したのだが、寄港だけであれば禁教令に抵触するわけではない。これであれば幕府の禁教政策と貿易の実現は両立できる。家康がメキシコ総督に宛てて、布教禁止と共に通商を求めたのは、このような思惑があったからではないかと考えられる。もちろん、伊達領だけの布教でスペイン側が満足するかどうかは、この段階ではまだわからないことであった。

したがってソテロは、幕府は禁教であっても伊達領内は布教が可能であること、それこそが将来の展望を開くものであることを、メキシコやスペイン、ローマで必死に主張した。もしメキシコとの通商が開かれれば、より大きな貿易に魅力を感じた家康は布教禁止を撤回するかもしれない。統制と容認の間を揺れ動いてきたそれまでの家康をみれば、この可能性も否定できなかったのではないかと思う。しかしソテロは、家康が禁教政策を転換させなかった場合も想定していた。それが、「政宗は次の皇帝」だというアピールだったのである。

一六一四（慶長十九）年九月、ソテロがスペイン宰相のレルマ公に宛てた書翰には、「この王は皇帝の縁戚で、息子と娘は皇帝の二人の子と結婚しています。日本の最有力者の一人であり、今の皇帝の跡を継ぐであろうことは衆目の一致するところです」（『仙台市史特別編』第八巻「慶長遣欧使節」、仙台市、二〇一〇年、一七八頁）と、政宗が次の皇帝になるだろうと述べている。また一六一五（元和元）年十一月七日に実施された支倉常長のローマ教皇謁見式ではソテロが通訳をおこなっているが、そこでもソテロは次のように述べた。「王〔政宗〕は、近いうちにその国の最高の君主になった時には、まず彼ら〔宣教師〕の来着を望んでおり、そののちに彼自らキリスト教徒となってローマ教会に従順を誓うだけではなく、引き続いて他の人々全員をも改宗するように努めたいと願っているとのことです」と。要するに、政宗が皇帝になったさい、日本はすべてキリスト教徒になるであろうと強調したのであった。これに乗せられた宰相レルマ公は、一六一七（元和三）年にインディアス顧問会議議長サリナス侯に対して次のように奏上した。

奥州の王は皇帝に従属するすべての領主の中で、日本で最も強大な者の一人である。しかも皇帝の死亡後に皇帝となる望みがあり、もしそうなった場合に好意的であるならば、特に宗教面において計り知れない便宜を得られるであろう。（『仙台市史特別編』第八巻「慶長遣欧使節」：三五一）

仮にいまは伊達領だけの布教であっても、いずれ伊達政宗なる奥州の王が皇帝になったあかつきには日本全国の布教が可能になるだろう、というわけである。当面は伊達領だけでもいいとソテロが考えたのは、こうした戦略を描いていたからに違いない。

ところがなかなか事態が思うように進まないことに焦ったソテロは、第二回目の航海でメキシコに着いた政宗の家臣横沢将監から聞いた話だとして、一六一八（元和四）年、レルマ公に対して次のように言上した。

この領主政宗は、彼の家臣全員がキリスト教徒になること、そして彼自身もキリスト教徒になることを望んでいること、そしてそれは、現在日本には頭目がいないために引き離され、皇帝から迫害を受けている三〇万人以上の者たち〔キリスト教徒たち〕が全員政宗のもとに集結し、そして彼が彼らの援助を得て皇帝を倒して皇帝となり、一門の中で帝国を永続させようとするためだということです。（『仙台市史特別編』第八巻「慶長遣欧使節」：三なんと政宗が日本人キリスト教徒と連携して皇帝(将軍)の位を簒奪する、とまで言い出したのであった。政宗はスペインと連合して幕府を倒す野望をもっていたという説が折々に出されてくるが、それはこうした史料がもとになっている。しかし、これはあくまでソテロの一方的な発言にすぎず、政宗とスペインの同盟説や討幕野望説は、別稿で論じたように史料的にも論理的にも成り立たない(平川 二〇一〇a、二〇一〇b)。

以上のようにみてくると、ソテロは二段構えの計画を立てていたといえる。第一は、政宗と家康の使者として通商交渉の成功を勝ち取り、布教に否定的な家康の姿勢転換を引き出すという戦略である。第二は、布教を容認する政宗を日本人キリシタンの支援によって「次の皇帝」として担ぎ出し、討幕を実現して日本のキリスト教化をはかるという戦略であった。

禁教政策を強めつつあった徳川政権を目の当たりにしたビスカイノは、布教の可能性はないと判断して日本との通商に反対した。しかしソテロはビスカイノとは逆に、スペインが通商を認めれば日本には布教のチャンスが生まれると考えたのであった。ただこれまで紹介したことからもわかるように、ソテロにとってメキシコと日本の通商は、あくまで布教を実現するための手段にすぎなかった。その布教は、日本をキリスト教化してスペイン国王およびローマ教皇の支配下に組み込むためのものであったことはいうまでもない。

とはいえ、日本におけるキリスト教排除の情報が支倉滞欧中も次々に宣教師たちから伝えられ、ソテロの情報と主張は次第に信用されなくなっていった。ローマ教皇はかなり好意的に対応するが、スペイン国王は通商を認めず、当面は宣教師を派遣して様子をみるという決定を下した。布教が順調におこなわれるようであれば貿易も認めよう、という判断であった。

この考え方はソテロとは逆であった。ソテロは禁教政策を転換させるためにこそ通商関係を開くことが不可欠だと考えていた。しかしスペイン国王は、禁教政策を転換することこそが通商関係を開く条件だという方針を採ったのである。

まずは宣教師だけを派遣するというスペイン国王のこの判断は、貿易を希望する政宗にとって何のメリットもなかった。もし政宗が貿易も開かずに宣教師だけを伊達領に受け入れたとすれば、むしろ幕府との関係は爆弾を抱えたようなものになっただろう。そうであるがゆえに政宗は、支倉が帰国して交渉が失敗したことを知ると、すぐに領内に禁教令を布いてキリシタンの取締りに乗り出したのであった。これによって、布教をテコとしたスペインによる日本征服計画は完全に破綻することになったのである。

六　家康の外交と政宗の外交

１　最後の戦国大名型外交

ここでは、慶長遣欧使節が近世初期の外交史・国家史のなかでどのような歴史的意義をもつのかということについて、新しい論点を提示しておきたい。

政宗が派遣した遣欧使節は教科書に載るほど有名ではあるが、近世初期外交史のなかでは十分な位置づけがなされていない。ところが、徳川幕府の動きだけではなく、政宗の遣欧使節を合わせみると、以下のような大変おもしろい論点が浮かび上がってくる。

サン・ファン・バウティスタ号には伊達政宗の使者としての支倉常長、幕府の使者としてのルイス・ソテロが乗り込んでいた。その幕府と政宗の外交姿勢は前述のように、かなり異なっていたのであるから、サン・ファン・バウティスタ号は徳川初期の二元外交を典型的に示すものだといえるのではないだろうか。ただここで問題になるのは、なぜこうした二元外交が可能になったのかという点である。

ここで肥前の鍋島勝茂の例を紹介しておきたい。鍋島も慶長十四（一六〇九）年から十八（一六一三）年にかけて、フィリピン総督やマニラ司教らと親書を交換している（『異国往復書翰集』：一〇〇）。とくに注目しておきたいのは、慶長十七（一六一二）年に鍋島勝茂がスペイン国王に親書を遣わし、金屛風を贈ったという点である。この親書で鍋島が、フィリピンだけではなくメキシコ交易までも期待したのかどうかはわからない。しかしこの親書は、伊達政宗が支倉常長をスペインに派遣する前年のことであった。

鍋島のスペイン国王への親書が幕府の了解を得ていたのかどうかは不明である。しかしはっきりしていることは、鍋島勝茂と伊達政宗がほぼ同じ時期に、幕府とは独自にスペイン国王と交渉をおこなったという事実である。鍋島や伊達以外の大名に、同様の動きがあったのかどうかは十分に精査できていないが、いまのところ鍋島の慶長十七（一六一二）年、伊達の慶長十八（一六一三）年の親書が最後のように思われる。もしこれ以降にも事例が出てくれば、それはそれでおもしろい話になる。

一方、この時期は朱印船貿易の時代であった。朱印状の発給権は徳川幕府が掌握しており、幕府の許可のない船が海外貿易をすることは原則としてできない状態になっていた。しかし鍋島や伊達の事例をみると、親書交換までは規制できていなかったということになる。そうした意味では、幕府の外交権は朱印船発給権による貿易統制まではあって、親書交換等の外交交渉について幕府は十分に統制下におくことができてはいないということができる。つまりこの段階の幕府は、国家としての外交権を、まだ完全には掌握しきれていない状態だということである。

以上のことをもう一度、時系列的に整理しておこう。九州や西日本の大名たちの南蛮貿易は秀吉段階まで普通におこなわれていた。鍋島勝茂や伊達政宗がおこなっていたような親書交換を含めた大名外交も、ほかに事例があるのではないだろうか。大名レベルで独自の外交を展開したという点に着目して、本稿ではこれを、「戦国大名型外交」と命名しておきたい。

徳川政権の時代になると、キリスト教統制や慶長十四（一六〇九）年の大船禁止令なども重なって、大名の独自外交が徐々に困難になっていく。多くの大名も幕府の統制に従うようになっていった。しかし、サン・ファン・バウティスタ号は約五百トンの西洋式大型外洋帆船であるにもかかわらず、幕府の大船禁止令は伊達政宗の船には適用されていないことになる。同令が主として西国大名に向けられたものだったからだろうか。また政宗はローマ教皇やスペイン国王に宣教師の派遣まで求めたのであるから、幕府のキリスト教統制の枠からも外れていたことになる。ところが支倉常長が通商交渉に失敗して帰国した途端、政宗はキリスト教禁制を領内に布告した。またそれ以降は、政宗のみならず、どの大名も西洋式大型外洋帆船の建造をおこなっていない。

こうした流れからみると、政宗の遣欧使節、すなわち政宗の外交の失敗こそが幕府による外交権の一元的掌握を可能にしたということができる。その意味で伊達政宗の慶長遣欧使節は、戦国大名型外交の最後の事例であり、その失敗が近世的徳川外交体制の確立に大きな契機を与えたといってよいだろう。

なお、徳川家康が伊達政宗の遣欧使節派遣を認めた背景には、政宗の要望を容認せざるを得ない両者の力関係があったのではないだろうか。当時はまだ大坂に豊臣方が存在しており、政宗は江戸の北方に勢力をもつ存在であった。政宗が豊臣方と手を結べば、家康は両勢力に挟まれることになる。政宗の離反を防ぐためにも、家康は政宗に配慮せざるを得ない地政学的関係にあったのである。

2　家康の国家構想と政宗の国家構想

家康の外交的立場をみると、キリスト教の禁止政策を推し進めていく一方、メキシコ総督宛ての家康と秀忠の親書をソテロに託しているように、スペインとの通商に対する期待は、まだ持っていた。その点で家康の外交姿勢は、商教分離外交であるということができる。

これに対して伊達政宗は、伊達領に宣教師を派遣してほしいという親書をスペイン国王とローマ教皇に出しているように、容教であった。もちろん究極の狙いはメキシコとの通商であるから、徳川とは異なって商教一致外交だといってよい。このように両者の外交スタンスには、大きな違いがある。

別の見方をしておこう。家康はキリスト教的文明化を拒否した国家体制を模索したが、政宗は貿易のためとはいえ領内でキリスト教を容認する姿勢を明確にしていた。つまり政宗は、キリスト教布教が可能な国家体制を前提にしていたということになる。したがって、政宗の行動の前提にはキリスト教容認国家構想があり、家康には非キリスト教国家構想があったということになる。両者は、どのような国造りをするかという点で原理的に異なっていたのである。通商交渉をめぐる幕府と政宗の姿勢の違いということだけではなく、根本には国家構想の大きな相違が存在していたのであった。だからこそ、在日宣教師や国内キリシタンからは、「皇帝政宗」待望論が出たということもできる。

ただし、支倉常長とソテロによるスペインとの通商交渉は成立しなかった。通商のない宣教師受け入れは政宗の国家構想にもなかった。政宗の容教国家体制は実現できなくなったのである。その結果、日本は非キリスト教国家体制の構築へと一気に向かっていくことになった。その意味で慶長遣欧使節による通商交渉の成否は、その後の日本のあり方に重大な影響を与えたといってよい。

もし、政宗の遣欧使節が通商交渉に成功していたら、どうなっていたのだろうか。歴史の展開は、大きく異なっていた可能性がある。スペインとの通商が開かれるということは、伊達領国のキリスト教化が進展するということにつながる。はたして幕府はそれを容認しただろうか。一時的には認めたとしても、もともと目ざすべき国家体制が異なっていたのであるから、そう遠からず清算がはかられることになっただろう。考えようによっては、支倉使節が交渉に失敗したからこそ伊達家の存続が可能になった、といえるかもしれない。

おわりに――軍事大国日本の登場

ここでは、戦国の群雄割拠がもつ二つの意味について述べておきたい。

まず第一は、分裂国家としての意味である。分裂しているわけであるから、国家としての統一的意思の形成は極めて困難であった。そこに有力大名の信徒化や大名間争乱の画策など、キリスト教勢力による日本征服戦略がはたらく余地があった。第二は、戦国大名間の猛烈な軍拡競争体制としての意味である。戦国の群雄割拠というのは、列島全体が戦時体制であったこと、さらに熾烈な軍拡競争をやっていたということでもある。

そうしたなかで、秀吉や家康によって統一政権が樹立されていった。これが、どういう転換をもたらしたのか。第一には、国家意思の一元化が可能となって、それが秀吉のバテレン追放令や徳川政権の禁教令につながっていくことになった。第二に重要なことは、軍事力の国家的な集中がおこなわれたことである。朝鮮出兵における動員体制などは、まさにこの集中的編成を実現したものであった。かくして秀吉や家康政権期に、日本は世界屈指の軍事大国としての姿を、くっきりと世界史のなかに現したのであった。

このような状況を受けて、スペインやキリスト教勢力は日本を軍事的に征服することを断念し、布教優先論へと転換をしていった（平川 二〇一〇b）。注意しておくべきは、日本の国家体制のあり方の転換がヨーロッパ勢力の対日戦略に重大な変更をもたらしたという点である。

なお、オランダやイギリスなどの新教国は、最初から布教戦略を放棄したとされているが、それは彼らがそのような意思をまったく持たなかったことを示すものではない。アジアをはじめ世界の各地で彼らは、武力征服と一体化した布教活動を活発に展開していた。それを日本でやらなかったのは、やりたくてもできなかったとみなすことが適切な解釈だと思う。オランダ・イギリスは、日本が軍事大国であるとの認識をしっかり持っていたのである。たとえば一六二一（元和七）年、平戸オランダ商館長から東インド政庁への書翰には、次のように記されている。

日本の皇帝は、マカッサルの王とは異なり、彼の領土内における外国人の暴力を決して許しはしない。マカッサルの王は外国人の暴力を抑止する力をもたない。しかし日本の皇帝は力において欠けるものはない。（細谷・ニッシュ 二〇〇〇：六五）

マカッサルというのは、インドネシアにある王国のことである。この国の王は外国人をおさえることができない、しかし日本の皇帝には力がある、と記している。インドネシアの小国は簡単に捻りつぶすことができるけれども、日本はとても無理だということである。だからオランダは、日本の皇帝の意思を損ねないように、武力的な動きもキリスト教の布教も自制したのであった。

この後、徳川政権はキリスト教布教の全面禁止をおこない、布教にこだわるスペイン・ポルトガルとは断交する。これは断交というよりも、追放といったほうがわかりやすい。強大な両国の勢力を日本から追放できたのは、これまでの検討から明らかなように、両国と対抗可能な軍事力を当時の日本が有していたからであった。それをより万全なものとするために、幕府は全国的な沿岸防備体制を確立させていく（山本 一九九五）。これは個別大名領の軍事態勢から、全国的国土防衛体制への大きな転換を示すもので、軍事力の国家的編成が完成したと評価できる。

こうした力を背景に、長崎への貿易集中と幕府管理がおこなわれることになる。歴史の教科書や一般的理解では、長崎に貿易を集中し管理を強めたと、淡々と表記されることが少なくない。だが、イギリスやオランダも海洋大国である。これら両国が唯々諾々と幕府の指示に従ったのは、なぜか。それは幕府が強大な軍事力を有していたからであった。東南アジアにはそれがなかったために、ヨーロッパ列強に交易の主導権を握られたり、あるいは征服されてしまった。そこが日本との大きな違いになったと考える。

日本の戦国時代は、軍事力を巨大に蓄積した時代であった。秀吉・家康の統一政権は、軍事大国としての日本を確立したといえる。なぜ、日本が戦国時代末期から「帝国」といわれるようになったのか。なぜ、家康が西洋列強から畏敬をこめて「皇帝」と呼ばれていたのか。それは、こうした日本の実力的根拠が存在したからであった。

さてそこで、こうした見方をふまえて、次の二点を新たな学術的論争点として提起しておきたい。

一つは、日本に戦国時代が存在したからこそ、西洋列強からの侵略と植民地化を防衛できた、ということについてである。こうした解釈に妥当性があるのか、それともないのか。ぜひ議論の俎上に乗せていただきたい。そうした論議を深めることによって、前近代における日本の国際関係、および国家というものがもつ役割について、新たな理解ができるようになるのではないかと期待している。

二つめとして、小島道裕氏が『信長とは何か』（小島 二〇〇六）で示された解釈にたいして、異なった見解を提起しておきたい。同著の帯に付されたキャッチコピーには、「天下統一は必要だったか?」と書かれており、本文には次の文章があった。

〔…〕武士が階級的に結集して中央政権を作るのではなく、武士が在地に残ったまま、それぞれの地域がそのまま成熟していく、という道もおそらくありえたと思われる。〔…〕そしてそのように社会と地域が成熟していった場合、政治的な統合はもっと緩やかなものでよかったはずである。各地の大名と家臣の領主たちが、あるいは国人一揆の共和国が、あるいは本願寺領国が、それぞれ並存しつつ、連邦的な在り方で平和裡に共存する、そのような体制が、信長の戦争がなければ出現していた可能性も十分にあったと思われるのである。

小島氏は戦国期の在地権力のあり方から、信長的・秀吉的・家康的統一権力とは異なる権力のあり方、つまり連邦的共存を展望したいのだろうと理解した。確かに、そうした考え方はありえるのだろうと思う。ただし、本論で紹介したような植民地化の危機という問題から歴史をとらえなおした場合、異なる見方も当然可能だろうと考えている。もしその後の歴史が小島氏の想定されるように、分権的な緩やかな連邦国家であったとしたら、権力の戦国期的分散状況が継続し、統一的国家意思の形成には困難が伴ったのではないだろうか。だとすれば、そこにヨーロッパ列強の宗教勢力や政治勢力がつけこみ、日本国家の分断と征服を試みる可能性は相変わらず存在したことになる。先に紹介したように、こうした状態は秀吉期までは確実に存在していたし、家康期でもスペインは布教をテコにした日本支配をあきらめてはいなかった。

このような想定をすると、私は、小島氏の願望されるような緩やかな連邦制にならなかったことが日本の歴史にとって幸いだったのではないか、と考えてしまう。戦国期における国家権力の分散状況を信長・秀吉・家康の三代で克服できたからこそ、日本は西洋列強の植民地にならなくてすんだのではないか、ということである。

こうした歴史の論じ方は、どちらが正しいか、ということではない。どのような視点から歴史をみるか、どのような歴史像を構築しようとするかによって、歴史は万華鏡のように揺れて変貌する。解釈は固定的でない方がよい。歴史に対しては多様な解釈が可能だからである。むしろ、異なる複数の解釈があることが学問としては健全なあり方だろう。

本論ではいくつもの新たな解釈を試みている。もちろん異論が出てくることを想定しているし、そうあってほしいとも考えている。なぜなら、同じ対象、同じ史料であっても異なる解釈の可能性を追究することにこそ学問の可能性が存在するのであるし、異なる解釈をぶつけあうことこそが歴史の解釈を豊かにすると考えるからである。

ただし、批判は学術的におこなってほしい。学問が学問としての信憑性を担保できるのは、政治的思惑や思想的価値観に左右されないことにある。本論では、秀吉の朝鮮出兵をスペインやポルトガル勢力による世界征服構想と関連づけて解釈し、さらに秀吉の日本統一による軍事大国日本の創出と、それを象徴する朝鮮出兵、および朝鮮出兵がヨーロッパ列強に与えた恐怖感、という新たな論点を提示した。それはなぜ秀吉が、あの無謀とも思える朝鮮出兵をしたのかということについて、自分なりに納得のできる解釈をしたかったからである。それを追いかけるなかで、なぜ日本は植民地にならなかったのか、という命題につながる解釈の道筋も見つけ出すことができた。

本論で示した解釈を、私は史料を読み込むなかから実証的に導き出した。それだけに拙論に対する批判も実証的にお願いしたい。それが歴史学を政治や思想の下僕にしない、大切な態度だと考えるからである。タブーを作ることなく、またレッテルを貼ることもなく、いろいろな問題を学術的に議論する雰囲気がこの学界にあることを期待したい。とくに若い研究者の方々が、戦後歴史学がつくりだしてきたさまざまなタブー的論点に積極的に挑戦し、新しい解釈の可能性を広げていくことに期待したい。

追　記1

本報告の徳川政権期の問題については、次の論文で詳論した。ご参照いただければ幸いである。

・「スペインの対日戦略と家康・政宗の外交」(『国史談話会雑誌』東北大学文学部日本史研究室、二〇〇九年)。
・「慶長遣欧使節と徳川の外交」(『仙台市史特別編』第八巻「慶長遣欧使節」、仙台市、二〇一〇年)。

追　記2

本稿の元となった拙論「前近代の国家と外交――国家の役割を考える」(近世史サマーフォーラム二〇〇九実行委員会『近世史サマーフォーラム二〇〇九の記録　帝国の技法――個から迫る歴史世界』、二〇一〇年)を取り上げた論文として、これまでに深谷克己氏と清水有子氏から次の三本が発表された。豊臣秀吉による朝鮮出兵の歴史的意義をめぐっては大いに議論したいと考えているので、それぞれに別稿を用意して応答する予定である。

・深谷克己「イベリア・インパクトと壬辰戦争」(国立歴史民俗博物館編『「韓国併合」100年を問う――2010年国際シンポジウム』岩波書店、二〇一一年三月)。

・――「東アジア世界の再序列化と近世日本」(趙景達・須田努編『比較史的にみた近世日本――「東アジア化」をめぐって』東京堂出版、二〇一一年五月)。

・清水有子「イベリア・インパクト論再考――イエズス会の軍事的性格をめぐって」(『歴史評論』第七七三号、二〇一四年九月号、歴史科学協議会編、校倉書房)。

参考文献

朝尾直弘 一九七〇「鎖国制の成立」(『講座日本史』第四巻「幕藩制社会」、東京大学出版会)。

―― 一九七五『日本の歴史』第一七巻「鎖国」、小学館。

岡田章雄 一九八三『日欧交渉と南蛮貿易』思文閣出版。

加藤栄一 一九九三『幕藩制国家の形成と外国貿易』校倉書房。

北島万次 一九九〇『豊臣政権の対外認識と朝鮮侵略』校倉書房。

―― 一九九五『豊臣秀吉の朝鮮侵略』吉川弘文館。

―― 二〇一二『秀吉の朝鮮侵略と民衆』岩波新書。

小島道裕 二〇〇六『信長とは何か』講談社選書メチエ。

清水紘一 一九八一『キリシタン禁制史』教育社歴史新書。

曽根勇二 二〇〇七「書評 中野等『秀吉の軍令と大陸侵攻』」(『歴史評論』二〇〇七年一二月号)。

高瀬弘一郎 一九七七『キリシタン時代の研究』岩波書店。

平川新 二〇一〇a「慶長遣欧使節と徳川の外交」(『仙台市史特別編』第八巻「慶長遣欧使節」、仙台市)。

――二〇一〇b「スペインの滞日戦略と家康・政宗の外交」(『国史談話会雑誌』第五〇号)。

ヒル、フアン　二〇〇〇『イダルゴとサムライ』法政大学出版局。

藤木久志　一九八五『豊臣平和令と戦国社会』東京大学出版会。

――二〇〇五『天下統一と朝鮮侵略』講談社学術文庫。

細谷千博&イアン・ニッシュ監修　二〇〇〇『日英交流史 1600–2000』第一巻、東京大学出版会。

松田毅一　一九九二a『豊臣秀吉と南蛮人』朝文社。

――一九九二b『慶長遣欧使節』朝文社。

――一九九三『南蛮のバテレン』朝文社。

水本邦彦　二〇〇八『全集日本の歴史』第一〇巻「徳川の国家デザイン」小学館。

山本博文　一九九五『鎖国と海禁の時代』校倉書房。

――二〇〇九『天下人の一級史料――秀吉文書の真実』柏書房。

若桑みどり　二〇〇三『クアトロ・ラガッツィ――天正少年使節と世界帝国』集英社。

薩摩における海外文物の受容
――貿易陶磁と媽祖信仰を中心に――

橋口　亘

はじめに

九州島の西南端に位置する「薩摩」は、その海に開かれた地理的な特性を背景に、中・近世を通じて海外から様々なモノや情報が流入した地域である。本稿では、この日本列島南西部に位置する薩摩地域に海外からもたらされた「モノ」や文化に着目して論じていきたい。

第一節・第二節で取り上げるテーマは、ここ二十年余りの間に発掘調査の進展によって、出土事例が飛躍的に増加した「貿易陶磁」の考察である。これまで筆者は、当該地域における貿易陶磁の出土様相について数多く論じてきた。こうした貿易陶磁は中・近世の薩摩に流入した海外産の「モノ」の一つとして、薩摩と海外の交流史を語る重要な材料となっている。筆者自身が取り組んできた調査の成果、そして周辺地域において調査・研究を積み重ねている先学諸氏の貴重な成果を参考にしながら、薩摩における貿易陶磁の歴史的意義を問いかけてみたい。

「モノ」の受容に対して、当地における文化的側面にも注目したい。それは、野間権現社などを中心とした南薩摩の「媽祖《まそ》信仰」である。後述のように、南薩摩の媽祖信仰については多くの先行研究があるが、本稿では薩摩と海外の交流史において異彩を放つ外来神受容の複雑な実態について、近世の地誌類の記述や祈禱札などの諸資料の検討から考察を加えてみたい。

この二つの大きなテーマを解析していくことで、薩摩の歴史的位置付け、さらには近年学術的な取り組みが進められている日本列島と海外の交流史研究を進展させたいと考えている。さらに本稿を通じて、考古学と文献史学、民俗学など学際的な研究の魅力を合わせて紹介していきたい。

一　多様な貿易陶磁の流入

1　中世～近世初頭における貿易陶磁の流入

九州島の西南端に位置する薩摩の遺跡では、中世から近世初頭にかけての貿易陶磁が豊富に出土し、十七世紀前半頃に至るまでの盛んな流入が看取される。本節では、厖大な数にのぼるこれらの貿易陶磁のうち、中・南薩の遺跡における出土稀少例や特徴的な製品を中心にいくつか紹介してみたい。

図版1は、持躰松《もったいまつ》遺跡から出土した青磁碗である（宮下貴浩　一九九八）。この青磁碗は、大宰府分類（山本　二〇〇〇）の初期龍泉《りゅうせん》・同安《どうあん》窯系青磁0類（生産地は浙江省・福建省の両地域とされる）に該当する。同類の出土は、これまで薩摩では稀少であり、持躰松遺跡が所在する万之瀬川下流域の特殊性をうかがわせる。

坊津の一乗院跡（南さつま市坊津町）では、明代（一三六八～一六四四年）の袋物とみられる華南三彩《かなんさんさい》[1]・緑釉陶器が出土している（戸﨑・長野　一九八二）。また、緑釉陶器は持躰松遺跡に隣接する渡畑遺跡での出土例などもあり（小林・日高・上床　二〇一一）、このうち図版2－①は、型で成形された文様に緑釉を施した袋物である。このような各地の遺跡における出土品のほか、南薩摩では、華南三彩の伝世品も知られている。その代表例は、南さつま市加世田の旧家に伝世した華南三彩クンディ（図版2－②、水注《すいちゅう》の一種）と瓜形水注で、この家ではこの華南三彩クンディと瓜形水注が中国起源の航海守護神「媽祖」の祭祀に用いられた（上東　二〇〇四）。

図版3－①は、知覧城跡から出土した中国産褐釉《かつゆう》小壺の破片（上田・若松・坂元 二〇〇六）で、用途を限定できるわけではないが、茶入として使用された可能性が考えられている。福建省福州の洪塘窯（あるいはその近辺の福建諸窯）の製品と考えられており（橋口 二〇一四：㋑）、きめの細かい精製された胎土で、器厚は薄く精巧なつくりである。器内面は露胎、器外面には褐釉が施されており、表面の光沢は鈍く、ややマット感がある。この知覧城では、喫茶に用いられた可能性のある福建省産の天目碗などの出土がみられるほか、タイ産黒褐釉壺が出土しており（上田 一九九四、上田・若松・坂元 二〇〇六）、新田栄治氏によって、葉茶壺として使用されたという学説が提示されている（新田 一九九七、一九九九）。

南さつま市加世田の上ノ城遺跡から出土した、同遺跡発掘調査報告書掲載遺物番号一六一の碗（諏訪・池畑 一九八〇：四一）

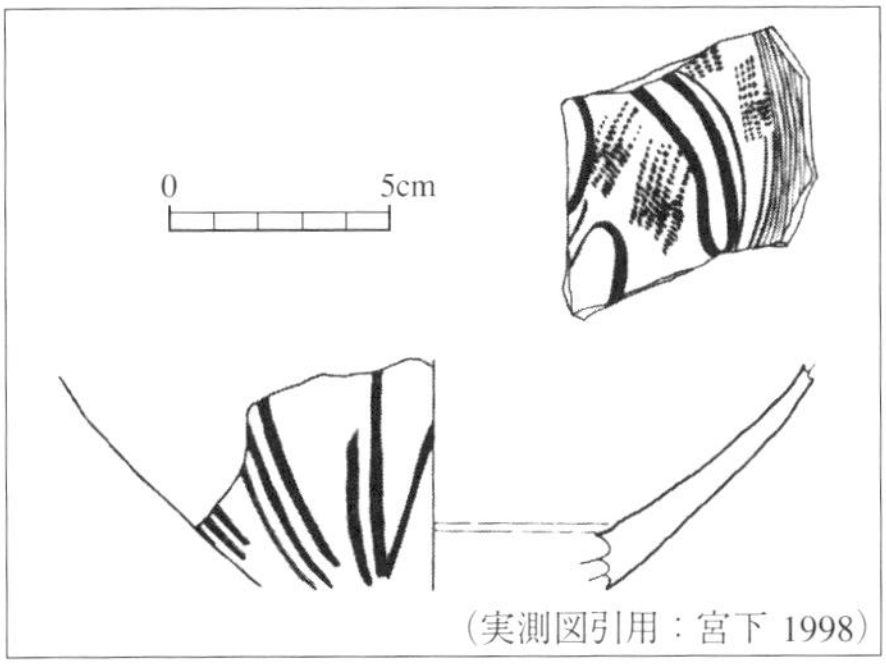

図版1 青磁碗〔持躰松遺跡出土〕（南さつま市歴史交流館金峰保管）

図版2
①（左）緑釉陶器袋物〔渡畑遺跡出土〕（鹿児島県立埋蔵文化財センター保管）
②（右）華南三彩クンディ

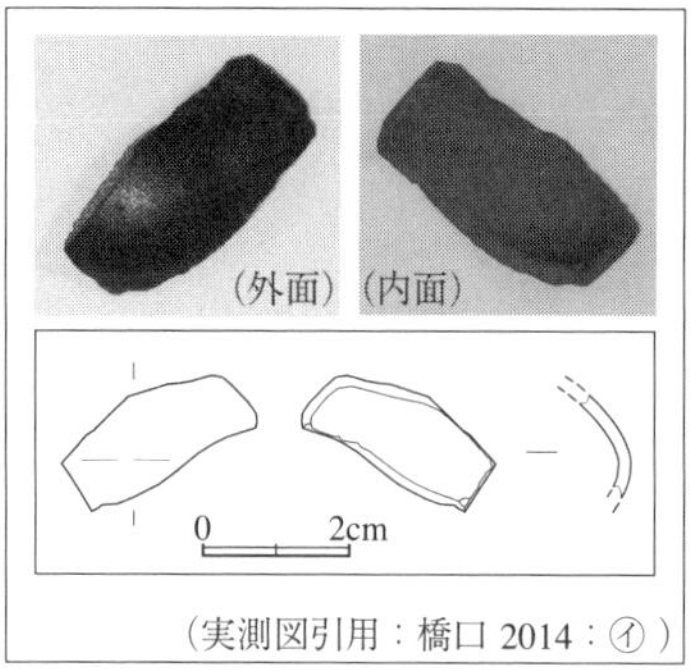

図版３
①（左）褐釉小壺（唐物茶入の可能性）〔知覧城跡出土〕（ミュージアム知覧保管）
②（右）漳州窯系瑠璃地餅花手大皿〔泊浜採集〕（南さつま市坊津歴史資料センター輝津館保管）

は、銅呈色の青釉《せいゆう》（翡翠釉《ひすいゆう》・孔雀《くじゃく》緑釉《りょくゆう》）が施された碗である（橋口　二〇〇八：㋒）。この碗の器外面に施釉された青釉は大きく剥落しているが、畳付から高台内にかけての部分を除いた器の内外面に青釉が施され、高台内は、僅かに青みを帯びた透明釉が施されている。この青釉碗の形状は、小野分類染付碗Ｃ群（小野　一九八二）の形状とほぼ同様であり、年代も同群と共通する十五世紀後期頃から十六世紀中期頃であると考えられる。こうした青釉が施された製品は、しばしば鹿児島県内各地の遺跡で散見されるが、碗形態のものは極めて稀有である。

図版３－②は、南さつま市坊津町の泊浜で採集された、漳州窯系《しょうしゅうようけい》瑠璃《るり》地《じ》餅花手《もちはなで》の大皿（盤）破片である（橋口　二〇〇八：㋔）。現在の中国福建省漳州付近で生産された漳州窯系製品は、鹿児島県内各地の遺跡において数多く出土しているが、そのほとんどが青花《せいか》（白地に青の文様がある陶磁器）であり、こうした漳州窯系餅花手の製品の出土は、鹿児島県内でも稀少である。泊浜採集遺物の漳州窯系青花の中には、このほか袋物や蓋物の破片などもみられ、碗・皿にとどまらない多様な漳州窯系の製品がもたらされていたことがわかる。また、坊津の一乗院跡では、獅子を描いた漳州窯系青花の大皿（盤）も出土している（戸﨑・長野　一九八二：一九、五二一、掲載遺物番号一〇二）。

明代の景徳鎮窯系青花《けいとくちんようけいせいか》は[2]、薩摩各地の遺跡で出土し（中村　一九九八、橋口　二〇〇三）、豊富な流入がうかがわれる。

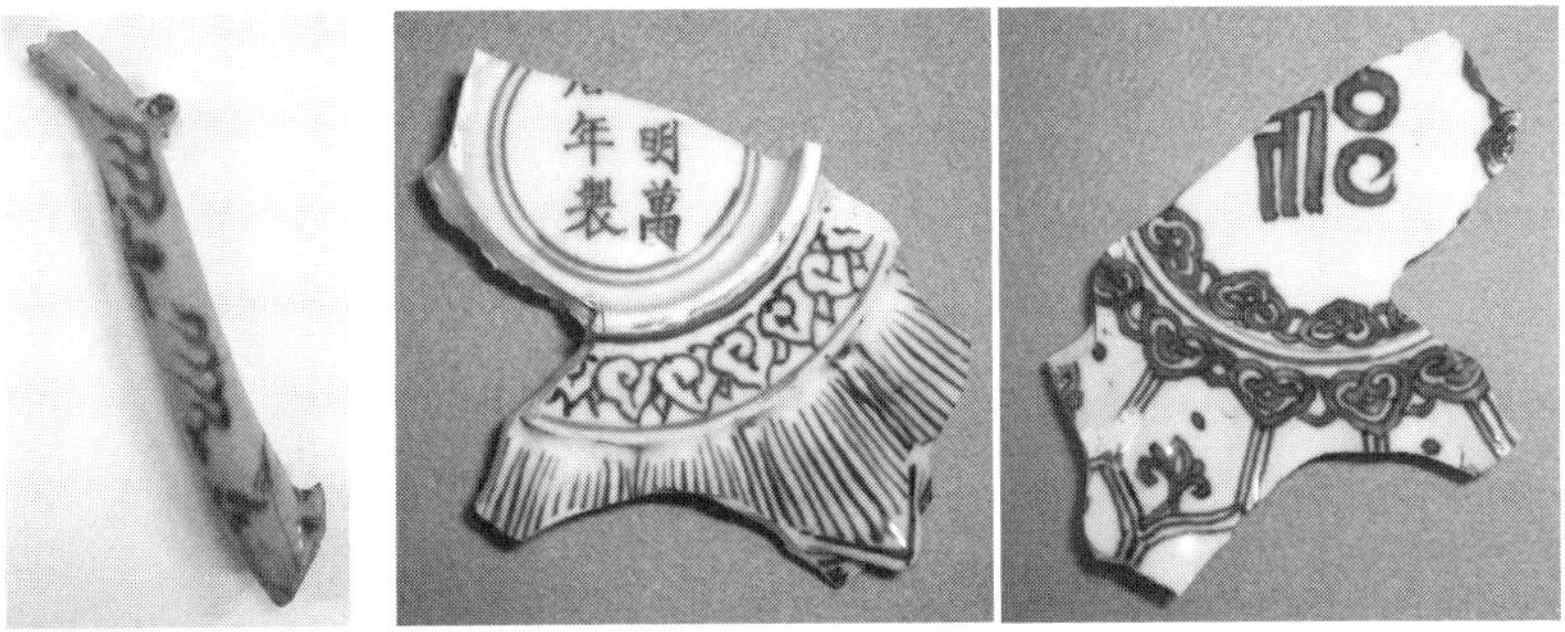

図版４
①（左）景徳鎮窯系青花仙盞瓶〔一乗院跡出土〕（坊津歴史資料センター輝津館保管）
②（中央・右）景徳鎮窯系青花蓮花形盤〔宮之城島津家屋敷跡出土〕（鹿児島県立埋蔵文化財センター保管）

応永十七（一四一〇）年、島津元久上洛時の「進上物注文」（『旧記雑録前編二』（鹿児島県史料）、鹿児島県維新史料編纂所編、鹿児島県、一九八〇年、第八〇〇号）には、「染付鉢」・「壺」・「茶碗皿」の名が見え、唐物の麝香などとともに、当時こうした中国等の海外産の貿易陶磁器が贈答品に利用され、島津氏から中央政界へもたらされていたことが知られる（鹿児島県 一九三九、橋口 二〇〇一、二〇〇四b、関 二〇〇二）。特に「染付鉢」の記載は、十五世紀初頭段階において貿易陶磁の染付（青花磁器）が島津氏から「新御所様」のような中央の要人への贈答品として用いられたことを示す興味深い記録である。薩摩の遺跡での出土様相からみると、十五世紀初頭段階の薩摩では、青磁・白磁に比べ青花は稀少な存在であったと考えられる。

その後、薩摩地域への明代の景徳鎮窯系青花の流入は増加し、十七世紀前期まで豊富に流入したとみられる。図版4-①は、坊津一乗院跡から出土した同窯系青花の仙盞瓶《せんさんびん》の注口部分である（戸﨑・長野 一九八二、橋口 二〇一四：㋐）。真言宗寺院の一乗院においてこのような仙盞瓶がどのような用途で使用されたのか興味深い。『全浙兵制考』附録『日本風土記』巻一「倭好」の記事によれば、当時は菊花を描いた磁器が日本で好まれたという（松浦 二〇〇七a、二〇〇七b）。知覧城跡では菊花の描かれた明代の青花皿が出土している（上田・若松・坂元 二〇〇六：五

七、一五八、掲載遺物番号六三）。

鹿児島市の宮之城島津家屋敷跡からは様々な中国陶磁が出土しているがその中に魚形の皿が存在し（黒川 二〇〇三：四一、掲載遺物番号三六九）、向付などとして使用された可能性がある景徳鎮窯系の製品と考えられている（橋口 二〇〇八：㋕）。日本人が好んだ明代末期の青花には「古染付」と呼ばれる一群があり、こうした魚形の皿のような、古染付の持つ洒脱なデザインは、日本の茶人等に愛され、茶道具などとして珍重された。同遺跡からは、図版４－②のような同窯系の青花蓮花形盤も出土している（橋口 二〇〇三、二〇〇八：㋓、二〇〇九ａ）。蓮花を模した器形で、高台内に二行で記された銘は、上部の二文字を欠いているが、「大明萬暦年製」（「萬」字は羊字頭）と記されていると考えられる。宮之城島津家屋敷跡出土の青花蓮花形盤の文様は、見込中央の文字を囲む如意頭の先端が尖っている点などを除くと、南京博物院所蔵の類品との共通点が多く、特に裏面の文様が酷似している（徐・程・霍 二〇〇三）。

ベトナム鉄絵・青花については、南さつま市坊津町の泊浜採集陶磁器の中に、ベトナム鉄絵と青花が各一点ずつ確認されている（橋口 一九九八、二〇〇四ａ、二〇一一ａ、二〇一一ｂ、森本 二〇〇〇、重久 二〇〇四）。泊浜採集のベトナム鉄絵は見込に鉄絵の花文が描かれた底部破片で、坊津にもたらされた背景には、硫黄輸出などとの関連が指摘されている（橋口 二〇一一ａ、二〇一一ｂ）。一方、泊浜採集のベトナム青花（図版５－①）は、玉壺春《ぎょっこしゅん》の類とみられる袋物の破片で、表面には簡略化された線描きのラマ式蓮弁が描かれており、福岡市美術館の本多コレクションの一つとして『ベトナムの陶磁』に掲載された青花草花文瓶（尾崎 一九九二：四七）や、沖縄の今帰仁城跡出土ベトナム陶磁（金武 一九九一、二〇〇四）の一つである『ベトナムの陶磁』掲載の青花瓶（尾崎 一九九二：一〇三下段）と類似した作品であった可能性が指摘されている（橋口 二〇一一ａ、二〇一一ｂ）。

また、南九州市川辺町の川辺郷地頭仮屋跡で、十五世紀頃の製品とみられるベトナム青花一点が出ている（若松・橋口 二〇一〇）。ここで出土した青花の器形は、ホイアン沖沈没船から発見されたベトナム青花玉壺春型瓶（向井 二

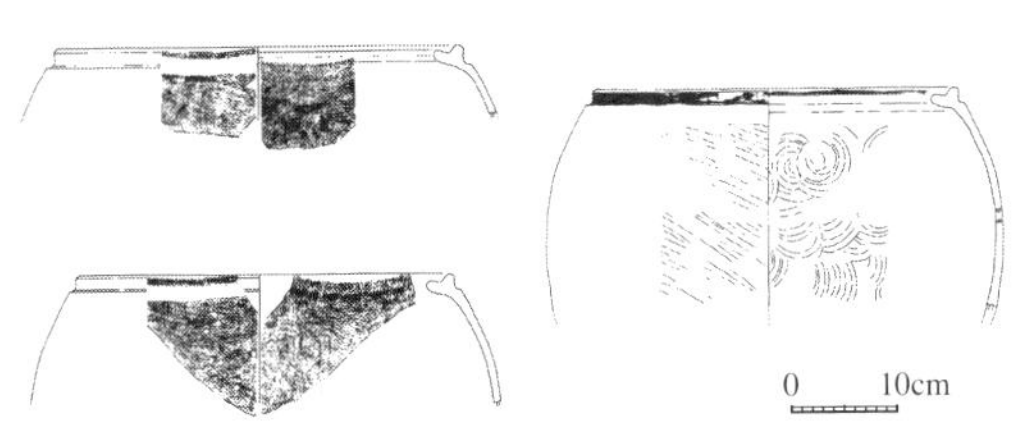

（実測図引用：堂込・中村 1997）

図版５
①（左）ベトナム青花〔泊浜採集〕（南さつま市坊津歴史資料センター輝津館保管）
②（右）中国陶器大甕〔新平田遺跡出土〕（伊佐市教育委員会保管）

○○二、亀井 二○○二）と同様の、玉壺春型の瓶である可能性が高い。

２　海外産の陶器貯蔵運搬具

次に海外産陶器貯蔵運搬具について述べたい。薩摩地域の中世遺跡における、海外産陶器貯蔵運搬具（壺・甕類）の出土例としては、中国・タイ・ベトナムの製品が挙げられ、このうち大部分を占めるのは中国産の壺・甕であるが、前述したような知覧城跡のタイ産黒褐釉壺（上田 一九九四、上田・若松・坂元 二○○六）などのほか、上水流遺跡（南さつま市金峰町）でのベトナム産焼締長胴壺の報告例（上床 二○○八、森村 二○○八、溝口ほか 二○○八）もある。

薩摩地域では、「貿易品のコンテナ」とも言われる海外産陶器貯蔵運搬具が、対外交易と直接的な関わりがあったとは言い難い内陸部の遺跡でも出土しており（橋口 二○○四a、二○○八：㋑）、図版５－②のように伊佐市大口の新平田遺跡（堂込・中村 一九九七）や、南九州市川辺町の馬場田遺跡からも、海外産の陶器貯蔵運搬具（中国産）が出土している（上田 二○○八、二○○九、橋口 二○○八：㋑）。

壺・甕などは、それ自体は商品ではなかったとする見解があるが、「中世Ⅰ・Ⅱ期段階の生活遺跡において貿易陶磁貯蔵具を持つ例を見ると、同時に貿易陶磁食膳具が豊富で、良品の小型青白磁も含む事が多く、貯蔵具の獲得が当時の階層レベルを反映する材料の一つに成り得ると考える」（山本・山村 一九九七）という指摘が示すように、海外産陶器貯蔵運搬具は当時の階層レベルを反映する材料の一つに成り得るほどの側面を持つ品物であることがわかる。また、岩元康成氏は、「同時期の内陸部の遺跡（馬場田遺跡と新平田遺跡）でも中国陶器の出土量には多寡がある。この違いには階層差や流通ルート、もしくは居館の中心部とその周縁部での遺物の出土の違いも考えられる」と述べている（岩元 二〇一二）。外部から持ち込まれた海外産陶器貯蔵運搬具は、「貿易品のコンテナ」という対外物流上の機能を離れ、在地における生活用容器（「生活財」）としての機能評価の中で、海外産陶器貯蔵運搬具そのものが商品として流通し、対外交易と直接的な関わりがあったとは言い難い内陸部で使用されていた可能性が考えられるのではないだろうか。馬場田遺跡から、他の貿易陶磁等と共に出土した海外産陶器貯蔵運搬具についても、「貿易品のコンテナ」という側面だけを捉えて当該遺跡を対外物流上の特殊な機能を持った遺跡として評価する材料とするのではなく、内陸部において直接流通に関わらない「生活財」として使用されたものである可能性を考えて良いのではないだろうか。同様に直接流通に関わらない「生活財」として使用された可能性は、薩摩の他の中世遺跡（沿岸部の遺跡含む）で出土している貯蔵運搬具についても言えることである（橋口 二〇〇八：㋑）。中には、新田栄治氏が指摘するように茶壺として使用されたものもあった可能性があろう（新田 一九九七、一九九九）。

このような内陸部にまで及ぶ海外産陶器貯蔵運搬具の出土は、当該地域におけるこの種の製品の受容の濃さを示す一例である。九州島の南端という対外物流上の要衝に位置するこの地域では、海外産陶器貯蔵運搬具の出土について、生産地からの距離がより遠い地域や国内産競合品の生産地に近い地域等に比し、より顕著な事象として捉えられる可能性がうかがえよう（橋口 二〇〇六）。

3　『異国日記』にみる文物の流入

次に、『異国日記』（京都金地院所蔵資料。異国日記刊行会編『異国日記　金地院崇伝外交文書集成』東京美術、一九八九年）にみる慶長十四（一六〇九）年に薩摩へ来航した明船の積載品目について紹介してみたい。江戸時代初期の幕政に関与し活躍した臨済宗の僧として広く知られている金地院崇伝（一五六九〜一六三三年）が筆録した『異国日記』には、江戸時代初頭の慶長十四年に、薩摩へ来航した三艘の明船（鹿児島と坊津にそれぞれ一艘ずつ着船、もう一艘の着船場所は詳細不明）の積載品目録が収載されている。[3] 近年、薩摩の対外貿易について多くの議論がなされているが、対明貿易時代の薩摩の諸港において、来航した中国船の具体的な積荷が詳細に判明している例は少ない。こうした意味でも当該史料の価値は高い。

坊津へ来航した船は「唐船」と記され、唐船主として「陳振宇」、「陳徳」の名が記される。当該船の積荷には、「緞」（緞子《どんす》）、「綾」（綾子《りんず》）などの織物をはじめ、「胡糸」（湖糸・中国浙江省湖州産の生糸）や「白糖」・「黒糖」・「蜜」などのほか、「川芎《せんきゅう》」・「甘艸」（甘草《かんぞう》）・「甘松《かんしょう》」などの薬種、「碗」・「酒盞」・「扇」といった器物など、合計二十九種類もの品目が挙げられている（史料1）。織物類のうち「緞」（緞子）は、繻子織の一種で、様々な美しい文様が織り出された絹織物であり、当該船の来航時期にもあたっている明の年号「万暦」の名が冠された「万暦緞子」などは著名な名物裂の一つとして知られている。砂糖類では、「白糖」・「黒糖」の名が記されているが、近衛信輔（信尹）の『三藐院記《さんみゃくいんき》』にも、文禄三（一五九四）年に坊津へ配流された信輔のもとに唐人が「氷サタウ」（氷砂糖）を持参したことが記されており（『史料纂集　三藐院記』近衛通隆・名和修・橋本政宣校訂、続群書類従完成会、一九七五年、二四頁）、近世初頭の坊津への砂糖類の流入がうかがえる。薬種のうち、「川芎」はセリ科、「甘艸」（甘草）はマメ科の植物を原料とする薬種で、当時の中国からの輸入薬種の中でも重要な位置を占めていたと考えられている（松浦二〇〇七a）。目録中で「魚皮　さめ」と表記されるものは、いわゆる「鮫皮」と考えられる。鮫皮は、エイやサメなどの板《ばん》鰓類《さいるい》の皮を指し、日本国内でさらに加工され、様々な武具・調度品の装飾などに利用された。

七月初二日到
坊津澳唐船装戴貨物開具
緞　どんす
綾　りんず
青紬　さや
光素
素綾　りんず
絲紬　さやヵ
紬　同
帽料　カフリ物の類ヵ
素紬　さや
藍紬　同
合計六百三疋
天鵞毧　びろうど
胡糸　志らいと
毛毡　もうせん
扣線　いと
水銀　ミづかね
白糖　志ろさたう
黒糖　くろさたう
蜜　ミつ
川芎
山苺蒔
甘艸
甘松
魚皮　さめ
墨　すミ

年坊津来航の唐船の積載品目録（『異国日記』収載）

そして、この目録中に登場する「碗」は、陶磁器であると考えられる。坊津一乗院跡出土資料（戸崎・長野 一九八二、中村 一九九八）や、泊浜採集資料の中には、当該船が来航した十七世紀初頭頃の海外産陶磁器が多数確認されており（碗も多く含まれている）、当該期における坊津への貿易陶磁の豊富な流入がうかがわれる（橋口 二〇一〇：㋑）。

また、この目録中に登場する「土人仔」は、土人形の部類であると考えられ、福建省の漳州などで土人形を「土人仔」と称していたという（趙 二〇〇〇）。明から日本へ「土人仔」が輸出されていたとすれば、今後、日本国内の遺跡における出土遺物に「土人仔」が確認される可能性があろう。このほか「土人仔」の中には、同じ低火度焼成の華南三彩の人形や鳥獣の像などが含まれていた可能性も考えられよう。

同じく『異国日記』に収載されている、慶長十四（一六〇九）年に鹿児島へ着いた薛榮具の船の積載品目録には「尺盤」という記載がある。この「尺盤」とは、直径が尺を数えるような盤（大皿）と考えられる。薩摩各地の遺跡では、前述した一乗院跡出土の獅子文大皿のような、この時期の中国産磁器（青花・色絵など）の大皿がしばしば出土している。薛榮具の船に積載されていた「尺盤」もこうした中国産磁器の大皿であった可能性が考えられよう。後述のように、十七世紀初頭という時期からみて、青磁や白磁などよりも青花磁器を中心としたものであったと考えられる。

碗	ちやわん
酒盞	さかつき
扇	あふき
傘	さしかさ
土人仔	
唐船主	陳振宇
	陳　徳

史料1 慶長14(1609)

右の積載品目録には、このほかに「酒盞」・「花碗」・「碗茸瓶」などの記載もある。これらを中国陶磁と位置付け、十七世紀初頭という当該史料の年代を考慮すると、製品全体（前述の「碗」や「尺盤」も含む）の傾向としても、青磁や白磁などよりも青花磁器を中心としたものであった可能性が高い。

二　近世における貿易陶磁の流入

1　薩摩出土の清朝陶磁・ヨーロッパ産陶器

鹿児島県内の近世遺跡では十七世紀中期以降、国内産陶磁器が出土陶磁器の主体を占めるようになるが、清朝産の陶磁器も散見される。薩摩における清朝陶磁の出土遺跡は、鹿児島城下を中心に外城部（在村部）にまで及んでおり、近年の発掘調査によって、以前に筆者が挙げた出土遺跡数二十一ヶ所から更に増加している。江西省景徳鎮窯系、福建省徳化《とっか》窯系、その他福建・広東省諸窯系の製品等がみられ、その種類は、青花磁器・白磁・色絵磁器・陶器など多岐にわたり、碗・皿・散蓮華《ちりれんげ》（匙）などの食膳具が多い。

図版6－①・②は、鹿児島市の大龍遺跡B地点出土の清朝磁器である（吉永・出口・宮里 二〇〇一、出口 二〇〇一、橋口 二〇〇九a、二〇〇九b）。このうち図版6－②は、福建省産とみられる色絵磁器皿で、赤・青・黄・緑色を使用した仙芝祝寿文が描かれている。この文様が描かれた青花は各地で散見されるが、色絵の出土は大変貴重である。さらに同遺跡からは、印判で文様が施された福建・広東省系の粗製の青花鉢も出土している。

同じく大龍遺跡D地点でも清朝青花磁器皿が出土しており（藤野・出口 二〇〇六、出口 二〇〇六）、浦添市美術館

図版6
①（上）清朝磁器各種〔大龍遺跡B地点出土〕
②（左下）清朝色絵皿〔大龍遺跡B地点出土〕
③（右下）清朝色絵碗〔名山遺跡出土〕
（①②③ともに鹿児島市教育委員会保管）

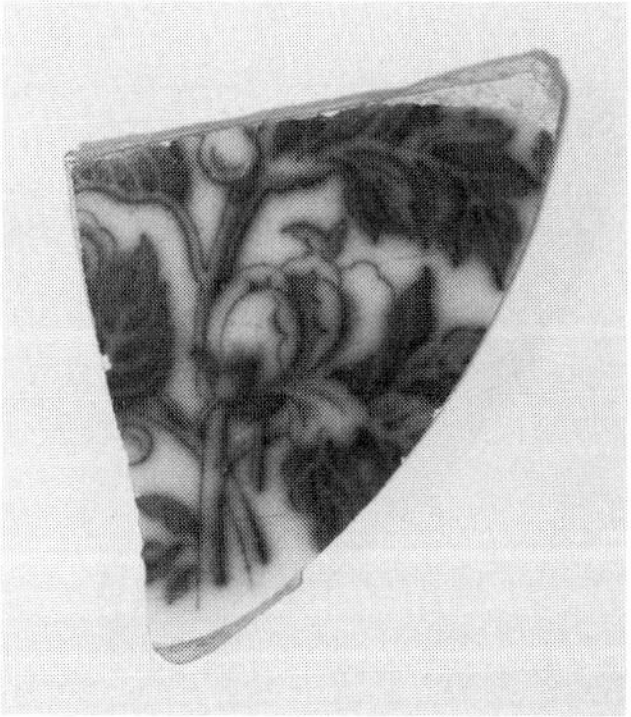

図版7 オランダ製硬質陶器皿〔別府城跡〕（南さつま市加世田郷土資料館保管）

蔵の「朱漆《しゅうるし》蝙蝠《こうもり》瑞雲《ずいうん》箔絵《はくえ》東道盆《とぅんだーぶん》」の中に納められている磁器皿（浦添市美術館 一九九五）と同類の青花磁器皿で、丸形東道盆の中に納められていた皿の一枚であった可能性が考えられる資料も確認されている（橋口 二〇〇九b）。

鹿児島市の琉球館跡からは、江蘇省の宜興窯《ぎこうよう》の陶器碗とみられる資料も出土している（田中・出口 二〇〇三、橋口 二〇〇九b）。図版6－③は、鹿児島市の名山遺跡から出土した清朝産の磁器碗（佐々木・出口・宮里 二〇〇二）で、色や絵替わりのセットとなる場合などでは「十錦手」とも呼称される類の粉彩の碗である（橋口 二〇〇九a、二〇〇九b）。後述のように、こうした「十錦手」の名は、薩琉関係の史料上にもしばしば登場する。

図版7は、南さつま市の別府城跡で発見された十九世紀中葉頃のオランダ製硬質陶器皿である（上東・福永・橋口

二〇〇〇）。オランダのマーストリヒトに所在するペトゥルス・レグゥー窯製の、コバルトを用いたプリントウェアで、パターン名は「VENICE」である。こうしたヨーロッパ産のプリントウェアは鹿児島市内の城下町遺跡でも出土しており、鹿児島市の浜町遺跡ではペトゥルス・レグゥー窯製のプリントウェアの皿（パターン名は「WILLOW」）が出土している（青﨑 二〇〇〇）。また、鹿児島市の宮之城島津家屋敷跡ではイギリスのドーソン窯製のプリントウェア皿（パターン名は「THE SURPRISE」）が出土している（大久保 二〇〇〇、黒川 二〇〇三）。十九世紀中頃に輸入されたと考えられるこれらのヨーロッパ産のプリントウェアは、薩摩地域では出土例も少なく、稀少な存在であったとみられている（橋口・上東 二〇〇二）。このように、近世薩摩に流入した貿易陶磁は清朝陶磁だけではない。幕末期におけるこうしたヨーロッパ産陶器の流入は、それまでのアジアとの交流に加え、当該地域と西欧世界の本格的な接触の開始、近代の到来を物語るものといえるだろう。

2　琉球貿易と清朝陶磁

日本国内の近世遺跡では、清朝陶磁の出土が十八世紀末頃以降に増加する傾向が指摘されており（鈴木 一九九九、堀内 二〇〇二）、鹿児島県内でも同様の傾向が認められるが、それ以前の清朝陶磁も散見される。このような薩摩における清朝陶磁の出土様相は、沖縄での清朝陶磁の出土様相（大浜・関口 一九七八、大橋 一九九五、新垣 二〇〇三、二〇一〇）の延長上にあると考えられ、「琉球口貿易」を背景とした薩摩藩の対外関係上の特殊性を象徴する事象の一つとして評価できよう。

琉球貿易を通じ、近世の薩摩藩内地域には様々な唐物の流通がみられた。『日本庶民生活史料集成』第二巻（宮本常一・谷川健一・原口虎雄編、三一書房、一九六九年）に所収されている、天明三（一七八三）年に薩摩を訪れた古川古松軒が記した『西遊雑記』の坊津の記述部分には、「蠻物唐物琉球より薩州へ渡る事にや、鹿児しま此地におゐても見かけし諸品ありき」とあり、琉球渡来の「蠻物唐物」の諸品を鹿児島や坊津で目にしたことがわかる（橋口 二〇〇九a、二〇〇九b）。また、寛政四（一七九二）年の佐藤成祐『薩州産物録』に薩摩の産物として記された焼物「南京」を中国産磁器とする指摘（渡辺芳郎 二〇〇六）もある。

『清代中琉関係檔案選編』等の史料によれば、十九世紀の琉球には、「細磁器」・「粗磁器」・「徳化磁」等の陶磁器が、清国から多量に輸入されていたことが知られ（周 一九三二、鹿児島県 一九四〇、上原 一九八一、大石・原田・張 一九八五、真栄平 二〇〇三）、こうした史料上の流入を考古学的に裏付ける沖縄での清朝磁器の出土様相や、薩摩における状況から、琉球輸入唐物の一つとして清朝磁器が薩摩へ流入したことが指摘できる（橋口 一九九九）。また、薩摩が琉球に対して行った中国陶磁の注文、寛永期（一六二四〜四四年）における宋代の古陶磁を含む中国陶磁の発注（鹿児島県 一九四〇、上原 一九八一、真栄平 二〇〇一）や、『琉球王国評定所文書』第一巻（琉球王国評定所文書編集委員会編、浦添市教育委員会、一九八八年）所収の道光二十四（一八四四）年『卯秋走接貢船帰帆改日記』・『進貢船仕出日記』にみられる、天保期（一八三〇〜四四年）における島津斉宣墓所献納用の花入・香炉の発注（渡辺美季 二〇〇八）などからも、「琉球→薩摩」ルートによる中国陶磁の流入が窺える。

こうした一方で、上田耕は、南九州市知覧の南別府城跡から出土した清朝産の染付鉢について、中国や琉球との「密貿易」や「漂着船」によってもたらされたものである可能性を述べている（上田 一九九三）。詳細な解明は今後の課題であるが、薩摩にもたらされた多数の清朝磁器の中には、非合法手段によって薩摩に持ち込まれたものも存在する可能性があろう。また、渡辺芳郎氏は、南西諸島における陶磁器流通について述べた中で、清朝磁器の流通についても言及している（渡辺芳郎 二〇一三）。

このほか、清朝産とみられる陶磁器の輸入に関する史料を挙げると、先にも触れた『琉球王国評定所文書』第一巻所収の道光二十四（一八四四）年『卯秋走接貢船帰帆改日記』には、琉球の渡唐役人が薩摩藩の琉球在番所から発注を受けた品物の一つとして、「郁君様御用」の「十錦手盃茶碗」の名が見える。但し書きに「差渡弐寸位」とあり、口径六センチほどの十錦手の色絵小碗を発注したものとみられる（橋口 二〇〇九a、二〇〇九b）。こうした十錦手の碗は、『琉球王国評定所文書』第一〇巻（琉球王国評定所文書編集委員会編、浦添市教育委員会、一九九四年）所収の咸豊六（一八五六）年『従大和下状』等から、薩摩役人への贈答品としても用いられたことがわかる（橋口 二〇〇九a、二〇〇九b）。

3　薩摩経由による国内他地域への清朝陶磁の流入

薩摩にもたらされた唐物については、島津家『列朝制度』巻之一〇等にみられる唐物御取締の諸令により、藩外への持ち出しが規制されていたことが知られる（鹿児島県 一九四〇）。『日本庶民生活史料集成』第二巻に所収されている、野田成亮『日本九峰修行日記』の文化九（一八一二）年九月十六日の条には、高鍋領から薩摩領へ入る際「琉球、唐物買取る間敷證文一通印形して出す」とあり、他地域からの旅行者に対する薩藩領内における唐物購入の規制の様子がうかがえる（橋口 二〇〇九a、二〇〇九b）。

こうした一方で、琉球が輸入していた前述の陶磁器は、幕府の売捌免許品外の唐物であり（鹿児島県 一九四〇、上原 一九八一）、「琉球の輸入した唐物中には、幕府の売捌免許品以外の品目も多く見える。此等は悉く琉球及び薩藩領内で消費されたか否か断定し難いが、天保以後の数量増加は他領売捌を目的として行われたとも想像される」（鹿児島県 一九四〇）とされ、これらの日本国内での販売市場として越後等が挙げられている（上原 一九八一、徳永 一九九四、二〇〇五）。嘉永五〜六（一八五二〜五三）年に富山の「薩摩組」商人が薩摩から購入した物品中に、唐物陶磁器が含まれているという指摘（深井 一九九九、二〇〇九）もある。さらに、享和三（一八〇三）年に、大坂の薩摩定問屋と同小間屋が大坂奉行所へ提出した文書には、両問屋が宝暦九（一七五九）年に薩摩藩大坂蔵屋敷から入札によって得ていた「薩州産物」四十品目が記され、その品目中に「琉球物」とみられる品物とともに焼物類も挙げられており（荒武 二〇〇六）、これを薩摩焼と考えるほか、この焼物類の中に唐物の茶道具などが入っている可能性も完全には否定できないとする指摘がある（watanabeyoshiro 二〇〇六）。

また、『初代新潟奉行川村修就文書　五』（『新潟市郷土資料館調査年報第六集』、新潟市郷土資料館、一九八二年）に所収されている、天保六（一八三五）年に長岡藩内で遭難した薩州船による抜荷品売買について記した川村修就の『北越秘説』には、新潟市中に出回った唐物類の一つとして「唐瀬戸物類」の名が挙げられており、日本国内に流通した清朝陶磁には、長崎口流入のほかに、「琉球→薩摩→国内他地域」ルートによってもたらされた製品も存在したのではないかと考えられている（橋口 一九九九）。松浦静山の『保辰琉聘録』三（『甲子夜話続篇』第八巻、中村幸彦・中野三敏校訂、平凡社（東洋文庫）、一九八一年所収）には、風聞として「先頃朝鼎が話には、中華産は、多く薩船にて越後の新潟其外へも廻し、夫より専ら奥地へ送り、或は江都へも内々は売出すか。然るゆゑ都下にても中産存外に下價なる有り」と記されており（上原 一九八一、徳永 一九九四）、清朝陶磁もこうしたルートで江戸に流通した可能性がある（橋口 二〇〇九b）。このほか、真栄平房昭氏は、近衛家陽明文庫伝来の清代の「白磁《はくじ》無地《むじ》金彩《きんさい》馬上杯《ばじょうはい》金珐瑯《きんほうろう》」について、北京→琉球→薩摩→京都のルートでもたらされた可能性を指摘している（真栄平 二〇一二）。渡辺美季氏や尾野善裕氏は、こうした近世琉球を経由したルートによる中国官窯製品の日本への流入について考察を行っている（渡辺美季 二〇〇八、尾野 二〇一三）。

日本国内への清朝陶磁の流入ルートについては、「長崎を経由した景徳鎮窯系の製品を中心としたものと沖縄を経由した中国南部の製品を中心とした二つのルート」の存在が想定され、「江戸をはじめ本州の各消費遺跡からは景徳鎮窯系の製品が多くみられ、日本のほとんどの地域は長崎ルートが主たる経路であると言えるだろう」との指摘（堀内 一九九九）がある。しかし、その一方で、沖縄や鹿児島でも本州と共通する出土資料が少なからず存在する点や、前述したような薩摩から日本国内他地域への清朝陶磁の流入をうかがわせる史料の存在は、「琉球→薩摩→国内他地域」という、琉球から薩摩を経由し日本国内他地域に到るルートによる清朝陶磁の流入が、本州等の清朝陶磁の流通にも深く関わる問題であることを示している（橋口 二〇〇九a、二〇〇九b）。

三　南薩摩における媽祖信仰と娘媽権現（媽祖）祈禱札

南薩摩地域における媽祖信仰については多くの先行研究（宇宿 一九三六、国分 一九七六、李 一九七九、鶴添 一九八二、石川 一九九〇、門野 一九九〇、宮下満郎 一九九一：㋐㋑㋒、一九九九、下野 一九九三、一九九四、錦織 一九九八、森田 二〇〇〇など）があり、近年では特に藤田明良氏の詳細な調査によって研究が大きく進展し注目を集めている（藤田 二〇〇四、二〇〇五、二〇〇六、二〇〇八、二〇一〇、二〇一三）。本節ではこれらの先行研究や、これまで筆者らが行ってきた調査研究（橋口 二〇〇四a、二〇〇七、二〇一〇：㋐、上東・橋口 二〇一〇）をふまえ、南薩摩における媽祖信仰、外来神の受容の実態について考察を加えてみたい。

1　南薩摩における媽祖信仰の多様性

現在、日本における媽祖信仰の研究対象として中核を成す資料は、木製の古媽祖像である。南薩摩でも木製の古媽祖像が数体確認されているが、そのほかに娘媽（のま／ろうま／ろうめ）権現（媽祖）の祈禱札や媽祖画像の存在などが特筆される。当該地域における媽祖信仰の「複雑さ」を象徴するモノは、木製の古媽祖像にとどまらない、こうした多様な資料であるとも言える。

図版8－①は、南薩摩の媽祖関連地図である。野間半島を中心とした南薩摩の沿岸部における媽祖像や祈禱札等の分布が見て取れ、野間半島を軸に左右に展開する薩摩半島西南端地域には、海上交通における山岳信仰と媽祖信仰が

結び付いた野間岳（南さつま市笠沙町）信仰を核とする媽祖信仰文化圏（媽祖像・娘媽権現祈禱札分布圏）の形成がみられる（橋口 二〇〇四ａ）。

木製の古媽祖像については、詳細な先行研究もあり、本稿では詳述しないが、近年になって複数の研究者によって様々な言及がなされている坊津町現存の媽祖像二体に関する情報をここで幾つか記しておきたい。まず、鶴添泰蔵氏

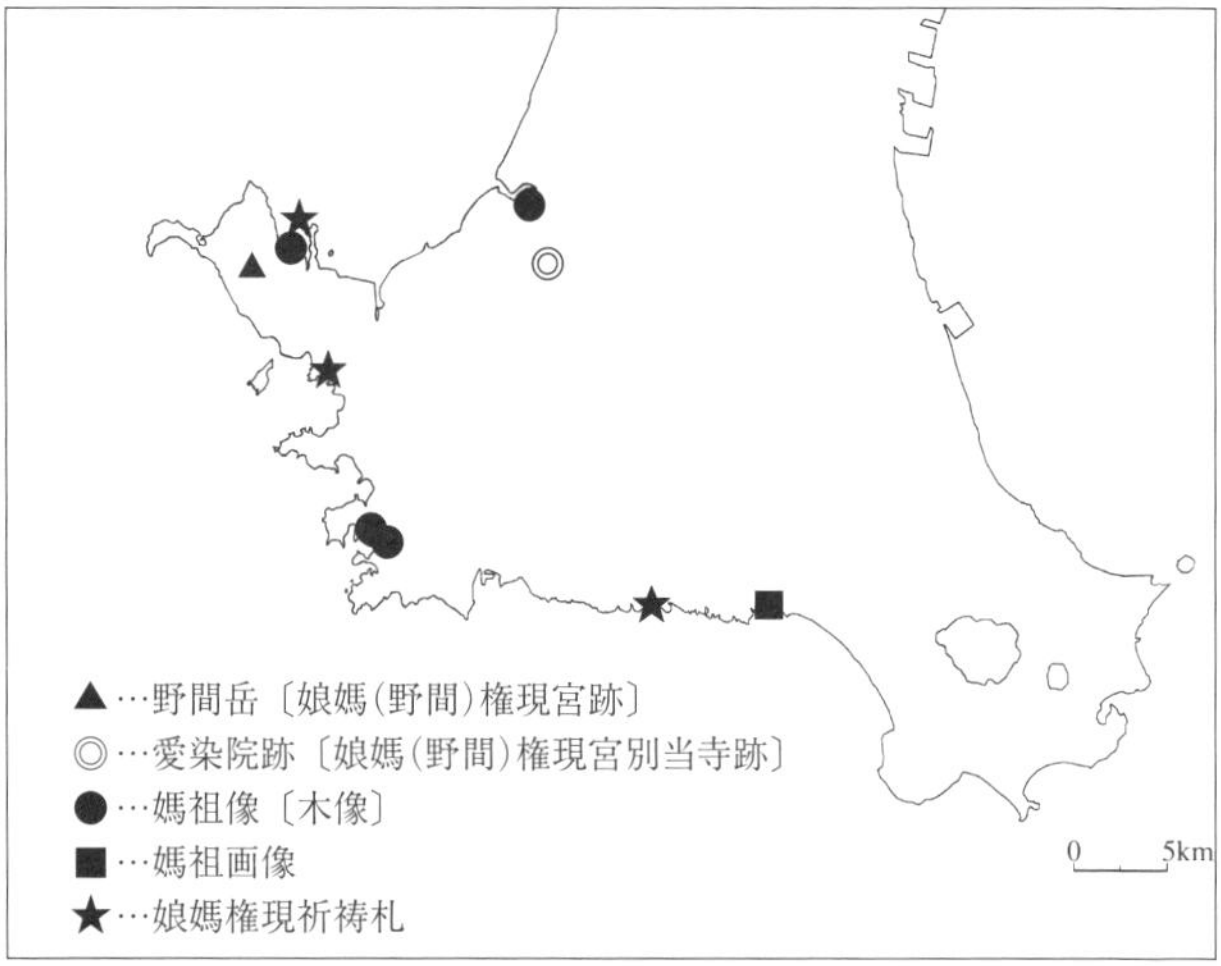

図版８
①（上）南薩摩媽祖信仰関連地図（本稿関連分）（宇宿 1936，鶴添 1982，門野 1990，下野 1994，藤田 2004，橋口 2007 などをもとに作成）
②（下）南さつま市坊津町泊の有馬家伝世の媽祖像（南さつま市坊津歴史資料センター輝津館保管）

の論文（鶴添 一九八二）などで紹介されている坊津町泊の早水家の神像について、この神像の所有者である男性から聞き取り調査を行ったので、その結果を示したい。[4] 所有者によれば、この神像は、同氏が以前住んでいた、早水家の敷地に昭和四十年代まで建っていた旧家屋に安置されていたもので、この神像が車岳（後述する「車岳の権現」が所在する山）に祀られていたという話は聞いたことが無いという。また、所有者によれば、この神像は、もともと「ウッガンサア」と呼んでいたもので、この神像が「権現」と呼ばれていたという話は聞いたことが無く、この神像が娘媽（媽祖）であるという話は、昭和の後期以降、歴史関係の調査の対象になってから聞くようになったとのことである。さらに、所有者によれば、この神像については旧暦の十一月二十三日に祭礼を行っていたとのことであり、「車岳の権現」や「貴船社」も同じく旧暦の十一月二十三日に行っていたという。次に、こちらも鶴添氏が紹介されている坊津町泊の有馬家の像（図版8-②）について、この像の所有者である男性から聞き取り調査を行ったので、その結果を示してみたい。[5] 所有者によれば、所有者本人は父母や祖父母からこの像の名や由来を聞いた記憶は無いという。また、所有者によれば、この家の先祖が薩摩藩の上乗りであったという話も聞いたことが無く、所有者が覚えている限りでは、昔この家は伝馬船のような小型の船を所有していたという。

一方、媽祖の画像については、南九州市頴娃《えい》の資料館収蔵（頴娃石垣の浜田家旧蔵）の掛軸一幅（鶴添 一九八二、錦織 一九九八）が知られている。当該資料が伝わった石垣は薩摩半島南岸の港湾である。

南薩摩の娘媽権現祈禱札については、古くは宇宿捷氏や国分直一氏が、片浦の林家に伝来した鎮符札（札の中央に「奉修娘媽山大権現供願供順風相送祈所」と記されたもの）を紹介している（宇宿 一九三六、国分 一九七六）。この片浦林家の媽祖信仰については、文化九（一八一二）年成立の白尾国柱著『倭文麻環』（山本盛秀編（復刻版）、青史社、一九七四年）にも、「やつこむかし加世田片浦に勤戍にまかり候ひし時其浦人に林某と名乗りて漁夫の網頭をなすもの二戸あり自ら明人の子孫と称し且琅瑪の天妃を守り来りし事を云い伝えぬ」と記載がある。薩摩藩内において広く読まれた『倭文麻環』にも登場する話として、林家の媽祖信仰は藩内でも有名だったことであろう。現存する娘媽権現祈禱札については、ミュージアム知覧所蔵（知覧塩屋の松下家旧蔵）の一枚があり（門野　一九九〇、森田　二〇〇〇）、後述するように秋目浦の宮内家に伝世した二枚が確認できている。

2　野間権現と媽祖の変容

野間岳の野間権現と娘媽（媽祖）が、いつの時期から関連付けられるようになったのかについては、史料上は不明瞭な点が多い。野間権現の西宮に島津忠良（一四九二～一五六八年）が娘媽神を祀ったという伝承があるが、錦織亮介氏は、「島津忠良が西宮に媽祖神を合祀したとするのは時代的に少し早すぎるように思われる」と述べている（錦織　一九九九）。森田清美氏は、薩摩へ媽祖信仰が伝わった時期について、野間権現の西宮に島津忠良が娘媽神を祀ったという伝承を疑問視し、「江戸時代初期から鎖国（寛永十六（一六三九）年）の時期と考えてよい」と推定しており、また森田氏は「『加世田再撰帳』には、愛染院本堂の上面にあった額銘『野間権現』に元和元年（一六一五）に唐人建立と書かれていたとある」と述べ、このころ中国人が野間権現か愛染院（野間権現別当寺、南さつま市加世田川畑旧在）を訪れていたとする（森田　二〇〇〇）。

近世史料では、宝永三（一七〇六）年の深見玄岱撰「大日本鎮西薩摩州娘媽山碑記」などの存在が知られるが、古くは、『加世田名勝史』（南さつま市加世田郷土資料館蔵）に、野間権現別当寺であった愛染院本堂正面の額について「元和三年稚月／野間観現／唐人吉日建」との記載がみえ（「観」は「権」の誤字と考えられる）、すでに十七世紀初頭頃までには、野間権現が唐人からの信仰を得ていたことがうかがわれる。

では、「野間」権現を「娘媽」権現と表記する例は、いつの時期からみられるのか。先述した『加世田名勝史』に記載される愛染院蔵「唐金灯炉」の延宝二（一六七四）年の銘には「娘媽権現神前江」との表記がみえ、遅くともこの時期（一六七〇年代）までには「娘媽権現」の表記が生まれていたことがうかがわれる。そして、遅くともこの時期までに、野間権現と娘媽（媽祖）、つまり野間岳信仰と媽祖信仰が結び付いていたことがわかる。「野間権現」という表記とともに用いられた「娘媽権現」という表記は、野間権現と娘媽（媽祖）が結び付いた状況を反映していると考えられるとともに、両者の関係を直接的にイメージさせ、強く印象付けるものであり、特に唐人など媽祖を信仰する人々の間での野間権現への信仰を助長した側面もあるだろう。後述の祈禱札に「娘媽」の表記がなされるのも、こうした事情が背景にあると考えられる。

注目されるのは、近世加世田郷の地誌や『三国名勝図会』の、野間権現宮・愛染院関連部分に「娘媽権現」・「娘媽神」・「娘媽神女」などの語は登場するが、「娘媽菩薩」という語は一切登場しない点である。神社である野間権現西宮に安置された娘媽像が「権現」や「神」と表記されるのは妥当なところであろう。一方、野間権現宮の本地堂や愛染院に安置された媽祖像は「娘媽菩薩」と表記されて良いはずであるが、野間権現宮の本地堂や愛染院の媽祖像も「娘媽菩薩」ではなく「娘媽権現」・「娘媽神」・「娘媽神女」などと表記されている。こうした地誌の表記は、林家媽祖像の底部に記された「菩薩」の墨書（宇宿 一九三六）や、南薩摩などの個人宅で伝世された木製媽祖像が「ボサ」・「ボサッ」（「菩薩」の意と考えられている）と呼称されていたという話（国分 一九七六、鶴添 一九八二、下野 一九九四、錦織 一九九八、森田 二〇〇〇、藤田 二〇〇四、二〇〇五、二〇〇六、二〇一〇）と対照的である。

森田清美氏は、媽祖と日本の神々の習合、南九州における媽祖の内神化、媽祖と修験の関係などについて考察する中で、もともと中国においても媽祖と観音信仰が結びついていたという先行研究を紹介したうえで、「仏教式に呼称した方が、観音信仰とも結びつけることが出来て、媽祖信仰を布教していくには薩摩の修験僧には都合がよかったことは確かである」と述べ、「外来神である媽祖を日本の神々と習合させたり、内神化していった担い手は、薩摩の修験者の指導によるもの」と推察し、野間権現別当寺の愛染院を「修験寺」として、「愛染院は媽祖を日本の神々と習合させ民間信仰化あるいは民俗宗教化していくのに大きな力を貸したことが推察できる」と述べている（森田 二〇〇〇）。

前述した顓娃の資料館収蔵の媽祖画像は、日本で制作された画像とされ、意匠の日本化が指摘されている（藤田 二〇〇四）。こうした和様化は、片浦の宮原家文書（池畑 二〇〇五）に含まれる「千里眼・順風耳画像」（久留米大学附属図書館所蔵）においても指摘されており、「千里眼は口を開いた「阿」形、順風耳は口を閉じた「吽」形となっており、日本で阿・吽形の諸像の影響を受けたとみられる和様化が看取される」と述べられている（上東・橋口 二〇一〇）。この千里眼が「阿」形、順風耳が「吽」形となっている点については、日本において仏教の影響を色濃く受けるようになった結果ともみることができよう。

『輪翁画譚』（『日本書画苑』第二、国書刊行会、一九一五年）の「天后」の項には、「天妃を来船人船菩薩といふ、或る説に、薩摩の野間権現は此神を祀ると云うこと学山録に見えたり」としたうえで、「天妃の画像、心越の伝本水戸祇園寺にあり」と、水戸祇園寺における天妃画像の存在を記し、さらに「然るに清の康熙二十二年天后と加封せられしより、その像も全く清朝皇居の服色に改めゐがけり、此ことは去年新船の天后聖跡図に見えたり、其書首に像を載せ、次に伝二篇を書し、次に窺井得符より日飛昇にいたるまで、聖跡十四段の図説を記し、巻末に福建泉郡修文堂書房刻と題せり」と記している。顓娃に残る日本製の媽祖画像と異なり、江戸時代後期の日本に福建泉郡修文堂書房の天后聖跡図のような、中国製の媽祖画像が流入していたことを示唆するものである。清の康熙の頃、媽祖が天后に封じられたことによって「その像も全く清朝皇居の服色に改めゐがけり」と記され、清代における媽祖像の変容が、当時の日本においても認識されていたことをうかがわせており興味深い。前述したような和様化の動きと並行して、信仰の中心地である中国から新たに発信される情報の波及が複雑に絡んで、日本における媽祖のイメージの多様性を特徴付けていると考えられる。

3　宮内家の娘媽権現祈禱札等

鹿児島県南さつま市坊津町秋目の宮内家には、野間岳の娘媽権現（媽祖）等を信仰対象として、順風・安穏な航海を祈願したとみられる、木製の祈禱札（図版9・10）（資料A〜C）が伝世した。

資料A・Bの札は、墨書の内容から見て、野間神社が娘媽（野間）権現宮等の名で呼ばれていた時代のもの、つまり神仏分離等を経て「権現」の名が除かれる前のものと考えられる。資料A・Bが、権現を称していた神仏習合の時代のものであることは、両方の札に梵字が記されている点からも見て取れる。

娘媽（野間）権現宮の別当寺であった愛染院には、本尊として阿弥陀如来・薬師如来・千手観音が祀られていたことなどから、資料A・Bの表面に記される梵字「キリーク」・「バイ」・「キリーク」の種子は、それぞれ愛染院本尊の阿弥陀如来・薬師如来・千手観音（熊野本地仏）を表し、資料A・Bの裏面に記される梵字「ウーン」の種子は、愛染明王を表すと考えられる。媽祖信仰には、修験との関係（森田 二〇〇〇）や、熊野信仰との関係が指摘されており（藤田 二〇〇六、二〇〇八、二〇一〇）、この娘媽権現の祈禱札にも、熊野信仰などとの関係が色濃くうかがわれる。

『笠沙町郷土誌』上巻によれば、野間権現の祭礼に使用された御神木が、祭礼後に愛染院（野間権現宮の別当寺）へ移され、海上安全祈願の御祈禱札などに使用されたという（宮下満郎 一九九一：㋐）。先述した、文政七（一八二四）年成立の加世田郷の地誌『加世田名勝史』には、「野間山杉木場」から切り出して野間権現宮の祭礼に用いた御神木（杉）を「唐船ナト海上安全之御祈禱札ニ相用候」とあり、宮内家伝世の祈禱札も同様に製作されたものと考えられる。また、『三国名勝図会』巻之二七「愛染院」の項には「毎歳唐客長崎に於て、娘媽神社に香火銀を致す、愛染院住僧長崎に往て是を受け、且住僧娘媽神に海上安全を祈禱せる鎮符札を贈る、住僧若事故ありて往ことを得ざる時は、人をして代り往しむるとかや」とあり（宇宿 一九三六）、資料A・Bのような祈禱札には、愛染院住僧によって長崎

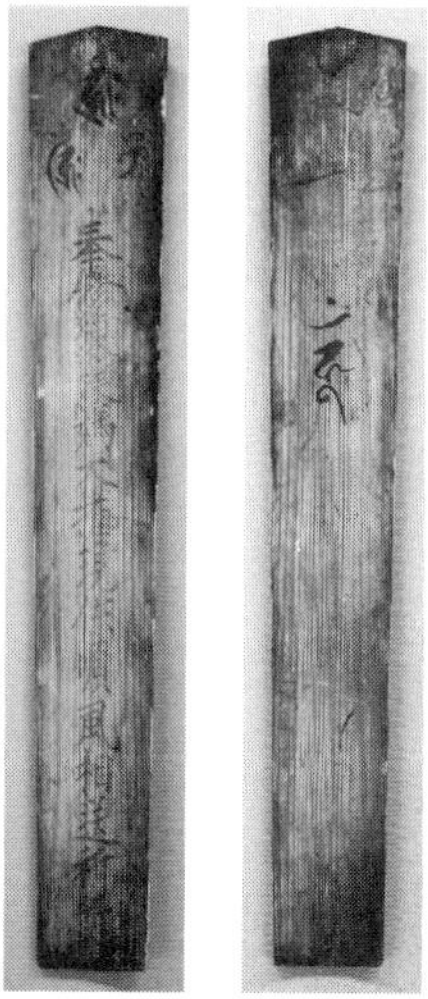

（表）　（裏）

資料A

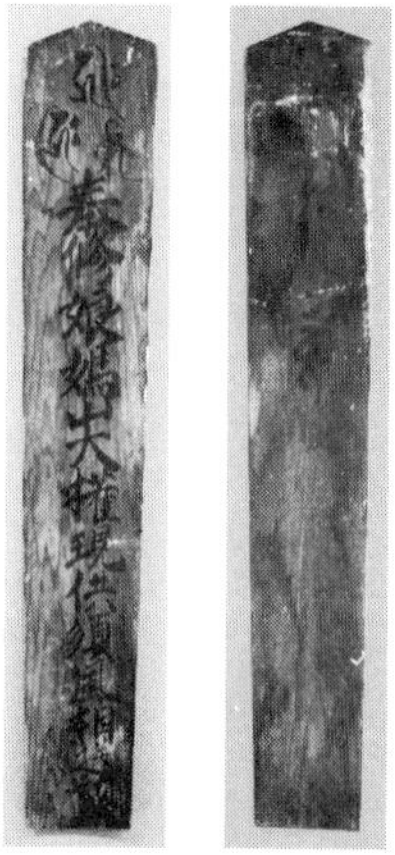

（表）　（裏）

資料B

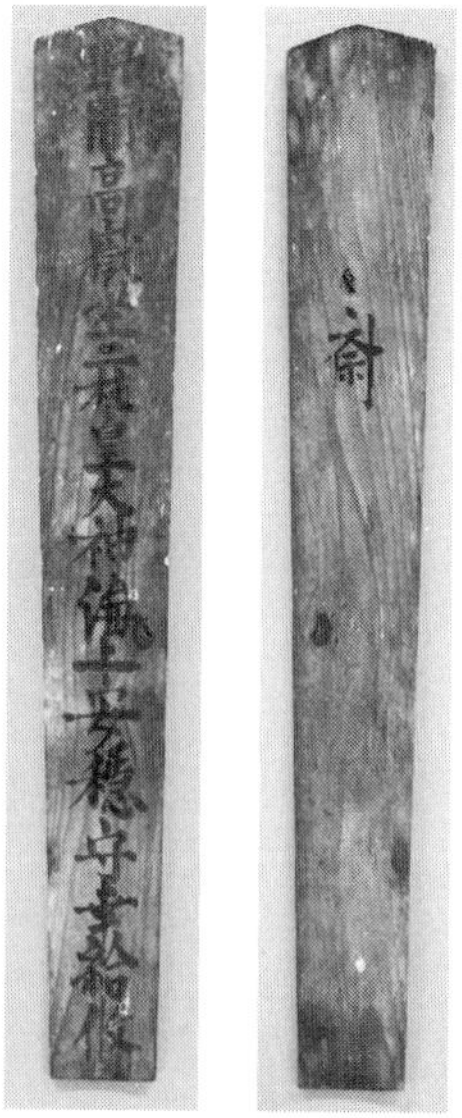

（表）　（裏）

資料C

資料A

寸法は，縦約 43.9 cm，横約 8.8 cm，厚さ約 0.6 cm．表面上部に墨書で梵字「キリーク」・「バイ」・「キリーク」が記され，その下に同じく墨書で「奉修練娘媽大権現供順風相送祈所」の文字が記される．裏面には，墨書で梵字「ウーン」が記される．

資料B

寸法は，縦約 37.1 cm，横約 8.5 cm，厚さ約 0.6 cm．表面上部に墨書で梵字「キリーク」・「バイ」・「キリーク」が記され，その下に同じく墨書で「奉修娘媽山大権現供須風相送祈所」の文字が記される．裏面には，墨書で梵字「ウーン」が記される．表面墨書の「須」の字は「順」の誤字と考えられる．

資料C

寸法は，縦約 50.8 cm，横約 9.95 cm，厚さ約 0.75 cm．表面に墨書で「野間高嶽坐二柱皇大神海上安穏守幸給攸」の文字が記される．裏面には，墨書で「斎」の字が記される．

図版9　秋目浦宮内家に伝世した娘媽権現祈禱札等

の唐人に贈られたものもあったことが知られている。

前述のように、「娘媽」権現と「野間」権現という二種類の表記については、近世史料では両方の文字が使用されるが、資料A・Bの札にはいずれも「娘媽」の文字が使用されている。「野間」の文字ではなく、媽祖を示す「娘媽」の文字を用いることによって、この祈禱札から媽祖をイメージさせる視覚的な効果が期待される。この「娘媽」の文

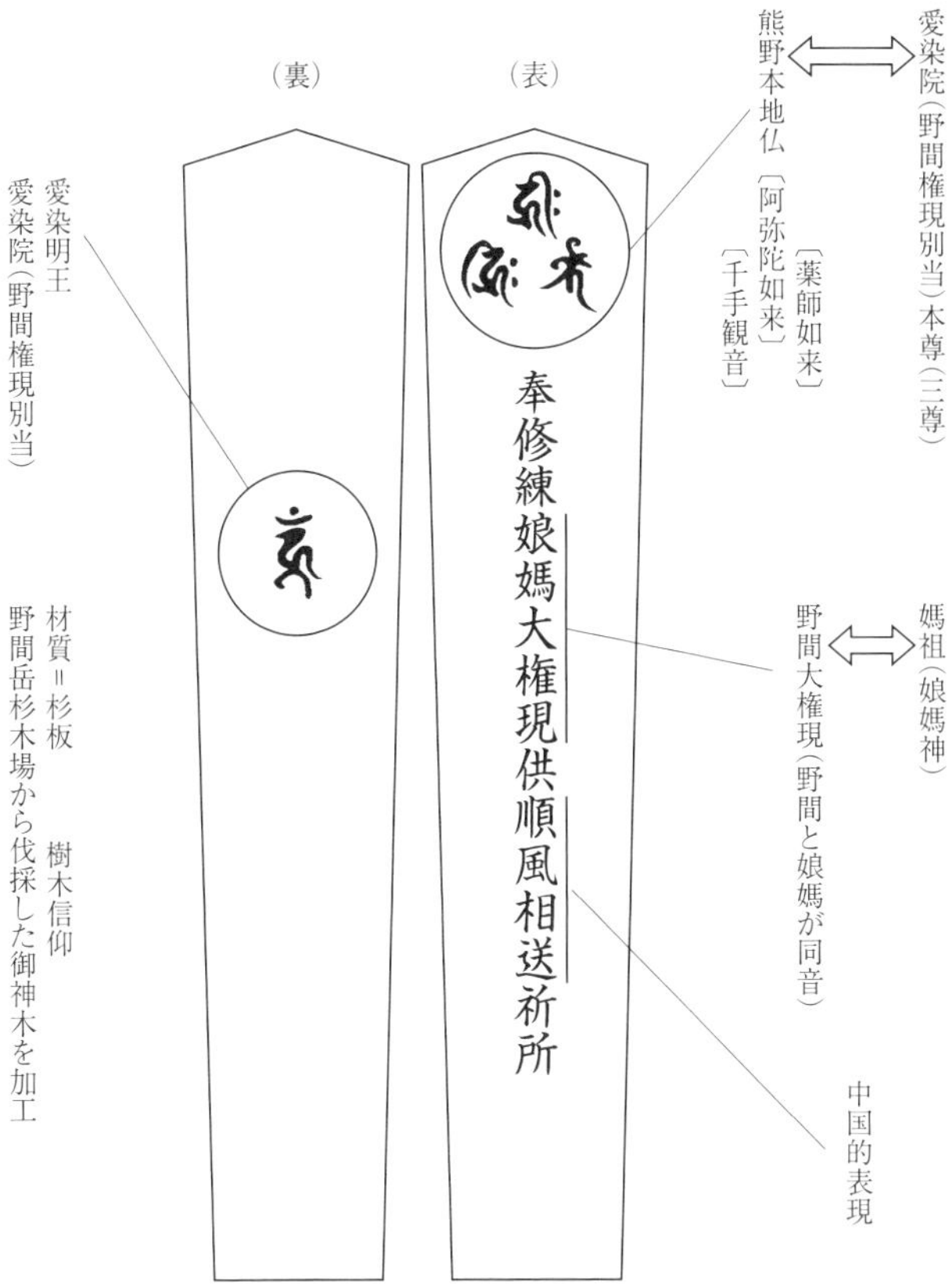

図版10　娘媽権現祈禱札（資料A）の構成

字は、媽祖を信仰する唐人などの人々に対して、この祈禱札と媽祖との関係を直接的にアピールする重要な機能を持っていたと考えられる。さらに「順風相送」という中国的表現で記された文字もまた、唐人からの信仰を獲得していたという実態の中で、極めて有効な機能を持ったと考えられよう。

一方、資料Cの札には、資料A・Bの札にある「娘媽大権現」・「娘媽山大権現」といった「権現」の名は無く、「野間高嶽坐二柱皇大神」の名が記されており、梵字の記入はみられない。よって、

資料Cの札は、仏教色が排除された近代以降のものと考えられる。「資料A・Bの札から資料Cの札へ」という変化の中では、前述のような仏教色の排除がみられるが、外来神である娘媽神（媽祖）の名を直接的に表す「娘媽」の文字が「野間」へ、また中国的な「順風相送」という表現が日本的な「海上安穏」という表現へ変化している点も興味深く、これらは前述のような野間岳信仰の変化の中で、仏教色の排除と同様に、外来神である娘媽神の排除が行われた結果とみられる。

資料A・B・Cの札が伝世していた宮内家は、秋目の海商家として知られ、順風・安穏な航海を祈願するこれらの札の存在は、船舶を盛んに利用していた往時の宮内家の活動を伝えている。また、宮内家伝世の祈禱札は、前述したような南薩摩各地の娘媽権現祈禱札と共に、南薩摩における野間岳信仰、娘媽権現信仰の広がりを象徴するものでもある。そして、近世における野間岳信仰の実態が、単純な媽祖信仰ではなく、あるいは媽祖信仰と他神仏への信仰との単純な共存というわけでもなく、熊野信仰など他の神仏への信仰と組み合わさった複雑な構造を持っていたことを窺わせる資料の一つといえる。また、前述のような社会情勢に伴う野間岳信仰の変容が端的に示されている資料でもあり、一方でこうした変容にもかかわらず、宮内家における野間岳信仰自体は連続していったことを示す資料ともいえるだろう。

おわりに

本稿では、西南日本の境界域に位置する「薩摩」における外来文物の受容の実態について、当地で出土した貿易陶磁と、文化的要素としての媽祖信仰に注目して考察を行った。

第一に、中世から近世初頭に及ぶ当該地域への中国陶磁を中心とした貿易陶磁の豊富な流入について、また第二としては「鎖国」体制下においてもなお続いた、南西諸島経由の中国陶磁（清朝陶磁）の流入など、当該地域に残された多様な貿易陶磁を通して、その流入の濃密さを紹介するとともに、これら貿易陶磁をめぐる諸問題について述べた。第二に、南薩における媽祖信仰について、その多様なあり方や、近世の野間岳における媽祖信仰、特に娘媽権現の祈禱札に注目して、日本神や仏教と共存・習合しながら展開したその実態にアプローチを試みた。

薩摩から日本列島中央部への明清代の陶磁器の搬入をうかがわせる史料の存在や、娘媽権現の祈禱札を製作し長崎の唐人のもとへ運ぶ愛染院住僧のエピソードなどからは、これら外来のモノ・情報をめぐる当該地域の人々の主体的な活動が垣間見える。薩摩を経由して日本列島中央部へもたらされた貿易陶磁に象徴される物流は、海外と日本中央部を結ぶ中継地であったこの地の人々に、多大な利益をもたらしたことであろう。また、娘媽権現に至っては、元々の媽祖信仰の発信源である中国の唐人からも信仰を集めるほどの、媽祖信仰の「聖地」としての野間岳・愛染院の位置付けがなされるとともに、娘媽権現の祈禱札が生み出され、毎年唐人から香火銀を得るまでになった。こうした事象を見ていると、海外からもたらされた色々な文物を様々なかたちで「飯のタネ」としてきた当該地域の人々のしたたかな営みが浮かび上がってくる。単なる海外文物の到来という受け身的な事象としての内容にとどまらないこうした実態は、当該地域と海外の交流史をより豊かに彩っていると言えるだろう。

（1）華南三彩は、中国南部で焼かれた三彩釉の陶磁器。
（2）中国江西省景徳鎮にある陶磁器窯。明代には同窯系の青花などが日本へも数多くもたらされた。
（3）この積載品目録については、松浦 二〇〇七a、二〇〇七bなどに詳しい研究がある。
（4）二〇一二年三月二十一日調査。調査者は岩田美史・橋口亘。
（5）二〇一二年三月二十七日調査。調査者は橋口亘。

参考文献

青﨑和憲　二〇〇〇『浜町遺跡』（鹿児島県立埋蔵文化財センター発掘調査報告書二五）、鹿児島県立埋蔵文化財センター。

新垣力　二〇〇三「沖縄出土の清朝磁器」（『紀要　沖縄埋文研究』第一号、沖縄県立埋蔵文化財センター）。

――二〇一〇「沖縄から出土する一七～一九世紀の貿易陶磁器」（『海の道と考古学――インドシナ半島から日本へ』高志書院）。

――二〇一一「陶磁器からみた琉球の南海貿易――東南アジア産陶磁器・華南三彩を中心に」（『南蛮貿易と陶磁器』（第三二回日本貿易陶磁研究会（大分大会）資料集）、日本貿易陶磁研究会・大分市教育委員会）。

荒武賢一朗　二〇〇六「大坂市場と琉球・松前物」（『列島史の南と北』（近世地域史フォーラム一）、吉川弘文館）。

池畑裕樹　二〇〇五『宮原家文書目録』久留米大学文学部。

石川康浩　一九九〇「野間岳の野間神社」（『笠沙町の民俗』下巻（笠沙町民俗文化財調査報告書三）、笠沙町教育委員会）。

岩元康成　二〇一二「鹿児島における中世の遺跡間の遺物組成」（『鹿児島考古』第四二号）。

上田耕　一九九三「総括」（『南別府城跡――城山遺跡』知覧町教育委員会）。

――一九九四『知覧城跡　二』（知覧町埋蔵文化財発掘調査報告書五）、知覧町教育委員会。

――二〇〇八「川辺町野崎　馬場田遺跡調査速報」（『広報　南九州』第一四号）。

――二〇〇九『馬場田遺跡』（南九州市教育委員会発掘調査報告書三）、南九州市教育委員会。

上田耕・若松重弘・坂元恒太　二〇〇六『知覧城跡　三』（知覧町埋蔵文化財発掘調査報告書一二）、知覧町教育委員会。

上原兼善　一九八一『鎖国と藩貿易』八重岳書房。

上東克彦　二〇〇四「鹿児島県薩摩半島に伝世された華南三彩――クンディと果実形水注」（『貿易陶磁研究』第二四号）。

上東克彦・橋口亘　二〇一〇「片浦宮原家に伝えられた千里眼と順風耳像の図」（『南日本文化財研究』第九号）。

上東克彦・福永裕暁・橋口亘　二〇〇〇「別府城跡（追録：西洋陶磁器編）」（『西大原遺跡・ヘゴノ原遺跡・流合遺跡・小原ノ原遺跡・愛宕B遺跡・中小路遺跡（追録：中世陶磁器編）・別府城跡（追録：西洋陶磁器編）・志風頭遺跡（追録：

黒曜石製遺物原材産地分析編）』（加世田市埋蔵文化財発掘調査報告書一九）、加世田市教育委員会）。
宇宿捷　一九三六「媽祖の信仰と薩南片浦林家の媽祖について」（『史学』第一五巻第三号、三田史学会）。
浦添市美術館　一九九五『館蔵　琉球漆芸』。
上床真　二〇〇八「上水流遺跡の中世・近世の出土遺物について」（『上水流遺跡　二』（鹿児島県立埋蔵文化財センター発掘調査報告書一二一）、鹿児島県立埋蔵文化財センター）。
大石圭一・原田武夫・張淼湧　一九八五「周益湘「道光以後中琉貿易的統計」の研究」（『南島史学』第二五・二六号）。
大久保浩二　二〇〇〇「見えてきた鹿児島城下町」（『埋文だより』第二三号、鹿児島県立埋蔵文化財センター）。
大橋康二　一九九五「九州における明末~清時代の中国磁器」（『青山考古』第一二号）。
大浜永亘・関口広次　一九七八「八重山群島出土の古陶磁について」（『物質文化』第三一号）。
尾崎直人　一九九二『ベトナムの陶磁』福岡市美術館。
――一九九八「東南アジアの陶磁と沖縄」（『陶磁器に見る大交易時代の沖縄とアジア』那覇市立壺屋焼物博物館）。
小野正敏　一九八二「一五、一六世紀の染付碗、皿の分類とその年代」（『貿易陶磁研究』第二号）。
尾野善裕　二〇一三「清朝陶磁と日本」（『特別展覧会　魅惑の清朝陶磁』京都国立博物館・読売新聞社）。
鹿児島県　一九三九『鹿児島県史』第一巻、鹿児島県。
――一九四〇『鹿児島県史』第二巻、鹿児島県。
門野伸　一九九〇「漁具Ⅰ（船具・漁具・他）」（『知覧町の民具』（知覧町民俗資料調査報告書一）、知覧町教育委員会）。
亀井明徳　一九八五「明代華南彩釉陶をめぐる諸問題」（『三上次男博士喜寿記念論文集　陶器編』平凡社）。
――一九九三「南西諸島における貿易陶磁器の流通経路」（『上智アジア学』第一一号）。
――二〇〇二『明代前半期陶瓷器の研究』専修大学文学部。
金武正紀　一九九一「沖縄出土のタイ・ベトナム陶磁」（『貿易陶磁研究』第一一号）。
――二〇〇四「沖縄から出土したタイ・ベトナム陶磁」（『シンポジウム　陶磁器が語る交流――九州・沖縄から出土した

東南アジア産陶磁器』東南アジア考古学会事務局）。
黒川忠広　二〇〇三『垂水・宮之城島津家屋敷跡』（鹿児島県立埋蔵文化財センター発掘調査報告書四八）、鹿児島県立埋蔵文化財センター。
国分直一　一九七六「薩南片浦の林家の媽祖」（『環シナ海民族文化考』（考古民俗叢書一五）、慶友社）。
小林晋也・日髙勝博・上床真　二〇一一『渡畑遺跡　二』（鹿児島県立埋蔵文化財センター発掘調査報告書一五九）、鹿児島県立埋蔵文化財センター。
佐々木幸男・出口浩・宮里諭子　二〇〇二『名山遺跡』（鹿児島市埋蔵文化財発掘調査報告書三八）、鹿児島市教育委員会。
重久淳一　二〇〇四「鹿児島県内から出土したタイ、ベトナム陶磁」（『シンポジウム　陶磁器が語る交流――九州・沖縄から出土した東南アジア産陶磁器』東南アジア考古学会事務局）。
下野敏見　一九九三「信仰伝承」（『笠沙町郷土誌』下巻、笠沙町）。
――　一九九四「南薩心象風景スケッチ――加世田市の神々は生きている」（『加世田市の民俗』加世田市教育委員会）。
周益湘　一九三二（一九七一）「道光以後中琉貿易的統計」（『中国近代社会経済史論集』上巻、崇文書店）。
徐湖平・程暁中・霍華　二〇〇三『中国染付　コバルトブルーの世界』阿部誠訳、財団法人佐川美術館。
鈴木裕子　一九九九「清朝陶磁の国内の出土状況――組成を中心に」（『貿易陶磁研究』第一九号）。
諏訪昭千代・池畑耕一　一九八〇『上ノ城遺跡』（加世田市埋蔵文化財調査報告書二）、加世田市教育委員会。
関周一　二〇〇二「唐物の流通と消費」（『国立歴史民俗博物館研究報告』第九二集、国立歴史民俗博物館）。
田中竜太・出口浩　二〇〇三『琉球館跡』（鹿児島市埋蔵文化財発掘調査報告書三九）、鹿児島市教育委員会。
趙翰生　二〇〇〇「明代起絨織物的生産及外伝日本的情況」（『自然科学史研究』第一九巻第二期、科学出版社）。
張東　一九九九「萬暦蓮花形盤考」（『故宮文物』第一七巻第二期（通巻一九四）、国立故宮博物院）。
鶴添泰蔵　一九八二「南九州の媽祖聞書」（『隼人文化』第一一号）。
出口浩　二〇〇一「陶磁器」（『大龍遺跡Ｂ地点』（鹿児島市埋蔵文化財発掘調査報告書三四）、鹿児島市教育委員会）。

――二〇〇六「発掘調査の成果」（『大龍遺跡Ｄ地点』（鹿児島市埋蔵文化財発掘調査報告書四八）、鹿児島市教育委員会）。

堂込秀人・中村守男　一九九七『新平田遺跡・辻町Ｂ遺跡』（大口市埋蔵文化財発掘調査報告書二〇）、大口市教育委員会。

徳永和喜　一九九四「薩摩藩の琉球口支配と天保の改革――越後国村松浜薩州船遭難事件をめぐって」（『尚古集成館紀要』第七号）。

――二〇〇五『薩摩藩対外交渉史の研究』九州大学出版会。

戸﨑勝洋・長野真一　一九八二『一乗院跡』（坊津町埋蔵文化財発掘調査報告書一）、鹿児島県川辺郡坊津町教育委員会。

中村和美　一九九八「鹿児島県坊津と出土陶磁器」（『貿易陶磁研究』第一八号）。

――二〇〇七「南九州の土器・陶器」（『全国シンポジウム　中世窯業の諸相――生産技術の展開と編年　補遺編』、『全国シンポジウム　中世窯業の諸相――生産技術の展開と編年』実行委員編）。

錦織亮介　一九九八「南九州・沖縄における媽祖像」（『九州における仏教美術の遍在と偏在』（平成七・八・九年度科学研究費補助金（基礎研究Ｂ１）研究成果報告書））。

――一九九九「南九州・沖縄における媽祖像」（『黄檗文化』第一一八号、黄檗山萬福寺文華殿）。

新田栄治　一九九七「知覧城出土のタイ産陶片と薩摩の海外貿易」（『知覧文化』第三四号、知覧町立図書館）。

――一九九九「近世薩摩出土の東南アジア陶磁と薩摩の海外活動」（『黎明館開館十五周年記念特別展「海洋国家・薩摩――薩摩に鎖国はなかった」図録』鹿児島県歴史資料センター黎明館）。

橋口亘　一九九八「鹿児島県坊津町泊海岸採集の陶磁器」（『貿易陶磁研究』第一八号）。

――一九九九「薩摩出土の清朝磁器――琉球口唐物の日本本土流入」（『貿易陶磁研究』第一九号）。

――二〇〇一「中・近世のやきものと鹿児島の人々」（埋文友の会講座67資料、鹿児島県立埋蔵文化財センター）。

――二〇〇二ａ「鹿児島県地域における一六～一九世紀の陶磁器の出土様相――鹿児島県地域の近世陶磁器流通」（『鹿児島地域史研究――フィールド研究通信』第一号）。

――二〇〇二ｂ「春日町遺跡Ｂ地点出土の色絵合子」（『春日町遺跡Ｂ地点』（鹿児島市埋蔵文化財発掘調査報告書三六）、

鹿児島市教育委員会)。

――二〇〇三「垂水・宮之城島津家屋敷跡出土陶磁――国外産輸入陶磁を中心に」(『垂水・宮之城島津家屋敷跡』(鹿児島県立埋蔵文化財センター発掘調査報告書四八)、鹿児島県立埋蔵文化財センター)。

――二〇〇四a「中世港湾坊津小考」(『中世西日本の流通と交通――行き交うヒトとモノ』高志書院)。

――二〇〇四b「中・近世の薩摩と貿易陶磁」(『海が薩摩にもたらしたもの』尚古集成館)。

――二〇〇六「鹿児島県出土の備前焼」(『備前歴史フォーラム資料集「備前焼・海の道・夢フォーラム二〇〇六」』(備前市歴史民俗資料館紀要八)、備前市歴史民俗資料館)。

――二〇〇七「坊津町秋目の宮内家に伝世した娘媽(野間)権現等の木札」(『南日本文化財研究』第四号)。

――二〇〇八㋐「万之瀬川周辺の遺跡」、㋑「南薩内陸部への貿易陶磁の流入――川辺地域出土の貿易陶磁」、㋒「中世城館出土の陶磁器」、㋓「鹿児島城下出土の青花蓮花形盤」、㋔「泊浜採集貿易陶磁」、㋕「古染付」(『海上の道と陶磁器』南さつま市坊津歴史資料センター輝津館)。

――二〇〇九a「近世薩摩における中国陶磁の流入――清朝磁器を中心に」(『から船往来――日本を育てたひと・ふね・まち・こころ』東アジア地域間交流研究会)。

――二〇〇九b「薩摩にもたらされた清朝陶磁」(『海が繋いだ薩摩―琉球』南さつま市坊津歴史資料センター輝津館)。

――二〇一〇㋐「航海守護の祈禱札にみる娘媽権現(媽祖)信仰」、㋑「慶長14年坊津来航の明船の積荷品目」(『順風往来――薩摩をめぐる東アジア海域交流史』南さつま市坊津歴史資料センター輝津館)。

――二〇一一a「鹿児島県南さつま市坊津町の泊浜採集のベトナム陶磁」(『南日本文化財研究』第一二号)。

――二〇一一b「南九州出土の東南アジア産陶磁についての一考察」(『陶磁器流通と西海地域』関西大学文化交渉学教育研究拠点)。

――二〇一四㋐「薩摩にもたらされた貿易陶磁の諸例――坊津・川辺・知覧・十島村平島・加世田」、㋑「知覧城跡出土の唐物茶入――知覧城蔵之跡出土の中国産褐釉小壺」(『海洋回廊――海の道〝薩摩〟』南さつま市坊津歴史資料センター輝津館)。

橋口亘・上東克彦 二〇〇二「鹿児島県内の遺跡におけるヨーロッパ製陶器——薩摩におけるヨーロッパ製陶器の受容」(『からから』第一一号、鹿児島陶磁器研究会)。

橋口亘・若松重弘 二〇一一a「鹿児島県三島村硫黄島採集の貿易陶磁」(『南日本文化財研究』第一〇号)。

—— 二〇一一b「(続)鹿児島県三島村硫黄島採集の貿易陶磁」(『南日本文化財研究』第一一号)。

繁昌正幸 二〇〇七「中世の調査」(『持躰松遺跡』(鹿児島県立埋蔵文化財センター発掘調査報告書一一〇)、鹿児島県立埋蔵文化財センター)。

深井甚三 一九九九「近世後期、加賀能の抜け荷取引湊の廻船問屋展開と富山売薬商の抜け荷売買」(『富山大学教育学部紀要』第五三号、富山大学教育学部)。

—— 二〇〇九『近世日本海海運史の研究——北前船と抜荷』東京堂出版。

藤田明良 二〇〇四「日本列島所在の古媽祖像データベース——九州・沖縄編」(『八—一七世紀の東アジア地域における人・物・情報の交流——海域と港市の形成、民族・地域間の相互認識を中心に』上巻、東京大学大学院人文社会系研究科)。

—— 二〇〇五「日本の媽祖信仰と南薩摩の媽祖像」(『坊津——さつま海道』南さつま市坊津歴史資料センター輝津館)。

—— 二〇〇六「日本近世における古媽祖像と船玉神の信仰」(『近現代日本社會的蛻變』中央研究院人文社會科學研究中心亞太區域研究專題中心)。

—— 二〇〇八「中世後期の坊津と東アジアの海域交流——『一乗院来由記』所載の海外交流記事を中心に」(九州史学研究会編『境界からみた内と外』岩田書院)。

—— 二〇一〇「日本近世における古媽祖像と船玉神の信仰」(『媽祖に関する調査報告書』長崎県文化・スポーツ振興部)。

—— 二〇一三「近世鹿児島の媽祖信仰——菩薩堂と永福寺を中心に」(平成二五年度九州史学会大会発表資料)。

藤野義久・出口浩 二〇〇六『大龍遺跡D地点』(鹿児島市埋蔵文化財発掘調査報告書四八)、鹿児島市教育委員会。

堀内秀樹　一九九九「江戸遺跡出土の清朝陶磁」（『貿易陶磁研究』第一九号）。
――二〇〇一「中国貿易陶磁器研究の到達点――明・清時代」（『季刊　考古学』第七五号、雄山閣出版）。
真栄平房昭　二〇〇一「琉球の中国貿易と古美術品の輸入」（『尚王家と琉球の美展』ＭＯＡ美術館）。
――二〇〇三「琉球貿易の構造と流通ネットワーク」（『日本の時代史』第一八巻「琉球・沖縄史の世界」、吉川弘文館）。
――二〇一二「近衛家に伝わる名宝・金彩磁器」（『月刊　榕樹』財団法人兵庫沖縄協会）。
松浦章　二〇〇七ａ『江戸時代唐船による日中文化交流』思文閣出版。
――二〇〇七ｂ「明清時代中国の海上貿易と陶磁器の流通」（『貿易陶磁研究』第二七号）。
溝口学・東郷克利・森雄二・抜水茂樹・富山孝一・黒川忠広・上床真　二〇〇八『上水流遺跡　二』（鹿児島県立埋蔵文化財センター発掘調査報告書一二二）、鹿児島県立埋蔵文化財センター）。
宮下貴浩　一九九八『持躰松遺跡　第1次調査』金峰町教育委員会。
宮下満郎　一九九一㋐「近世末期の神社と寺院」、㋑「娘媽神と野間権現」、㋒「神仏分離と廃仏毀釈」（『笠沙町郷土誌』上巻、笠沙町）。
――一九九九「解題」（『訳司冥加録・漂流民関係史料』（鹿児島県史料集三八）、鹿児島県立図書館）。
向井亙　二〇〇二「タイ・ベトナム陶瓷器の産地と年代」（亀井明徳編『明代前半期陶瓷器の研究』専修大学文学部）。
森田清美　二〇〇〇「媽祖と民間信仰についての一考察――修験と媽祖」（『宗教民俗研究』第一〇号）。
森村健一　二〇〇八「東アジア世界を見た龍顔・薩摩における茶の湯文化――上水流遺跡を定点として」（『上水流遺跡二』（鹿児島県立埋蔵文化財センター発掘調査報告書一二一）、鹿児島県立埋蔵文化財センター）。
森本朝子　二〇〇〇「日本出土の東南アジア産陶磁の様相」（『貿易陶磁研究』第二〇号）。
――二〇〇二「ベトナム陶磁――日本における研究の成果と課題」（『東洋陶磁史――その研究の現在』東洋陶磁学会）。
――二〇〇四「博多出土の東南アジア陶磁器について」（『シンポジウム　陶磁器が語る交流――九州・沖縄から出土した東南アジア産陶磁器』東南アジア考古学会事務局）。

山田安榮・伊藤千可良・岩橋小彌太校訂　一九一三『通航一覧』第五、国書刊行会。
山本信夫　二〇〇〇『大宰府条坊跡XV』、太宰府市教育委員会。
――二〇〇三「一二世紀前後陶磁器から見た持躰松遺跡の評価――金峰町出土の焼き物から追及する南海地域の貿易・流通」(『古代文化』第五五巻第二号)。
山本信夫・山村信榮　一九九七「中世食器の地域性10――南九州・南西諸島」(『国立歴史民俗博物館研究報告』第七一集、国立歴史民俗博物館)。
吉永正史・出口浩・宮里諭子　二〇〇一『大龍遺跡B地点』(鹿児島市埋蔵文化財発掘調査報告書三四)、鹿児島市教育委員会。
李獻璋　一九七九『媽祖信仰の研究』泰山文物社。
若松重弘・橋口亘　二〇一〇「川辺郷地頭仮屋跡出土の陶磁器・土器について――稀少遺物・土坑三　出土遺物を中心に」(『川辺郷地頭仮屋跡』(南九州市埋蔵文化財発掘調査報告書四)、南九州市教育委員会)。
渡辺美季　二〇〇八「注文された陶磁器――中国製陶磁器からみた薩琉交流」(『海上の道と陶磁器』南さつま市坊津歴史資料センター輝津館)。
渡辺芳郎　二〇〇六「近世薩摩焼の藩外流通に関するルート」(『金大考古』第五三号、金沢大学考古学研究室)。
――二〇一三「海浜採集資料から見た南西諸島の陶磁器流通」(『水中文化遺産データベース作成と水中考古学の推進　海の文化遺産総合調査報告書――南西諸島編』特定非営利活動法人アジア水中考古学研究所)。
watanabeyoshiro　二〇〇六「『大阪商業史資料』二九巻」(teacup. ブログ「薩摩焼な日々」一一月一〇日付)。

蝦夷地のなかの「日本」の神仏

――ウス善光寺と義経物語を中心に――

菊池勇夫

はじめに

近世の蝦夷地の様相は二百数十年の間に大きく変容した。経済史的には列島経済の展開が蝦夷地の産物やその生産に関わるアイヌの生活・労働を巻き込んでいき、政治史的には十八世紀後期以降ロシアの接近により異域としての蝦夷地が日本の異国境となり、アイヌの人々に対する内国民化の圧力が強まっていく。このような蝦夷地の「日本」化のプロセスは蝦夷地に入り込む和人と先住民であるアイヌとの間に接触の場や機会を増やし、それに伴ってさまざまな局面で齟齬や軋轢を生み出した。多くは交易や雇労働、あるいは和風化（同化）強制に対するアイヌの反発・反抗であるが、信仰や宗教、慣習など精神的な領域にもそれは及んでいよう。本稿ではそうした精神的な局面に焦点をあて、蝦夷地に持ち込まれた「日本」の神仏がどのように作用・機能していったのか、和人の側の一方的意思だけでなく、アイヌの人々の受け止めかたに多少とも踏み込んでみようと思う。

以前、松前・蝦夷地における信仰・宗教の展開ないし存在態様を通観してみるために、「蝦夷」（アイヌ）に対峙する松前藩や和人地社会の神仏、場所請負制の展開とともに広まっていく運上屋・番屋の弁天・稲荷・恵比寿・金毘羅、伊勢信仰の浸透と伊勢参詣、蝦夷地内国化に伴って創建された寺社、そしてアイヌ文化の神道的文脈での解釈について考察したことがある（菊池 二〇〇八）。したがって、ここでは重複をできるだけ避け、蝦夷地における日本の「神仏」の展開をアイヌ民族との関わりを含め、歴史的な変化の側面で捉えていくのにふさわしい二つの対象、すなわちウス善光寺と義経物語を取り上げて検討する。

ウス善光寺は一般には蝦夷地の前期幕領時代（一七九九―一八二一年）に幕府が建立した「蝦夷三官寺」として知られていようが、蝦夷地のなかの「日本」の神仏としては最も早くから存在し、廻国の宗教者はむろん、和人民衆やアイヌの人々が関与してきた歴史がある。そこで幕領化以前の善光寺信仰の展開を跡付けることに重点をおき、官寺善光寺への連続・非連続について考えてみたい。いっぽう義経物語への関心はアイヌの人々が判官義経を畏れ敬ってきたとする言説の批判・解体である。シャクシャインの戦いを契機とし、元禄期（一六八八―一七〇四年）頃から義経蝦夷渡り説が京坂や江戸の知識人、作家たちの着目するところとなり、さらに韃靼・満州渡海説へと展開を遂げていくが（菊池 二〇〇六）、そうした中央の動きはさておき、もっぱら蝦夷地のなかのアイヌ社会を取り巻く物語ないし信仰の領域のみを扱うこととしたい。

一　ウス善光寺如来の信仰

１　十七世紀の蝦夷地の堂社

近世前期の十七世紀まで遡る蝦夷地の寺社は少ない。十八世紀初頭の文献であるが、松前藩は正徳五（一七一五）年幕府へ提出した『正徳五年松前志摩守差出候書付』に、①蝦夷地には弁才天堂・弥陀堂が三～四ヶ所ある、②「蝦夷人」には神社がない、③クワサキを神とも仏とも敬っている、④仏法はない、と述べている（『犀川会資料全』高倉新一郎編、北海道出版企画センター、一九八二年、一三五頁）。この弁才天堂や弥陀堂は十七世紀以来のものであろう。また、松前広長『福山秘府』（安永九（一七八〇）年脱稿）が掲載する、宝永七（一七一〇）年春の「改正」かと広長が

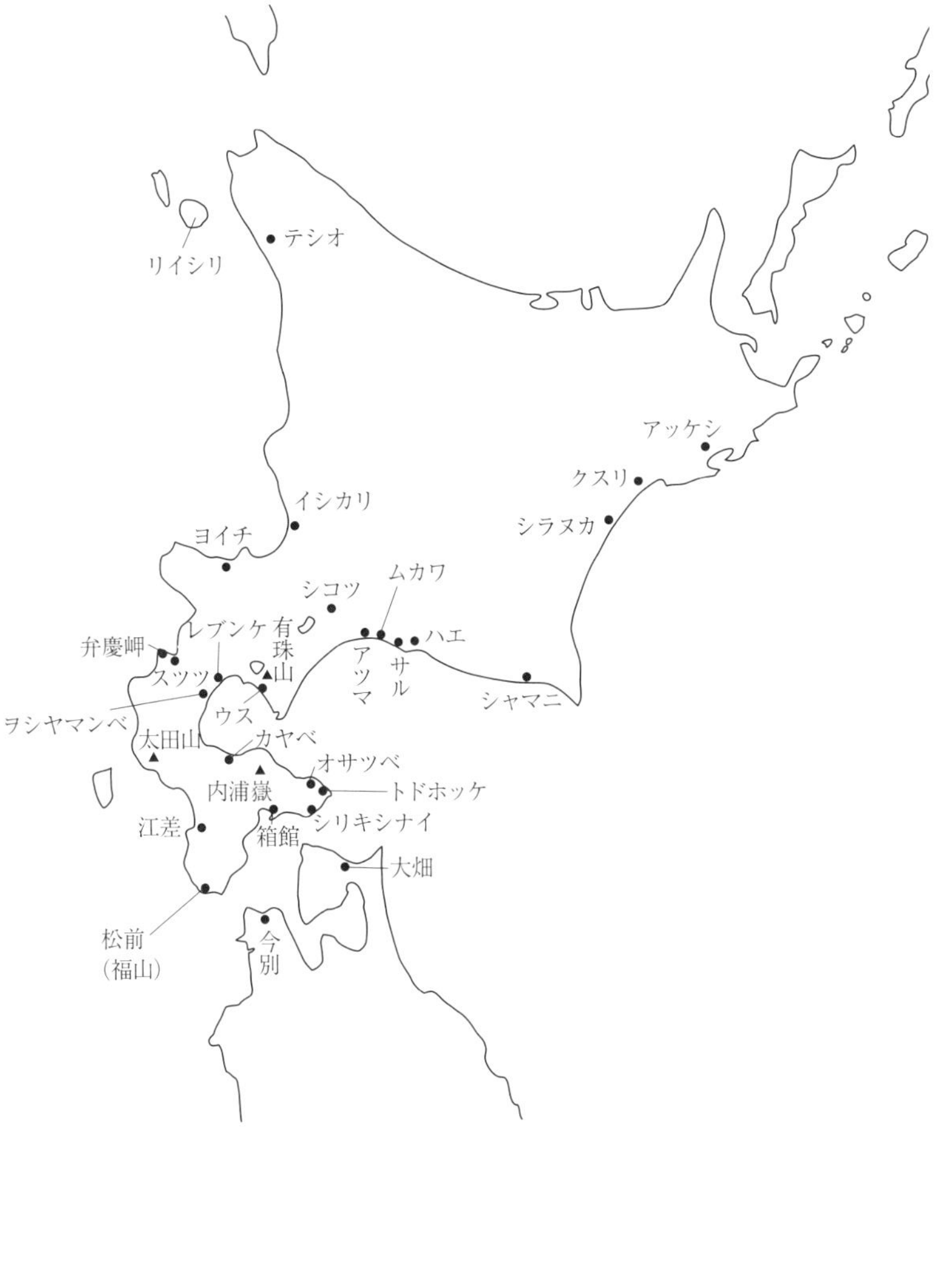
テシオ
リイシリ
アッケシ
クスリ
イシカリ
シラヌカ
ヨイチ
ムカワ
シコツ
レブンケ
有珠山
ハエ
弁慶岬
スッツ
アツマ
サル
ヨシヤマンベ
ウス
シャマニ
太田山
カヤベ
オサツベ
内浦嶽
トドホッケ
シリキシナイ
江差
箱館
大畑
松前
（福山）
今別

推定する書上には、東夷地碓（ウス）の如来堂（造営の由緒年号不分明、按ずるに慶長十八（一六一三）年建立なり）、同志古津（シコツ）の弁財天小社（万治元（一六五八）年造営、同三年神体安置、按ずるに万治三年の造立なるべし）の二堂社がみえ、享保三（一七一八）年六月の堂社改めの扣《ひかえ》には、東蝦夷地宇須（ウス）の如来堂（造立年号不明、古来よりあり）、同所の観音堂（造立年号不明、神体円空作）および志古津の弁財天社の三つがあげられているにすぎない（北海道庁編『新撰北海道史』第五巻「史料一」、北海道庁、一九三六年、一一一、一二〇頁）。後世につながっていく蝦夷地の堂社が創建されはじめるのは旧稿（菊池 二〇〇八）で述べたように、おおむね元禄期以降のことであった。

数少ないなかでも、十七世紀の文献にはっきりと登場するのは東蝦夷地内浦湾沿いにあるウスの善光寺に限られ、松前景広『新羅之記録』（正保三（一六四六）年）が現存するその最も古い記述である。そこには大要、①宇諏（ウス）の入海は「佳景の地」で、島山が多く日域の松島の佳境に劣らない、②往古「人間」（シャモ、和人）が数百人住んでいた時の善光寺如来の御堂の旧跡があった、③時々称名の声や鉦鼓の音を「夷」（アイヌ）が聞くことがあり、奇異の思いをなした、④慶長十七（一六一二）年の冬のこと藩主松前慶広が夢の告を蒙り、同十八年五月一日、船に乗って彼の所に詣でて再興、如来の御堂を建立した、ということが書かれていた（『新北海道史』第七巻「史料一」、北海道、一九六九年、五二頁）。この後、寛永十七（一六四〇）年、内浦嶽（駒ヶ岳）が噴火して崩れたさいに津波が発生し、慶広が造営した善光寺如来の御堂の後ろ山にまで津波がのぼったが、御堂はつつがなく、奇特のことであったとしている（『新北海道史』第七巻：七〇）。寛永期のウス善光寺に関連することでは、菅江真澄が寛政四（一七九二）年六月十日にウスの善光寺如来堂を訪ねたさい、鰐口の鐸に「寛永五年五月　下国宮内慶季」と彫ってあったのを『蝦夷迺天布利』に書き留めている（『菅江真澄全集』第二巻、内田武志・宮本常一編、未來社、一九七一年、一三二頁）。この慶季は下国家の家督重季の婿となり跡を継いだ人である（『新北海道史』第七巻：三三～三四）。松前藩主家をはじめ一族・重臣たちの信仰の場となっていたことの物証となる。

寛文九（一六六九）年のシャクシャインの戦いに関連して蝦夷地の現地情報が少なからず記録されたが、そこでも堂社は弘前藩の密偵の記事中に、ウスについて「四十八嶋、せんかう寺、やしろ有」と出てくるばかりである（『北方史史料集成』第四巻、海保嶺夫翻刻・解説、北海道出版企画センター、一九九八年、二七二頁）。しかし、他に和人がらみの堂社がまったくなかったのかといえばそうでもなかろう。当時、蝦夷地各所に松前藩家臣（知行主）の商場が設定され交易船がその地に到っているし、金掘りや鷹待ちなども入り込んでいた。一六三〇年代頃に松前地の範囲がほぼ確定し、蝦夷地との区分がはっきりしてくるが、それ以前には、『新羅之記録』によれば往古は松前の東ムカワまで、西ヨイチまでが「人間」の住むところでもあった（『新北海道史』第七巻：一四）。それは一概に誤った認識であるとはいえず、いわば本州からの渡海人と先住民とが入り混じった境界人的な中世の「渡党」の世界を反映していよう。アイヌの側にもシャクシャインの時代、平左衛門（シコツ乙名）、にし助・大蔵（サル乙名）など和人名前を持つ者がいた。シャクシャインの身辺にも反乱に協力する和人がいた。このような状況を念頭におくと、和人によって建てられた小祠のようなものがその居住地にあった可能性がある。しかし、シャクシャインの戦いの戦後処理で、松前地と蝦夷地の境界の管理がきびしくなり、みだりに和人が蝦夷地のなかに入り込めなくなった。そのためシャクシャインの戦い以前にあったものはほとんど断絶してしまい、ウス善光寺などごくわずかな堂社しか残らなかった、推測ながらそのようにみておきたい。

2　円空の作仏

鉈彫りの仏像で知られる円空が松前・蝦夷地を歩いたのはシャクシャインの戦いの少し前のことであった。円空仏の墨書ないし刻銘に「願主松前蠣崎蔵人　武田氏源広林、寛文六（一六六六）丙午天六月吉日」（北海道広尾町禅林寺所蔵、観音菩薩坐像）、「うすおく之いん小島江州伊吹山平等岩僧内　寛文六年丙午七月廿八日　始登山　円空」（北海道伊達市有珠善光寺所蔵、観音菩薩坐像）とあり、また、寿都町海神社の「いそやのたけ」の仏像には寛文六年八月十一日の日付がみられる（名古屋市博物館ほか企画編集 二〇〇五）。寛文六年には確実に松前・蝦夷地にいたことになり、当時実権を握る家老蠣崎蔵人が願主の仏像もあるので、松前藩の許しを得ての作仏活動であったろう。現在北海道では約四十体が円空仏として確認されているが、失われたり移動したり、必ずしも元から現在地にあったわけではない。松前広長『福山秘府』の享保三（一七一八）年東西堂社改によると、「神体円空作」とする堂社が松前の西在郷には十六（観音堂十、八幡社三、神明社一、権現社一、稲荷社一、造立年寛文五（一六六五）年十、延宝七（一六七九）年一、正徳二（一七一二）年一、同五（一七一五）年一、不明三）、東在郷には八（いずれも観音堂、造立年号不知）あった。他に東蝦夷地宇須の観音堂に造立年不明の一体があった（『新撰北海道史』第五巻：一一一～一二〇）。西在郷では寛文五年造立が多く、円空の作仏が機縁になっているとすれば、同年にも円空が同地にいた可能性はある。

蝦夷地所在の円空仏は『福山秘府』ではウス一体のみであるが、菅江真澄『蝦夷迺天布利』寛政四（一七九二）年六月七日条の記述によれば他にもあった。レブンゲのケボロオヰにある「岩舎の観音」の窟の奥深くに五軀の木の仏を並べて置いてあり、その背中には「寛文六（一六六六）年丙午七月、始登山、うすのおくの院の小嶋　江州伊吹山平等石の僧円空」、「いわうのたけごんげん」、「くすりのたけごんげん」、「たろまへのたけごんげん」とそれぞれ記してあり、もう一体は背の半分ほどが朽ちて文字が読めなかった（『菅江真澄全集』第二巻：一二六）。また、ウスでは二間ばかりの堂（如来堂か）のなかに円空仏が二軀あり、一は石臼の上に据えてあった。この堂のかたわらにある小祠（観音堂か）のなかにも円空仏が三体あり、その一体の背の部分に「内浦の嶽に必百年の後あらはれ給ふ」と書き、他の二体には「のぼりべつゆのごんげん」、「しりべつのたけごんげん」と彫ってあった（同六月十日条、『菅江真澄全集』第二巻：一三二）。真澄はこの東蝦夷地の噴火湾沿いの旅の前、寛政元（一七八九）年に西蝦夷地の太田山（太田権現）に登ることがあったが、『蝦夷喧辞辯』寛政元年四月三十日条によると、その窟の堂のうちに円空が籠って作ったという斧作りの仏が多く立ててあり、またその上にある岩の空洞にも円空仏があった（『菅江真澄全集』第二巻：三三～三四）。

これらの真澄が見た円空仏のうちケボロオヰのものは幕吏松田伝十郎が蝦夷地幕領化に伴う寛政十一（一七九九）年の持場見回りのさい実見したことを『北夷談』に記している。地名をケホユとしているが、その岩穴にある観音木像は「うすのおくのいん小嶋」、「たろまゑ乃たけ」、「くすり乃たけこんけん」、「ゆうはりたけこんけん」の四体であった。真澄の記載と比べて一体少なく、「いわうのたけごんげん」が「ゆうはりたけこんけん」となっているのはどうしてであろうか。伝十郎はこれらの観音像について「時節到来して世に出し」と奉行へ届けて、仏の背に彫り付けてある山々へ送って安置したと記している（『日本庶民生活史料集成』第四巻、高倉新一郎編、三一書房、一九六九年、九七～九八頁）。円空仏が幕領下で着目され、もとあった場所から地名にふさわしい場所へと動いたことになる。その一つ「うすのおくのいん小嶋」の円空仏はウス湖（洞爺湖）の湖中にある小島の小堂に安置された（松浦武四郎『新版蝦夷日誌』上巻、時事通信社、一九八四年、七六頁）。

真澄や伝十郎の記述によれば、円空は東蝦夷地ウスの善光寺如来、西蝦夷地太田の太田権現まで到り作仏していた。円空の観音像は背面に山名を記して権現と称しているのが特徴である。『福山秘府』の円空仏は村の堂社の祭神として祀られ、村人の守護神となるものであったが、蝦夷地の山名を記した観音像には霊山・霊峰を御神体とみなしてその地一帯を守護する意味あいを持たせたのであろう。ウス山は噴火を繰り返してきた活火山であるが、『福山秘府』によると円空が来る三年前の寛文三（一六六三）年にも大噴火を起しており、アイヌの家が焼けたり降灰に埋まったりして死者がはなはだ多かった（『新撰北海道史』第五巻：三四）。寛永十七（一六四〇）年には内浦嶽が噴火して津波が発生し、和人やアイヌに溺死者が多数出ていた（『新撰北海道史』第五巻：三三）。これらのことを円空は聞いていたに違いなく、焼山を鎮めるという意味がその作仏に込められていたといえるかもしれない。

善光寺の存在は円空の活動やシャクシャインの戦いの情報などによって全国に知られていったものと思われる。出版物では、元禄二（一六八九）年に刊行された井原西鶴『一目玉鉾』がおそらくは早い例であって、地図に「はなれしま」、本文に「臼善光寺あり」と記されていた。また図解入り百科事典として有名な寺島良安の『和漢三才図会』（正徳二（一七一二）年序）の「蝦夷之図」にも「善光寺」がみられる（高倉編 一九八七）。

3　廻国僧の蝦夷地行脚——空念など

シャクシャインの戦い後しばらくは廻国の僧が蝦夷地に入ることは難しかったであろうが、十八世紀に入るとその動きが活発化してくる。元禄十七（宝永元（一七〇四）年）年に松前・蝦夷地を行脚した越前府中の正光空念が『納経記』（自筆本は福井市南山町普門寺所蔵）を残している（國東編 二〇一〇）。それによると、空念は元禄三年に、「ふそう国中天下御支配所并異国をかきらす嶋々嶽々」残らず、神社仏閣へ観音普門品を奉納しようと廻国を始め、元禄十七年に「北奥州松前」に渡っている。国守へ願い上げ、夷が島うすの嶽を拝し奉ろうというのであったが、そのついでに蝦夷地にある「不登」の嶽々を踏み分け、それぞれに天照大神宮以下の神々を勧請し、本地仏の威力によって悪鬼を脅し、「夷」を仏道に引き入れ、天下太平国土安穏、国守武運長久を祈りたいというのが目的であった。とくにウス山などの噴火に驚愕し、あるいは寒国のきびしさを痛感したので、それらから人々を守護したいという気持ちが込められていた。

臼《うす》嶽には伊弉諾尊、本地阿弥陀如来を勧請し、内浦嶽には伊弉諾尊、北に陽の神、南に陰の神を、まつかりたよろしべの岳には天照大神、大日蓮《おおひるの》尊如意輪観音を、しるべつの岳には地神二代天忍穂《あまのおしおみの》〔耳〕尊、正観音をそれぞれ祭るなどとしている。太田山については絶頂の馬のいない所で馬が鳴き、天狗の岩屋があり、龍神があらわれ不思議の霊地、もしくは魔所とし、特別な雰囲気を感じていた。大田（太田）東嶽大権現には本地観世音、大田西嶽大権現には本地地蔵菩薩、同中沢青龍大権現には本地如意輪観音を配置し、その全体に大己貴尊を勧請している。

空念は「夷ヶ島」のみならず「からふと」、「らつこ」、「鬼満国」にまで到りたい存念であったが、「夷地」のアイヌ居住地で普門品（観音経）を奉納した堂社として、東蝦夷地では塩泊村観音堂、尻きしない八幡宮、かやべ夷三郎、於古津内夷堂、ゆうびの嶽金山山神、おしやまべ村西宮蛭児尊本地観世音菩薩、善光寺如来堂（慶長年中若州武田末葉源姓慶広の建立）、ゑ共（エトモ）弁才天女、伊ぶつ大明神、さる村義経宮、おんべつ村西宮蛭児尊夷堂、とがち村夷堂、しらぬか村龍宮権現夷三郎があり、西蝦夷地では、うすへち海底間大明神御神体海神罔象女神・夷鎮守岩屋、いしかり村弁才天女、利尻嶋弁才天女があり、それぞれにアイヌの「おとな」「小使」の名前が記され、そのなかにはアイヌ自身が印（イトクパ、シロシ）をつけているのが見られる（さる村、うすへち）。アイヌの人たちを仏道に導く実践といえようか。円空よりは奥深く蝦夷地のなかに入り込んだことになる。

享保十九（一七三四）年六月、松島瑞巌寺の天嶺和尚が著した『狄島夜話記』（東北大学付属図書館所蔵、原本・写本の二冊あり）がある。これは大和当麻の巡国の僧で梅氏なる者が「松前狄千島」の臼岳にある善光寺如来の遊舎に参礼し、その帰りに松島に立ち寄ったが、そのさい語った松前滞在中の見聞を童侍に命じて書き留めさせたものという。ウス山については松府（松前城下）より四十五里隔てたところに「臼之岳ノ一座山」があり、「松府ノ道俗糧ヲ齎シ之ニ詣ス」とあるばかりだが、「道俗」が善光寺如来に参拝している様子が窺われる。

十八世紀に入ると、幕府巡見使の『松前蝦夷記』（享保二（一七一七）年）に、ウス山には信州善光寺弥陀如来があるので廻国の者が参詣していると書かれるまでになり、大難所の陸路ながら往き来し、飯料持参でアイヌの家に寝起きしたり、船渡しなどの所があればアイヌが渡してくれたりして到ったという。（『松前町史　史料編』第一巻、松前町、一九七四年、三九三頁）。そして、元文期（一七三六～一七四一年）頃には、坂倉源次郎『北海随筆（一名松前鳥）』（元文四（一七三九）年）が、蝦夷地への往来は制禁にもかかわらず廻国の僧は忍んで参詣している、西は太田山、東は臼ケ嶽まで信心の者は参詣すると述べるように、太田山とウス山はいわば東西の霊場を極めるセットとして巡礼のかたちができあがっていた（『北門叢書』第二冊、大友喜作編・解説・校訂、国書刊行会、一九七二年、六〇頁）。そして、幕領化前の寛政期、菅江真澄もまた太田山、ウス善光寺・ウス山までの蝦夷地の旅を敢行し、アイヌの人々の生活文化に触れ、円空仏を「発見」することとなった。『蝦夷喧辞辯』によれば、太田山の旅にさいして、島の法が厳しくて蝦夷が千島を旅人などがみだりに見物して歩くことはできないが、国廻りの修行者、みそかくだの輩は、忍び忍びに出かけて詣でていると人に聞いている。出羽村山郡千歳山の超山法師とともに太田山に登ったが、平時なら建前の厳しさも比較的ルーズであった（『菅江真澄全集』第二巻：一一）。

4　善光寺如来の仏像

ウス善光寺にはどんな仏像が安置されていたのか。前述のように菅江真澄によると、如来堂には円空仏が二軀あり、その一つは石臼の上に据えてあった。他に竹筬のなかにこがね色に光る仏が入っていたが、国めぐりの修行者がここで死んださい、そのまま納めたのだという。そして、「鎮西沙門貞伝作之」とある、すすけた紫銅（青銅）の阿弥陀仏が安置されていた。貞伝という法師は津軽今別の本覚寺（浄土宗）にあり、『念仏利益伝』という書によってよく知られている僧侶であると真澄は記している。

『念仏利益伝』は正確には『貞伝上人東域念仏利益伝』といい、洛東獅谷蓮社（その前には磐城相馬興仁寺住職）の宝洲が著し、享保十六（一七三一）年に貞伝が没して後、七周忌にあたる元文二（一七三七）年に上下二巻本として版行された（『近世往生伝集成』第三巻、該当部分は圭室文雄校訂・解説、山川出版社、一九八〇年、三〜九一頁）。貞伝は外浜今別村の産で諱を良船といい訪蓮社と号した。弘前の誓願寺、本州（磐城平）の檀林梅福山専称寺で修行の後、享保三年二十九歳のとき旧里に戻って本覚寺の五世の住持となり、数々の利益や奇蹟を民衆に与えた。それは津軽人が多いものの、八戸の漁民、あるいは讃岐塩飽の船主長喜屋善四郎、松前に米穀商売のために下る能登の又兵衛、といった廻船・商人関係の人にも及んだ。宝洲は「蝦夷が千島の爺老《しやも》とても、上人の平等無差の慈眼にはみすごすべきにあらず」と記し、「蝦夷ノ奥ニ長鬚国アリト、爺老、蝦夷詞ニ人物ノ事ヲ爺老ト云フトナリ」と説明している。爺老はふつう和人のことであるが、この場合はアイヌを指していようか。判断が揺れるが、そうだとすれば貞伝の「平等無差」のまなざしはアイヌの人々にも向けられていたことになる。

貞伝の事蹟として有名なのは享保十二（一七二七）年五月中旬に成就した金銅塔婆の建立であった（本覚寺境内現存）。古壊の金銅器物の類を七百貫目も諸方から集め、出羽国の鋳工北原氏に命じて作らせた。六月二十三日より七月二日まで流灌頂など回向を遂げ、自国他方より結縁が群参したという。『山形日記』などは「南部秋田松前ハ不及申近国ヨリ参詣群集」と記している（『青森県史』第二巻、歴史図書社、一九七一年復刻、四二四頁）。さらに貞伝は金銅塔婆を作った余りの地金で弘前の冶工高屋氏に長さ一寸二分の弥陀の像一万体を鋳させた。自らが修行した弘前誓願寺が火事で焼け仮殿のままだったので、その尊像を同寺に奉納し、有信の人に与えて謝恩の浄財を集め、再建の費用にあててもらおうというのであった。いわゆる貞伝の万体仏である。

この利益伝には貞伝がウス善光寺如来に行ったとか、作仏を安置したという事蹟はまったく出てこない。坂倉源次郎『北海随筆』（元文四（一七三九）年）には「善光寺の弥陀とて安置せり」（『北門叢書』第二冊：六〇）、平秩東作『東遊記』（天明三（一七八三）年の見聞）には「善光寺をうつして霊仏たゝせ給ふ」（『日本庶民生活史料集成』第四巻：四二六）とだけあって、誰の作仏かはわからない。しかし、真澄が見たのと同じ年に書かれた串原正峯『夷諺俗話』の「ウス嶽の事」によると、「臼座に弥陀一尊の像にて、丈凡一尺五寸斗」の貞伝の作仏が阿弥陀如来堂の本尊として据えられていた。串原はその他にも、廻国巡礼の六部が納めた臼座の善光寺如来を写した三尊の如来があったとするが、貞伝の名だけが知られていた（『日本庶民生活史料集成』第四巻：五一一）。

菅江真澄『蝦夷迺天布利』の観察によれば、さらにトクサが茂ったなかに「いしぶみ（碑）」があって、「善光寺三尊如来　開眼　善光寺十三世　定蓮社禅誉上人智栄和尚　享保十一（一七二八）丙午年正月五日　願主　上総国市原郡光明寺八世　天蓮社真誉禎阿和尚」と刻まれており、ほど近いあたりに窟のような穴があった。夜籠りすると大鐘や鉦鼓の音が聞こえるとして知られた所であった（『菅江真澄全集』第二巻：一三二）。この碑に関係して、近藤重蔵の配下だった木村謙次は『蝦夷日記』寛政十一（一七九九）年一月八日条に、慶長十八（一六一三）年の頃善光寺如来を移したが、その後零落し享保十一（一七二六）年再建したとし、「碓善光寺石仏の背文」を書き取っていた。真澄の読み取りと比べると、正月廿五日、善光寺一光三尊如来開眼道場、市原郡古敷谷村光明寺、天慶社真誉弁知頓阿和尚、などと多少違っている（『木村謙次集』上巻、山崎栄作編・出版、一九八六年、二五四頁）。謙次は「石仏の背文」と書いた後に、「碑ノ側」に穴があり、「夷俗」に「地獄」まで抜けると言うと記しており、真澄が記す位置関係と同じなので、碑と石仏は同じものであろう。この碑文にいう三尊如来は弥陀一尊の貞伝仏とは別物で、串原の記す三尊如来であろうか。

ところが、幕末の松浦武四郎になると、幕府が「新寺」として建立した善光寺の臼座三尊弥陀如来は貞典（伝）作の「金仏」で、その背文に、木村謙次が書き取ったのと同一の文があるとしている（文久三（一八六三）年、『新版　蝦夷日誌』上巻：六六）。仏像自体の背文となっているが、貞伝がまだ存命中の享保十一（一七二六）年に、市原郡の頓阿（禎阿）が大願主となって貞伝作仏を据えたと断言されることになった。いずれにしても『貞伝上人東域念仏利益伝』に何も記されていないのが気になる。貞伝の伝記を書いた宝洲の納経塔（大乗妙典）が有珠善光寺に現存しているという（須藤　一九六五）。宝洲がウス善光寺に行ったとすれば、宝洲と貞伝作仏との関わりも何かあったのかもしれない。

5　北奥民衆およびアイヌの人々の信仰

串原正峯は前出の「ウス嶽の事」で、貞伝はたいそう道徳のある和尚で、ウス善光寺の作仏を「奥筋の者」たちがはなはだ信仰しているとし、南部大畑村の伝七という者の体験を紹介している。伝七は貞伝作の銅仏一寸八分の弥陀尊像、すなわち万体仏の一つを所持して信仰していたため、その霊験によって大難から逃れることができたという。大難というのは寛政元（一七八九）年に飛騨屋請負場所のクナシリでアイヌが蜂起したさい、現地にいて捕まりながら殺されずに生き残ったことを指しており、正峯はその伝七の「口書」を入手して写したのであった（菊池 二〇一〇）。ウス善光寺・貞伝仏が蝦夷地で働く和人民衆にふかく信仰されていたことを示す体験談であった。

伝七は飛騨屋の雇人であるが、飛騨屋もウス善光寺に半鐘を寄進していた。木村謙次や松浦武四郎がその刻文に、「宝暦三［一七五三］癸酉五月大吉日　奉献松前臼嶽善光寺如来　願主南部大畑武川氏久兵衛謹敬白」とあるのを筆写している（『木村謙次集』上巻：二五四、『新版　蝦夷日誌』上巻：七三）。宝暦三年頃の飛騨屋はまだ道東やクナシリの場所請負には乗り出していない。大畑に拠点をおいて松前に進出し、蝦夷地の尻別山、石狩山などを請け負って材木を伐り出しており、経営の担い手、労働力として大畑近辺の人々を雇っていた。飛騨屋は早くからウス善光寺を下北半島からやってきた雇人たちの信仰の場として位置付けようとし、伝七の万体仏所持もそうした展開のなかにあったのであろう。

菅江真澄によれば、先の続きになるが、再び堂の中に入って休むと、莚が清らしく敷かれていた。それは夜籠りする人たちのためのもので、いつも、月の半ばから末にかけて念仏を唱えて円居し大数珠を繰り廻らし、また年を越して住居するシヤモ（和人）は春の彼岸にこの堂に集まり夜念仏を唱えるのだともいう。海士《あま》、山賤《やまがつ》が語るには、月の初めに臼の御嶽の御仏が信濃国に飛行していき、十六夜にこの浦に帰ってくるとのことであった。これはウス場所やその近辺で働く和人たちのウス善光寺の信仰を示しているのだろう。

松田伝十郎『北夷談』の寛政十一（一七九九）年の記事にも、ウスにある小社内に臼に乗った如来の木像があり、これをうすの善光寺と称して、南部、津軽辺より臼善光寺参りの参詣人があり、ひじりの僧なども参詣に来ると記している。ウス善光寺の如来信仰が北奥民衆の間にさらに広まっている様子が窺がえる。

こうした北奥民衆ばかりでなく、アイヌの人々と善光寺の関わりもまた知られている。右の松田伝十郎が善光寺の由来を土地の「老夷」に尋問し書き留めている。それによれば、①何時の頃であったか年歴が知れないが、澗内で網をおろして漁をしていると、今ある木像のような鉄仏の像が網に掛ってあがった、②その光明は火が燃えるごときであり、今の社の所に草小屋を掛けて納めておいた、③所の不漁または悪い病気などがあったとき参詣して祈ると、そのしるしが顕れると、親たちが話し伝えている、④右の草小屋がいつの頃より板屋になり、鉄仏もいつの頃に木像に替わったのかもわからない、ということであった（『日本庶民生活史料集成』第四巻：九八）。

元来は鉄仏であったが、これが貞伝作仏といわれていた如来と同じものだとすれば、松浦武四郎が断定的に述べたような寄進事情とは違って漂着仏であったことになる。漂着した物に霊力を認めて神仏として祭る例はよくあるが、アイヌの人々もそのように聞いて病気治しなどの奇蹟を信じて参詣し祈ったのであろうか。坂倉源次郎『北海随筆』が、善光寺の弥陀をアイヌが尊敬し不思議の奇瑞もあると記していたのと合う（『北門叢書』第二冊：六〇）。それがある時誰かによって貞伝作仏とされ流布したのであったかもしれない。

伝十郎が見た如来像は「木造」であった。同じ頃訪ねた木村謙次は仏像そのものについては何も記していなかった。貞伝作の鉄仏（金仏）阿弥陀如来は、『東蝦夷地各場所様子大概書』（文化三（一八〇六）年調べ）によると、文化元（一八〇四）年ウス場所に「新規取建」（蝦夷三官寺の一つ）となった大臼山道場院善光寺の本尊となり、三体のうちの一体であったという（『新北海道史』第七巻：五二五）。伝十郎のいう、鉄仏が木造に入れ替わった事情はわからない。

貞伝仏の来歴についてはその真偽を含め、さらに検討を必要としている。

串原は「ウス嶽の事」で、アイヌの人々による如来信仰の受容について、①ウス嶽山の絶頂をゴテンと唱え、地蔵尊が置かれている、②ウスの浜辺にある如来堂の内には百万遍の数珠や鉦があり、アイヌも集まってきて百万遍を繰っている、③ウスはシヤモ地（日本地）に近いので、アイヌには「日本言葉」を覚えた者が多く、念仏も唱え、回向なども日本言葉である、④廻国六部が時々来るので、案内に出たアイヌの人たちは六部が唱えているのを聞き覚えた、と指摘している（『日本庶民生活史料集成』第四巻：五一一）。木村謙次『蝦夷日記』によると、多いときには六部が三十人位、ヲシヤマンべからウスへ往来し、舟賃や山案内代として煙草や米が支払われていた（『木村謙次集』上巻：二五四）。廻国の僧や六部を道案内するなかで、念仏や回向の仕方を自然と習い覚えたとしてもおかしくない。

松田伝十郎は、遠国から聞き伝えて参詣してくるが、泊屋がないために「夷家」に止宿して、双方迷惑に思うこともあると聞き、そこでこの地に一宇を建立して鍋釜を置付にすれば、参詣の者が「通夜」すなわち徹夜して祈願するのに患いがないと思い立ち、和人通行者から寄付金を募ってそれを実現しようとしていた。伝十郎の意図とは無関係に官寺善光寺が建立されるが、それ以前の善光寺如来は無住であったこともあり、和人にもアイヌの人々にも開かれた共同の信仰の場であったといえそうである。

寛政十一（一七九九）年に始まった東蝦夷地の幕府支配のもとで、享和二（一八〇二）年より新寺建立の審議が始まり、文化元（一八〇四）年にシャマニの等澍院（天台宗、本山寛永寺）、ウス善光寺（浄土宗、本山増上寺）、アッケシ国泰寺（臨済宗、金地院）のいわゆる蝦夷三官寺が創建された（ただし官寺という呼び方は当時存在しない）。その設立の目的は、天下泰平・国家安全の勤行はむろんであるが、主として蝦夷地勤番の武士や出稼ぎ和人の死者供養と、蝦夷地へのキリスト教の浸透を防ぐことにおかれ、アイヌの教化についてはそれほど積極的ではなかったとされてきた（高倉 一九七二、田中 一九九七）。

それに対して、三官寺にアイヌ教化・改宗の一貫した姿勢を確認し、とくにウスの善光寺においては徹底的・先鋭的にアイヌ改宗が推進されたとする見解もある（佐々木馨 二〇〇四）。その例証として「念仏上人（念仏カモイ）」といわれた同寺三代弁瑞によるアイヌへの布教を目的とした「子引歌」（アイヌ語訳付）の作成や、幕末のことであるが、善光寺が執行する百万遍のさいウスのアイヌの人々にまで「名号札」を配布していた事実などをあげている。また、二代鸞州上人のとき文化四（一八〇七）年のロシア来寇事件が起こったが、鸞州は所々に仏幡（ハタ）を立てて、「土人」（アイヌ）に地を守らせ、身に砲丸があたって死んでも、「外夷」の恥を受けてはならないと「教撫」したり、「一紙の垂誡」を作って、これを法然の「一枚起請」になぞらえて「夷言」（アイヌ語）をつけて版行したり、『後世の枝折』という書を著して施したり、さらには大きな数珠で「夷民」（アイヌ）に百万遍をさせたりしたという事蹟を、松浦武四郎の『東蝦夷日誌』から引用している（『新版 蝦夷日誌』上巻：六七）。アイヌ独自の伝統的な神観念への配慮がなく、一方的な宗教行為として全体的な改宗を徹頭徹尾図ったというのが、佐々木馨氏の評価であった。

三官寺としての善光寺がアイヌの改宗、別の言い方をすれば仏教を通じての同化に熱心であったのは確かであろう。しかし、それがある程度可能であったのは、官寺以前の善光寺如来の信仰がアイヌの人々の間にも受け入れられ、浸透していたからではなかったのか。その点が等澍院や国泰寺とは違っている。あながち強要ばかりとはいえない、「日本」の神仏を受け入れていくアイヌの人々の宗教観の変容という問題はまだ手つかずである。

二　蝦夷地の義経物語

1　義経不死蝦夷渡り説の登場とその展開――『御曹子島渡』の影響

源義経は『吾妻鏡（東鑑）』によると、文治五（一一八九）年閏四月三十日、衣河（衣川）館にいたところを藤原泰衡に攻められて敗れ、持仏堂に入って自殺した。『義経記』など中世における義経物語の展開のなかでは、義経が死なずに蝦夷へ逃れたという話はまったく存在しなかった。義経不死・蝦夷渡りが初めて登場するのは林鵞峯らによる『本朝通鑑』続編巻第七十九である（岩崎克己編輯・発行 一九四三）。義経自刎の記事に続けて、「黒面大眼」で「七武器」を負う弁慶の図または像が邪気を逐い、啼く児を止めるとして「蝦夷韃靼」に到り鐘馗とともに並び行われているると記し、その後に「俗伝又曰。衣河之役義経不死。逃到蝦夷島存其遺種」と書いていた（『本朝通鑑』全一八冊、国書刊行会、一九一八〜二〇年、第九冊、二七〇〇頁）。本書は寛文四（一六六四）年十一月に起筆され同十年六月に成立しているから（『国史大辞典』）、その間に入手された「俗伝」といえようか。

情報源として可能性があるのは、寛文七（一六六七）年六〜七月に松前を視察した幕府巡見使である。その巡見使の一人であった中根宇右衛門（正章）の「松前渡海の話」を新井白石が『退私録』に書き留めている。話の内容は、アイヌに対して酒を祭るのは誰かと問うとヲキクルミと答え、ヲキクルミとはどんな神かと問うと判官殿と答える、なお由来を問へば「彼国」に判官殿が住んでいた礎跡が今に残っているなどと答え、また弁慶崎という所もあるとい い、他にカラフト島・ラッコ島や、「蝦夷のたから」であるクワサキ・エモシツホウなどにも話題が及んでいる（『新井白石全集』第五、国書刊行会、一九〇六年、五七六〜五七七頁）。『本朝通鑑』のように義経不死伝説が語られているわけではないが、このような話が聞きようによっては不死伝説として受けとめられることはありえよう。中根は元禄九（一六九六）年に没しているが（『寛政重修諸家譜』）、寛文七年当時中根本人からその話を聞いて白石が書き留めていたとすれば、いち早く義経＝オキクルミ説を江戸にもたらしていたことになる。しかし、白石晩年の記述であり、本人から直接聞いたのでもなさそうだからそのままには信用できない。

寛文九（一六六九）年六月シャクシャインらが蜂起し、幕府が派遣した幕臣松前泰広（藩主家一族）の指揮のもとに、同年十月騙し討ちにして鎮圧するという大事件があった。アイヌ蜂起をめぐる松前・蝦夷地情報が各方面から江戸にもたらされたに違いなく、そうした情報のなかに義経についての「俗伝」が混じっていた可能性もあろう。

ただし、寛文九（一六六九）年ないし十年時のシャクシャイン蜂起関係の記録のなかに義経が蝦夷に渡ったとする記事を見出すことはできない。弘前藩が収集した蝦夷地情報に「弁慶、船澗有」（『北方史史料集成』第四巻：一九八）、「弁慶山と言山有。嵐はけしき也」（『北方史史料集成』第四巻：二一五）、「へんけい、間有リ」（『北方史史料集成』第四巻：二六八）と、日本海に突き出した後志地方寿都町の弁慶岬が出てくるのみである（地名解釈の諸説については、山田 二〇〇〇）。この弁慶という当て字地名は慶安四（一六五一）年、北条氏長が編集した日本総図「正保日本図」（国立歴史民俗博物館所蔵秋岡コレクション）に「弁慶崎」とあり、シャクシャインの戦い以前から存在していた（『青森県史　資料編近世1』青森県、二〇〇二年、付図）。このように弁慶の名はみられるものの、『本朝通鑑』の記す義経の不死蝦夷渡りが当時どれほど語られていたのかはかなり疑問である。

文献的に松前・蝦夷地の義経伝説が具体的に知られ始めるのは、元禄元（一六八八）年の水戸藩徳川光圀による快風丸の蝦夷地探検をまたねばならない。『快風船渉海記事』中の「蝦夷中にて風聞に申伝候覚」（戊四月廿八日）に、①松前城下より上口の弁慶か崎へは陸地六日程で、そこには弁慶甲石がある、②松前城下より下口の宇須へは陸地五日程で、この宇須には義経公の甲石がある、③松前城下より下口の「さる」へは陸地九日程で、この「さる」に義経公が渡って、所の大将蝦夷の婿になり、「さる」の近所の「はへ」という所に館を構えた、その後大将の宝を盗み取って陸地へ帰った、蝦夷の言葉には義経公を「うきくるみ」、弁慶を「しやまにうくる」というと記し、「右の趣前々より蝦夷共申伝候得共、尤分明ならさる御事」だとしている。また、「御船快風丸（里見甚五郎筆記）」のうちにも、④「判官殿ノ車舟」として「エゾニテ判官殿ノ車舟トテ、舟ノ中ニ車ヲ仕カケ、車ヲウゴカセバ二丁ノろ一度ニ動也、判官エゾへ渡ルトキコシライ始ルト云フ」と書かれている。

北海道郷土資料研究会の翻刻による『快風丸記事』（『北海道郷土研究資料』第五、北海道郷土資料研究会、一九五九年）から引用したが、これは旧水戸藩主徳川家蔵本を謄写した北海道大学図書館所蔵の写本を翻刻したものである。

この水戸徳川家本も「御船快風丸」に「文政十一(一八二八)年戊子五月写」とあり原本ではない。安達裕之氏はこの写本とは別の旧海軍文庫所蔵史料(現在東京大学教養学部所蔵)の、二冊ある『快風丸渉海紀事』のうちの「原本のすべてを写したと思われる」一冊を翻刻しているが(安達 一九七〇)、それには右の義経に関する記事はまったく見出せない。写本による転写の誤りなどがあり、書誌的な検討を必要とするが、ここでは果たせない。「戌四月廿八日」という日付も気になるが、元禄七(一六九四)年かとする見解にしたがっておく(岩崎克己編輯・発行 一九四三)。

まず、①弁慶か崎の弁慶甲石と②宇須の義経甲石であるが、以後の文献に両地の甲石をあげたものは見当たらない。ウスに関していえば、前述の元禄十七年(宝永元(一七〇四)年)に蝦夷地を廻った空念が、善光寺如来堂に源義経公御影二幅を奉納し、その後、伊ぶつ大明神宝前に義経公御影二幅を、さる村の義経館(義経ノ宮ト号ス)に義経御影二幅を奉納していた。義経伝説を知り得ての行為といえようが、『北海道の古地図』所収の、「元禄はじめの作製図」と推測されている「松前島図」には、「善光寺　此寺ノ本尊義経、脇立弁慶」という書き込みがされていた(高木 二〇〇〇)。宇須の甲石も、そうした義経語りと関係があったのかもしれない。しかし、前節でみたように、善光寺は貞伝作仏が信仰対象となっていくので、義経物語との結合の試みは元禄頃のごく一時的なものにとどまり、消え去っていく運命にあったといえようか。

先に④の「車舟」について述べておくと、アイヌの人々にはむろん、東北地方北部の漁船でも使用されていた北方系の「車櫂」の舟を指しているものだろうか。秦檍丸撰『蝦夷生計図説』によれば、舟の左右の縁にタカマジと呼ぶ突起をつけ、これにカンジを差し込み、舟に座って左右の手を回し回しカンジを漕ぐが、車が回っているように見えるので車櫂の名がつけられたものという(『日本庶民生活史料集成』第四巻:五八六〜五八七)。本州の船とは操作法が違うことからくる、義経にこじつけた尤もらしい説明であったのだろう。

そして、③サルでの義経物語である。ポイントとなるいくつかの話で構成されているが、その後に語られたサルの義経物語の原型はすでに出揃っている。十八世紀前半、松前あるいは蝦夷地に足を踏み入れた人が書き残した義経物語と比べてみよう。快風丸派遣から二十年ほども経ってからであるが、宝永七（一七一〇）年幕府巡見使に随行してきた松宮観山の『蝦夷談筆記』は次のように記す。義経は「うきくる」、弁慶はそのまま「へんけい」という。義経はこの国の「はゐ」へ渡り、「ゑそ」の大将の娘になじみ、秘蔵の巻物を取ったが、これを「しゃうるり（浄瑠璃）」に作って、智恵に勝れた者たちが語っている。義経を殊の外尊敬し、その城跡に足を踏み入れることはしない。城跡の石垣は「しりかく」という魚の嘴で築立て、その魚の嘴の長さは八、九尺あり鉄のごとくで何百年経ても腐ることはない（『北方史史料集成』第四巻：三九）。

この話は、義経の居所ハイといい、秘蔵の巻物を盗むといい、快風丸記事と変わりがない。義経の城跡の説明が詳しくなっている。ここには直接義経＝オキクルミとは出てこないが、シリカク（シリカプ、つのざめ、めかじき）という魚の嘴云々の場所は、アイヌの始祖で、人文神であるオキクルミが外界に君臨したという、サル川の高い崖にあるハヨピラ（角鮫の角が頂きにある崖）のことである（金田一　一九一四）。オキクルミはアイヌに衣食住、儀式・風習まで含めてさまざまな生活の知恵などを授けてくれた存在で、アイヌラックル、アエオイナカムイなどと呼ばれた。

さらに同様の義経物語を詳しく書き留めていたのが、蝦夷地の金山調査に来た坂倉源次郎の『北海随筆』（元文四（一七三九）年）である。義経が幼年の時小船に乗って蝦夷へ来て八面大王の娘と通じ、大王が狩に出た隙に秘蔵の虎の巻物を盗み、小船に乗って、本国へ逃げ帰った。大王は狩から帰って追いかけたが、津軽の地で暴風にあって吹き返された。そのような作りの「上留理」といい、文言を翻訳すればその根元がわかるだろうが、アイヌ語がよくわかる通辞もいない、義経がウキクルミといわれているが、本当にアイヌから「崇敬」されているのか確証を得ないと懐疑的であった。また、ある筆記に、義経社が東蝦夷のクルにあるとしているが松前では誰も知らない、サルの山中に岩窟があり仙人が住んでいたとの言い伝えがあるものの、そこにも義経社はないと指摘している（『北門叢書』第二冊：六六～六七)。同じ元文頃の『蝦夷商賈聞書』には、サルには蝦夷が島の総大将のエゾがいて、その名をシヤマユンクルといって「悪鬼」のような存在であり、この浜に津軽三馬屋から渡ってきた義経は奥山のアツマという所に城跡を構え、ウキクルミと今に申し伝えているとし、やや違った話になっている(『松前町史　史料編』第三巻、松前町、一九七九年、九頁)。

こうしてみると、『快風丸記事』、『蝦夷談筆記』、『北海随筆』で語られている義経の話は、衣川館で死なずに蝦夷地に逃れたとする義経の蝦夷渡り(入夷、北行)説とはまったく無縁の物語であり、御伽草子の『御曹子島渡』そのものにすぎないことが了解されよう。『御曹子島渡』は十八世紀初め、享保頃に刊行された「御伽文庫」二十三編の一つとして知られるが、成立時期は江戸時代初期あるいは室町時代の末頃と一般には考えられている。したがって、近世前期の蝦夷地(蝦夷島)が舞台になった物語といえば、これ以外にはほとんどなかったことになる。物語は秀衡のもとにいた御曹子(義経)が、蝦夷が島の喜見城の内裏に大日の法という虎の巻(兵法書)があると聞き、四国「とさのみなと」(津軽の十三が本来か)から出船し、馬人島、裸島、女護の島、小さ子島などを経て島渡りし、かねひら大王の娘と契を結び、その娘(天女)の協力によって巻物を入手し、奥州に無事帰り、源氏の御代にすることができたという粗筋であった(『御伽草子』(日本古典文学大系)、市古貞次校注、岩波書店、一九五八年)。近世前期、東北地方や松前の人々がこの物語にどれほど慣れ親しんでいたのか、そのことを示す史料は見い出せないが、シャクシャインの戦いの頃には交易船のみならず、砂金採りや鷹待ちが蝦夷地に入り込んでいたから、『御曹子島渡』系の物語がそれらの人々に受け入れられていったとして不思議ではない。

2　契機としてのシャクシャインの戦い

蝦夷地の義経物語が高揚していくためには『御曹子島渡』だけでは不足し、もう一段階、シャクシャインの戦いが大きな契機となっていた。『快風丸記事』に、渡海先のサルという地名、ハへという館を構えた地名があり、『蝦夷談筆記』にもハイに渡ったという。『北海随筆』は、前述のある筆記に、シヤムシヤキンの時の勇者ヲニビシもクルの蝦夷というとあるが、ヲニビシの出処はサルという所であり、クルはサルの間違いであろうとしている（『北門叢書』第二冊：六六〜六七）。

ハイという地名は、松前泰広『渋舎利蝦夷蜂起ニ付出陣書』に「しふちゃり大き成る沢故、同沢の内三里程沢上におにひし在所はゐと申所に館を拵へ罷在候」（『北方史史料集成』第四巻：一五）、『津軽一統志』に「はへ黒と申所の鬼菱と申狄」、「鬼菱先立にてハイクル方の狄共魚取にしふちやり川へ参」（『北方史史料集成』第四巻：一三〇、一五七）とあるように、シブチャリ川（静内川）上流のオニビシの居所として知られていた。『北海随筆』後編の「シヤン〔ク〕シヤイン討取聞書」にも、ヲニビシはハイという所に生まれ、豪勇智力がともにあり、道理をよく弁えた人物で、近辺の多くのアイヌがヲニビシに親しんでおり、「ヲニビシ元来本邦ヲ尊信し、松前領主え服従して、能く夷人をも撫け治めて、松前領主えは忠義あり」と記されていた（『北門叢書』第二冊：九一）。

オ（ヲ）ニビシは鬼びし、鬼菱とも書かれたように鬼が連想され、『御曹子島渡』の喜見城のかねひら大王の鬼形と重ね合わされていくのは容易なことであろう。シャクシャインの戦いの物語化、軍談記化が進むなかで、たとえば『松前狄軍記』のように、鬼菱の子鬼菊の先祖はこんひら鬼王というが、その一人娘の十郎姫と、奥州の高館の軍に討負けて、この島に逃げ渡ってきた判官義経とが相なれ、おかもひ崎に居城を拵えて判官を置き、弁慶が守護して年月を送り、これによって島の「狄」は兵法を極めずということはない、と接ぎ木したような物語が生まれている（『北方史史料集成』第四巻：四二一）。ほぼ同様の記述が『松前蝦夷軍記』にもみられるし（『北方史史料集成』第四巻：二七八）、『蝦夷一揆興廃記』にも、義経公が蝦夷嶋へ落ち、後に神と崇められ、太儀公官と名付て、日本人の氏神を祈るがごとくに参詣し尊崇されたとある（『北方史史料集成』第四巻：三九一）。

オニビシの集団はハイクルと呼ばれていたが、ムカワやサルのアイヌの人々とともに同系統のサウンクル（シュムクル）の集団をなし（海保 一九七四）、サル川の聖地ハヨピラが義経関係地として想像され、オキクルミと付会されていくという、連鎖の思考回路が成立していた。オニビシという名前が『御曹子島渡』とシャクシャインの戦いとを媒介し、サル・ハイの土地と結びついて義経物語が作り出されたといえるかもしれない。『蝦夷談筆記』や『北海随筆』のアイヌが語る浄瑠璃というのは文化神アイヌラックル（オキクルミ）のオイナ（神謡）であって、『御曹子島渡』様の物語がアイヌの間で語られていたわけではあるまい。オキクルミの物語があるだけであって、判官義経の巻物盗みの物語が語られているかのように勝手に思い違いしていただけであった。なお、三都の中央の作家らの作為ではシャクシャインを義経の末裔だとする語りもあったが（『本朝武家評林』、『義経知緒記』など）、松前・蝦夷地では必ずしも展開しなかった。

3 クワサキについて

義経に関係ありとして、十八世紀前期に語られていたものに「鍬先」がある。正徳五（一七一五）年に松前藩が幕府に提出した『正徳五年松前志摩守差出候書付』は、蝦夷地に義経の旧跡はないものの、アイヌは義経を判官と呼んでことのほか敬い、昔語りにしている、弁慶か崎というところもある、アイヌはまたクワサキというものを神とも仏とも恐れて敬っており、それは「義経の甲の鍬形」であると言い慣わしていると、書き上げていた（『犀川会資料全』：一三五、一四〇〜一四一）。また、『北海随筆』も東蝦夷地に鍬先というものがあり、義経の甲の鍬形であるとして、宝物として崇敬するアイヌがいると聞かされているが、義経の甲という証拠はなく、いにしえの奥羽戦争で負けた落人がアイヌをあざむき、古来の英雄の名を借りて威勢を張ったものかなどと解している。アイヌの宝物であって神宝のように崇敬し、多くあるものではなく、秘して深く隠しておくものであった（『北門叢書』第二冊：六七）。

新井白石の『蝦夷志』（享保五（一七二〇）年）は、『蝦夷談筆記』などの情報にもとづいて著した当時の集大成的な蝦夷知識であり（宮崎 一九八八）、前述してきたような、義経オキクルミ説、ハイの義経「居止之墟」、ハイクルという呼称、弁慶崎などを取り上げているが、クワサキについても、盟約や結信をする場合、それぞれが持つ宝物をその印として用い、罪を贖う場合にも同様に行い、その宝器は、形が燕の尾に似て、長さは一尺五寸、鉄質金鑁で、両岐にそれぞれ鈴一個を懸け、これを地室に納めて祈禳して祭り、その名をクハサキというと記している（『新井白石全集』第三、国書刊行会、一九〇六年、六八四～六八五頁）。詳細なクワサキの付図もあり、「クワサキ　蝦夷人煩ノトキ祈禱ノタメ枕本ニヲク、亦飾物」と説明書きされている（佐々木利和 二〇〇二）。松前広長『松前志』によれば、「祈禱の法」として、病気のとき枕辺に置くという。別の箇所では、「男夷の重器」で、「神霊」ありとして崇敬し「深山巌窟中」に秘蔵しておくが、「夷中合戦闘争の変」があった時にはこれを出して祭をなして「発足」すると説明している。アイヌ語では「ヘヲウシトミカムイ」といい、戦のときの守り神であった（『北門叢書』第二冊：一一五、二九五）。いくつかの宗教機能があったことになる。

クワサキといえば、蠣崎波響『東武画像』（天明三（一七八三）年六月、「紋別酋長東武」を描く）が鍬先を手にしているところを描いているのがよく知られていよう（井上監修 一九九一）。「ツクナイ」の品としては、シャクシャインの戦いでシャクシャインが和睦に応じたとき、「千品のつくのひを城中より取寄せ、浜端に積立て」たが、その宝のなかにエモシツポウ、エモシ、タンネエムシ、つばなどともにクワサキが含まれていたと『蝦夷談筆記』のうちの「しやむしゃゐん一揆之事」に出てくる（『北方史史料集成』第四巻：四九）。クナシリ・メナシの戦いでも、松前藩鎮圧隊長の新井田孫三郎が蜂起アイヌの処刑の翌日、イコトイ・ツキノエ・シヨンゴの三人に「所繁栄」のため「ヘラウシトミカムイ」を与えている（『日本庶民生活史料集成』第四巻：七一四。その意味については岩崎奈緒子 一九九八）。鎮圧隊は予めこれらを用意していたことになる。これは松前藩が与えた例であるが、戦の守り神として判官、義経の名とともにアイヌの首長層にもたらされた結果が、義経の鍬形とされたのであったろう。白石は義経を「士人最好勇、夷中皆畏之」（『蝦夷志』）としているが、アイヌの人々を脅かすとき軍神の代表のように義経を通俗的に語ってきた歴史を窺わせるものがある。

こうしてみると、十八世紀前期の松前・蝦夷地には義経不死伝説など何も存在せず、『御曹子島渡』にシャクシャイン事件が重なった程度の物語が展開していたにすぎなかった。義経は『快風丸記事』では「陸に戻る」、『蝦夷談筆記』では「本国に逃げ帰り」とあり、本州（日本）に帰ったとしか解釈できない。白石が『蝦夷志』に「西部地名、亦有弁慶崎者、或伝、廷尉去此而踰北海云」として韃靼方面に赴いたように書き、『北海随筆』も「西蝦夷地六条の間と云所に弁慶崎と云所有。義経此所より北高麗に渡りたまふとも云り」と、京坂や江戸での知識人ないし作家たちの想像や創作に影響を受けて（『蝦夷勲功記』、『鎌倉実記』など）、不死伝説ないし大陸逃亡説に引っ張られていく。松前藩きっての史書に通じた松前広長も『松前志』で「義経異国へわたれる由往々符合のことあれば其説尤も信ずべし」（『北門叢書』第二冊：一一六）と述べるに至るが、それは松前・蝦夷地での語りのなかから紡ぎだされたものではなかった。中央から地方への一方的な回路のなかでの物語の展開であった（菊池 二〇〇六）。

4 義経蝦夷渡り説への疑問

蝦夷地幕領化以前の十八世紀後期、松前あるいは蝦夷地を歩いた人たちは、義経がアイヌに崇敬されていたとする物語や、大陸に渡ったとするような言説をどのように受けとめていたのであろうか。まず幕府巡見使に随行した地理学者古河古松軒『東遊雑記』（天明八（一七八八）年序）であるが、「世に云、義経公蝦夷渡りの事蹟」を尋ね聞いている。武田悪太郎という商人の案内で渡り、夷人と戦い、ついに今の松前の地を開いて悪太郎に与えたなどと言い伝え、中には信じがたい奇説も数多あって、馬鹿らしい事は省略したとしながらも、義経＝ヲキクルミ、弁慶＝シヤマクルミ説に言及している。

　それらはいずれも、東蝦夷内浦辺の弁慶畑は弁慶がアイヌを集めて粟を植えることを教えた所であるとか、弁慶を兄、義経を弟としているとか、昔咄にヲキクルミが誰々家の先祖へ入聟になって何とかの娘を愛したといった、言い伝えだけの「奇説」であった。また、アイヌは食事の前に、義経公、弁慶を祭ってから食べるとも聞いたようで、真偽をたしかめているが、海の神なのか山の神なのか、実のところは何も知りえないのであった。飲酒のさいのイクパスイ（捧酒箆）を用いたカムイノミ（神への祈り）を指しているのだろうが、随分といいかげんにすべてを義経のことにしてしまう松前人の習性であった。ある書にいう義経の韃靼行や、ある人のいう清の太祖は義経の子孫だとかいう説については、多少考証を加えながら、「好事家の説なるや、未詳」、あるいは「信じがたき説」として同調していない。地理学者としての見識であった（『日本庶民生活史料集成』第三巻、竹内利美・森嘉兵衛・宮本常一編、三一書房、一九六九年、五三五頁）。

　幕府による天明の蝦夷地調査隊に加わって以来、当時としてはアイヌの生活文化を最もよく観察していた最上徳内はどうであったか。『蝦夷国風俗人情之沙汰』（寛政二（一七九〇）年序）に、エトロフの地名の語源について、往昔ヲキクルミ、シヤマイグルの神ともいうべき二人が蝦夷地に渡ってきて、その大刀の柄の鐶に提げた鼻緒の形に似ているのでヱトロフというようになったとし（ヱトロは鼻、フは緒、ワタラは岩という意味）、その二人は義経と弁慶であるという説があるが、「いまだ詳なる事を得ず」と、慎重な物言いであった（『日本庶民生活史料集成』第四巻：四六五）。その後に書いた、徳内のアイヌ文化理解の到達点ともいうべき『渡島筆記』（文化五（一八〇八）年）では、ウキクルミ＝義経、シヤマユクル＝弁慶とするのは、和人の付会から出たことで、「ゑぞの旧来の伝」ではないと、明確に否定している。ウキクルミ、シヤマユクルの兄弟は、「軽捷にして高所より飛などする術を得、巧智ありて網を結〔び〕魚を捕〔ふる〕こと」など、種々の「利器」はこの二人が作って教えたことであると、人文神としての本質を捉えていた。兄ウキクルミは専ら東浜にいるので東地の開祖とし、弟シヤマユクルは西辺の祖と心得え、これを神として祭るが、それは心のうえのことであって、イナオ（イナウ、木幣）を作って捧げ崇敬しても、祠をつくり、かたしろを置くなどということは、アイヌの習俗にはないと指摘している。ただ、義経、弁慶が軽捷で智恵のある点でウキクルミ、シヤマユクルと合致するところもあるので、アイヌの人々はこのことをどのように伝えているのか、テシオ番家の喜右衛門という者に聞くと、ウキクルミ、シヤマユクルの二人は兄弟で、この島に生まれた者であって、所によってその呼称が違っている、終には北の方の海を渡ってシヤモの国に入ったと伝えていると答えてくれた。そこで、いよいよ義経に牽附しがたいと徳内は考えたのであった（『日本庶民生活史料集成』第四巻：五二三～五二四）。

『渡島筆記』はアイヌが語るユウカリ（ユカラ）の内容を上原熊次郎に翻訳させ、初めて記録に留めたことでも知られるが、源義経の物語もユウカリであるとしてやや踏み込んで紹介・検討している。その物語は、殊に「古調」で、聞いても理解できない所が多く、わかっても後が続かず、また物語の始終を覚えている者も稀であるとしている。物語は掻い摘んでいえば、ホウガニシあるいはホウガンドノと称する人物が、家難を避けるために逃れてここに来て、人の家の婿になったが、翁のひまをうかがって宝を盗み、舟に乗り海に入った。翁が帰って婿が見えないのを怪しみ、追ってホロベツまで到ったが、俄に風波が起こってきたので引き返した、といった内容であった。

徳内が考えるには、この物語からは女子（義経の妻）がうなずいて義経を逃したようには受け取れない、また『北海随筆』には義経幼時という説があるが、ユウカリの文句には出てこない、ホウガンと称しているのは幼時ではない証である、同様に大王が津軽のほとりまで追ったとあるが、津軽にはホロベツがなく、あるのはホロツキである、両者を混じたのであろうかなどと、従来語られてきた義経の物語とは違っていた。そして、義経の事はユウカリの文には「髣髴」として確実なところがないが、しかし拠り所がまったくないわけでもなく、したがって人々が好んで付会の説を作ってしまうので、多くは信じることができない、と結論づけている（『日本庶民生活史料集成』第四巻：五三三〜五三四)。

このホウガン物語は、ホウガンという呼称から判官義経を思わせるものの、『蝦夷談筆記』や『北海随筆』の『御曹子島渡』様の物語からはかなりかけ離れており、婿に入って物を盗むということばかりが共通しているにすぎない。部分的に類似することはいくらでもありえよう。徳内ははなから嘘だと突き放すのではなくて、一歩踏み込んで、アイヌが語っているとされる義経伝説の不確からしさを指摘し、和人の付会であることを明らかにした初めての人であったといえよう。

もう一人、菅江真澄の見聞についてもみておこう。渡島半島の東海岸、内浦湾を旅した真澄はいくつか義経語りの遺跡に遭遇している。『蝦夷迺天布利』によると、寛政四(一七九二)年五月二十八日、トドホッケから舟に乗ってヲサツベに向う途中、銚子の碕という岩の上に五尺ばかりの石が立っていた。この立石をアイヌが「神鬼」(カムヰ)と恐れ尊んでいるが、九郎判官義経がここに隠れており、義経を追ってきた多数のアイヌがこれを見て驚き、身をふるわして礼儀し逃げたという「むかし物語」があった。その先には判官殿の屋形石という窟や、判官の兜石もあった(『菅江真澄全集』第二巻:一〇二)。翌二十九日、イタンギという磯ではその地名について、イタンギは飯椀の名前で、むかし、源九郎義経が水を掬った器が浪に取られてここに打ち寄せたという話を書き留めている。真澄はここで、アイヌの間では判官義経をヲキクルミと言って畏み尊んでいる、あるいはアイヌが判官といって恐れ畏み、神としているのは小山悪四郎判官隆政ともいわれているとし、判官＝小山隆政説に傾斜した考えを披歴している。小山統の紋は双頭の巴で、アイヌは三巴を家の守りとし、同じ巴であることからの推測であった。したがって義経については、決してこの島に渡って来たのではないだろうが、義経の高名を利用してアイヌを脅かした「名もなき、ひたかぶと〔直兜〕のもの」の行い、振る舞いではなかろうかと解し、アイヌは義経と小山判官を混同しているのだろうと述べていた(『菅江真澄全集』第二巻:一〇三〜一〇四)。

十八世紀後期は義経が蝦夷からさらに大陸に渡ったとする言説が跋扈していく。松前や蝦夷地を実際に歩いた人たちは、十八世紀前期に語られ出した蝦夷地の義経物語をかなり冷静にみており、義経物語の不確実さやその機能について批判的に捉えていたといえるだろう。オキクルミやシャマイクルの物語をいくら義経だの判官だのと言ってみても、しょせん和人が言っているにすぎず、アイヌの人たちがそれを受けて語ったとしても、アイヌ自身の物語とはもともと無関係だったということである。

5 蝦夷地内国化と義経社創建

しかし、幕府が蝦夷地直轄に動き出すと、蝦夷地の義経物語は新たな展開を見せていく。寛政十（一七九八）年、幕府の松前蝦夷地御用取扱となった近藤重蔵は蝦夷地のなかに神国イデオロギーを持ち込み、神社を創出していった人物である（菊池 二〇〇八、高嶋 二〇一〇）。ここではサル場所の義経社を取り上げるにとどめておく。

重蔵は木村謙次『蝦夷日記』によると、寛政十（一七九八）年のエトロフ島調査の帰途、十一月十五日にサル場所の義経の故地とされるアヨヒラ（ハヨピラ）に義経の小祠を建てた（『木村謙次集』上巻：二二六）。重蔵の「古河古松軒老人に与ふる書」（寛政十一年六月二十一日）には小祠建立に触れていないが、去る十一、十二月の頃、サル・ムカワ・シコツへ行き義経の古跡を尋ねたとし、サルの川上のハイヒラは、昔判官が山上にハイと呼ぶ魚吻を立てて祈禱し居を構えたところで、八面大王の女に通じて、これに怒った大王に追われたとき、長刀を取り櫂にして逃げ去った、今の車櫂はその遺風だと、世に言い伝えていると記していた。前述した義経物語に変わりないが、車櫂の話が『快風丸記事』とは違う場面で付け加わっている。ムカワの川上のキロノイの山上には、判官が来て魚を釣り、幣を建てた跡が今に残り、また古い甲冑を所蔵するアイヌがいるとも書いていた（『近藤守重事蹟考』（『近藤正斎全集』第一、国書刊行会編、第一書房、一九〇五年）、二四頁）。

このときは小祠を建てたばかりであったが、翌年の蝦夷地出張のさい義経の木像を安置した。寛政十一（一七九九）年己未四月二十八日の日付とともに「近藤重蔵藤原守重　比企市郎右衛門藤原可満」の名前が木像の台座背面に墨書されている（『平取町百年史』平取町、二〇〇三年、二六三頁）。現在、平取の義経神社の本尊となっている。近藤は祠や偶像を作らないアイヌの信仰の場所に、オキクルミに付会された義経社を創出したことになり、精神世界への新たな介入の始まりとなったといえようか。

秦檍丸『東蝦夷地名考』（文化五（一八〇八）年）は、右の比企可満が享和二（一八〇二）年夏、シノタイに神廟（源廷尉（義経）廟）を建ててアイヌに祭らせ（廟を描いたシノタイの地図あり）、その地より東山奥には源廷尉の神を祭る地（ハヨピラをさすか）があり、アイヌの人々が木幣を奉って尊崇していると記している（『アイヌ語地名資料集成』佐々木利和編、草風館、一九八八年、二三〜二四頁）。また、同年の仙台藩の『高屋養庵クナシリ警固日記』九月一日条にもシノタイのヒラ（ヒラカ）に公儀衆近藤重蔵が建立した堂・鞘堂に「義経之木像甲冑を着し候像」があるとしているから（『文化五年仙台藩蝦夷地警固記録集成』村上直・高橋克弥編、文献出版、一九八九年、四〇三頁）、ハヨピラの義経社はほどなくしてヒラ（ヒラカ）に移ったことになる。

さらに、蝦夷地の幕府再直轄後の安政三（一八五六）年、松浦武四郎がサル会所元（モンベツ）を尋ねたさい、そこにヒラカに祭られた義経大明神が勧請され、宮が「美々敷」建てられていた（『竹四郎廻浦日記』下巻、高倉新一郎編、北海道出版企画センター、一九七八年、五二七頁）。どんな事情で、いつ誰が移したのか不詳だが、同年訪ねた佐倉藩士窪田子蔵の『協和私役』九月五日条によると、義経の祠はサル会所の後ろの岡にあった。そこには二祠あり、前の祠には弁天、稲荷、および義経像を配し、後の祠は義経社となっていた。義経像は木像で一尺余り、「戎衣を着け、鍬形龍頭の冑、緋縅金小札の鎧」といった姿で、世間に伝えているところと異ならないとし、もとは後の義経社にあったのを、人が拝むのに都合がいいように前祠に移したのだという（『日本庶民生活史料集成』第四巻、二六〇頁）。翌四年八月朔日には関宿藩士の成石修がサル会所の義経社を写生しているが、会所と有司の建物の背後の山に石段の参道があって、三つの鳥居をくぐったさきに前後二つの社が描かれており、窪田らの記述を裏付けるものとなっている（成石修『東徼私筆』大野良子校註、政界往来社、一九七八年、二〇五、二一〇頁）。聖地ハヨピラに近藤が建てた小祠が廃れ、シノタイ、会所元へと移ったのは、義経社がアイヌの人々の信仰からはかけ離れており、和人の崇敬対象でしかなかったことを示していようか。

松浦武四郎などは蝦夷地の義経物語に親和的態度を示し、アイヌの同化に政治的に利用しようと考えていた一人である（菊池 二〇一一）。大内余庵『東蝦夷夜話』によれば、幕末の幕領下であるが、サル詰の役人大西氏穏の次のような例もあった。同地のアイヌが「数百年来判官義経の遺風を追慕」して風俗改めに従わず愁訴に及ぶのは、「御国の良民」として等しく撫育しようとするエンドカムイ（将軍）を有りがたく心得ていないからであると考え、呼び出した役付のアイヌを前にして、「尊崇」しているその判官は源氏の嫡流であり、エンドカムイも「源家祖宗の御裔」なので判官を奉斎することと同じであると説明したという（『北門叢書』第五冊、大友喜作編・解説・校訂、国書刊行会、一九七二年、四八八頁）。この役人はアイヌの人々が義経を崇拝していると思い違いしていた。

吟味が必要だが、その一方でアイヌのなかにもクスリのメンカクシのように自ら「源判官の子孫」と語る者も出てきていた（『北門叢書』第五冊：四二八）。ただ、それは例外的であって、窪田子蔵は、ヲキクルカムイ、シヤマヤングルは源判官、弁慶であるという「明証」は何もなく、この神をこの地に祀るべき謂れはなく、この祠はむだ事で、近藤重蔵らの謀にすぎないと批判していた。それが幕末蝦夷地の義経物語の実情であった。

おわりに

十七・十八世紀の松前藩政期の文献史料は、同藩がその後転封・復領という歴史を辿ったために少ない。ウス善光寺にしても義経物語にしても、従来から比較的よく知られた史料に依拠するほかなく、和人とアイヌの人々とが織りなす生活・労働空間のなかでどのような機能を果たしていたのか検討するには限界がある。ただ子細に読み込めば、以上述べてきたように、ある程度の判断や評価ができないというものでもない。

官寺以前のウス善光寺はアイヌの人々によるいってい の自主的な信仰の関わり合いが窺われ、巡礼の宗教者たちは多少意識していたにせよ、アイヌの教化や支配という側面は希薄であった。クナシリ・メナシの戦い（寛政元（一七八九）年）の渦中にあって助かった南部大畑の伝七が、蜂起の中心人物マメキリから所持する貞伝万体仏を「尊き仏像」であるとして引き渡すよう求められたが、それもマメキリらの善光寺如来や貞伝仏に対する親近感を示すものでもある。

義経・弁慶伝説でいえば、オキクルミやシヤマイクルへの付会は、和人の勝手な願望や思い込みにすぎなかった。アイヌの人々にとってみれば、史実の義経がいかなる武勇者であったかはほとんど知らなかっただろうし、自らの民族的な精神生活が義経の侵入によって変容を受けたり壊されたりするものでもなかった。このように十八世紀（松前藩政期）の蝦夷地のなかの「日本」の神仏を理解してみると、こころや魂の領域における「日本」の神仏の影響はまだ緩やかであって、軋轢や葛藤も大きなものではなかった。

しかし、幕領化以後となるとそうはいかない。蝦夷地内国化という政治的プレッシャーが重くのしかかってくるからである。アイヌの教化や同化にも関与していく蝦夷三官寺の建立や、義経伝説の政治利用にとどまらない。場所請負制のもとでアイヌの雇労働化が進み、請負人や詰合役人によって編成された場所（運上屋・番屋）の生業のサイクルや年中行事の体系のなかに否応なしに組み込まれ、日常的な生活の場で「日本」の神仏に接していくことになる。その過程でアイヌの信仰・宗教観に「日本」の神仏がどのように入り込んでいくのか、近代史を展望しながらの検討が必要となってこよう。

参考文献

安達裕之　一九七〇「史料紹介・快風丸渉海紀事」（『海事史研究』第一四号、日本海事史学会）。
井上研一郎監修　一九九一『蠣崎波響とその時代』（図録）、北海道立函館美術館ほか。
岩崎克己編輯・発行　一九四三『義経入夷渡満説書誌』。
岩崎奈緒子　一九九八『日本近世のアイヌ社会』校倉書房。
海保嶺夫　一九七四『日本北方史の論理』雄山閣。
菊池勇夫　二〇〇六「義経蝦夷渡り（北行）伝説の生成をめぐって——民衆・地域が作り出したのか」（『キリスト教文化研究所研究年報』第三九号、宮城学院女子大学附属キリスト教文化研究所）。
——二〇〇八「持ち込まれる「日本」の神仏——近世の松前・蝦夷地の場合」（近世史サマーフォーラム二〇〇七実行委員会『近世史サマーフォーラム二〇〇七の記録　信仰から広がる世界』）。その後、拙著『アイヌと松前の政治文化——境界と民族』校倉書房、二〇一三年に収録。
——二〇一〇『十八世紀末のアイヌ蜂起——クナシリ・メナシの戦い』サッポロ堂書店。
——二〇一一「松浦武四郎と義経蝦夷渡り伝説」（『キリスト教文化研究所研究年報』第四四号、宮城学院女子大学附属キリスト教文化研究所）。
金田一京助　一九一四「アイヌ始祖オキクルミ伝説」（『アイヌ文化志』（金田一京助選集Ⅱ）、三省堂、一九六一年、再録）。
國東利行編　二〇一〇『松前・蝦夷地納経記』北海道出版企画センター。
佐々木馨　二〇〇四『北海道仏教史の研究』北海道大学図書刊行会。
佐々木利和　二〇〇二「アイヌの工芸研究への一試稿」（『民藝』第六〇〇号、日本民藝協会）。
須藤隆仙　一九六五『北海道と宗教人』教学研究会。
高木崇世芝　二〇〇〇『北海道の古地図』、五稜郭タワー株式会社。

高倉新一郎　一九七二『新版アイヌ政策史』三一書房。
高倉新一郎編　一九八七『北海道古地図集成』北海道出版企画センター。
高嶋弘志　二〇一〇「近藤重蔵の神社建立をめぐって」（『釧路公立大学地域研究』第一九号）。
田中秀和　一九九七『幕末維新期における宗教と地域社会』清文堂出版。
名古屋市博物館ほか企画編集　二〇〇五『円空さん』（図録）、中日新聞社。
宮崎道生　一九八八『新井白石の史学と地理学』吉川弘文館。
山田秀三　二〇〇〇『北海道の地名』草風館。

外交史研究の新視点

——一八六八年の新潟開港問題と駐日イタリア外交官——

ジュリオ・アントニオ・ベルテッリ

はじめに

一八六八（明治元）年[1]と言えば、日本の歴史における大きな節目、「明治維新」の年である。この年を以って、日本の政治制度、経済、貿易、思想、外交、生活様式などは前例のない、抜本的な改革を迎えた。新政府のもとで、日本は近代化を成し遂げるために、欧米諸国との対面を続けざるを得なかった。

幕末・明治期の日本外交史を学ぶと、主に英国、アメリカ、フランスとの国交は重視されているが、イタリア関係の記述は滅多に目にしない。現時点では、日本側およびイタリア側の一次史料を両方活用した幕末・明治期の日本におけるイタリアの存在に関する専門的研究はほとんど行われておらず、駐日イタリア外交官の立場やイタリアの外交姿勢ははっきりと解明されていない。

日本におけるイタリア人外交官、イタリア人コミュニティーとその活動に関する先行研究の欠如を少しでも補うために、筆者はおよそ八年前からイタリアや日本の古文書館や資料館などで史料収集を行い、主に未刊史料を中心とした複数の論文や研究ノート[2]を執筆することができた。ただし、資料館および個人の書庫で眠っている史料は未だに多いと考えられるので、今後も新たな発見を充分に期待できる魅力的な分野であると言える。

今まで発表されたことのないイタリア側史料を利用する主な目的は、駐日イタリア公使・領事の立場および日本政府に対する外交姿勢および駐日諸外国（主に英・米・仏）外交官との協力や対立をあきらかにすることである。したがって、歴史の狭間に飲み込まれた様々なエピソードや出来事を再発見し、分析することによって、日本外交史を新たな視点から観察できると思われる。また、更に視野を広げてみると、日本史におけるイタリアの立場と役割をよりよく、より深く理解できるのではないかと考えられる。

本稿では、新潟港の開港およびイタリア人の新潟訪問をめぐる一つのエピソードについて論じる。イタリア外務省歴史外交史料館およびイタリア国立古文書館で発見された様々な一次史料および存在する数少ない先行研究[3]によると、一八六八（明治元）年七～九月に数人のイタリア人が新潟を訪れたことが窺える。その頃、新潟はまだ公式に開港されていなかった上に[4]、一八六八年夏は薩摩・長州藩を中心とした新政府軍が陸奥・出羽・越後の列藩同盟と激しく戦火を交わしていたため、新潟を訪問することは外国人にとって、危険極まりない、無謀な行動だったと言える。

本稿では、主にイタリア側の一次史料を分析し、以下の問題点について論じる。

①なぜイタリア人は命をかけてまで戦闘の舞台となっている新潟を訪れようという決心に至ったのか？
②駐日イタリア公使、そしてイタリア外務大臣は新潟への訪問・開港問題にどのように対面したのか？
③他国公使はどの立場からこの問題を検討したのか？
④イタリア公使にとって、一八六八年の新潟訪問はいかなる結果をもたらしたのか？

更に、本稿では、日本史研究で滅多に紹介されることのないイタリア側史料を日本語に訳して挙げることによって、その特徴や歴史的意義を強調したい[5]。

一　イタリア人による新潟訪問の意義と目的

1　「蚕種商人」と駐日イタリア外交官の活動

一八六〇年代前半から、多くの商人がイタリアやフランスなどから日本に渡り始めた。これらの商人が日本で求めていた品物はいわゆる「蚕種」[6]を載せた「産卵台紙」[7]だった。当時のヨーロッパの主な養蚕地域に広まっていた「微粒子病」[8]（又は「ペブリン」）と呼ばれる蚕の病が生糸の生産を低下させていた。養蚕家は危機を乗り越えるために、まだ微粒子病に感染していない地域で無病・良質の蚕種を仕入れるという困難な任務を「蚕種商人」に頼らざるを得なかった。

日伊修好通商条約は一八六六（慶応二）年八月に締結されたものの、イタリアの蚕種商人は既に一八六四（元治元）年から日本に渡り始めていた。当初は蚕種を密輸していたが、条約締結からおよそ一年後に初代駐日イタリア公使ヴィットリオ・サリエ・ド・ラ・トゥール伯爵[9]、そして領事クリストーフォロ・ロベッキ[10]が日本におけるイタリアの蚕種商人の活躍を支援・擁護し始めた（ベルテッリ 二〇〇七b）。

具体的に述べると、当時の駐日イタリア外交官の任務は以下に挙げる五つにまとめられる。

①日本政府と交渉し、イタリア商人の利益に繋がる便宜を獲得すること。
②日本政府などから得た情報をイタリア商人に伝えること。
③在日イタリア人の安全および信仰の自由を保障すること。
④日本製輸出用産卵台紙の偽造を予防する対策（押印制度の導入など[11]）を採用すること。
⑤他国の利益を妨害しないと同時に、自国の利益を図ること。

日本の養蚕地域（上州、信州、出羽など）で毎年生産された最良質の輸出用産卵台紙はほぼすべて横浜の市場に流れており、外国の蚕種商人の商談や取引は基本的に横浜の居留地で行われていた（Zanier 2006: 45–89）。もちろん、外国人は条約によって定められた区域（居留地とその周辺）以外の地域に足を運ぶことができなかった。彼らは基本的に蚕種の原産地を訪問することができなかったため、蚕種の生産環境および毎年の生産量に関する正しい情報の入手は極めて困難だった。

2　イタリア公使が新潟の開港を狙う理由

一八六八（明治元）年七月十一日に、イタリア公使ド・ラ・トゥールはイタリア外務大臣宛てに一通の書簡を送る。この手稿の書簡は十九枚にも及ぶ非常に長い文章であり、最初の数行で公使はイタリア蚕種商人の新潟訪問の理由を説明する。

在日イタリア公使館　一八六八年七月十一日、横浜にて
政治系　第四十三号
在フィレンツェ総理大臣兼外務大臣メナブレア伯爵閣下宛て

大臣閣下

去る六月二十七日付の政治系報告書第四十二号を以って、閣下に新潟の開港問題の主な段階について述べて、そこで、小生は極力早くこの件に関する諸手続きの詳細を説明すると約束しておりました。

数ヶ月前からの日本を揺さぶる政治的変革のせいで、我々は以前から、我が国の養蚕家が必要とする産卵台紙

の枚数が横浜市場に届かない、そうでなくとも、最も名高い生産地からの良質の産卵台紙が不足してしまうことを心配しております。このような重大な事態を防ぐ対策を講ずるために、権力が許す限り小生は、既に四月一日に公正に開かれた新潟港を事実上開港できるように努めました。[12]〔…〕

この書簡からも窺えるように、ド・ラ・トゥールが最も懸念していたのは良質の産卵台紙の不足と、それに伴う販売価格の高騰だった。戊辰戦争の影響で産卵台紙が横浜に運搬されず、イタリア蚕種商人が同国養蚕家の求める量の蚕種を仕入れることができなければ、イタリアの養蚕業、そしてこの業界に支えられているイタリア経済は大きな打撃を被る可能性が高いとド・ラ・トゥールは恐れていた。

更に、蚕種商人に新潟を訪問させて、その市場で取引を行わせることで、横浜よりも廉価で良質の蚕種を入手できる可能性が十分にあると考えていた。また、新潟を開港させ、その地で新たな蚕種市場を設けることによって、年々激しくなるイタリア商人の競争のせいで高騰する蚕種の販売価格が長期間にわたり再び下落することを狙っていたのである。

上述の理由に基づき、イタリア公使にとって新潟の開港は最優先の課題であり、どんな手段を利用しても、どんな危険や妨害に直面しても、一刻も早く達成したい重要な目標だったと考えられる。

二　新潟開港をめぐる会議および英国公使パークスとの対立

1　諸外国公使の立場

新潟開港問題の状況および諸外国公使と明治政府の間で行われた会談は石井孝の『戊辰戦争論』[13]という日本側史料を主に扱った研究において簡潔にまとめられている。本稿ではイタリア側史料を用いて、新潟開港問題の事情を検証したい。

一八六八（明治元）年七月十一日付の書簡によれば、政治的・外交的摩擦を恐れていたド・ラ・トゥールは数回にわたり駐日欧米諸国公使らおよび日本政府との会談を求めることにした。

六月六日にイタリア公使と同じ心配を抱えており、同じく新潟の開港を強く支持していたフランス公使レオン・ロッシュ[14]は、外交団長として日本政府との会議を開いた。

新潟の開港に関するロッシュの問い合わせに対し、日本政府は異議を申し立てなかったが、新潟はまだ新政府の支配下になかったため、その治安に関する情報を充分に把握していないと答えた。六月五日に新政府軍の兵隊が新潟に到着する予定だったが、この遠征の結果はまだ知らされていなかった。新潟が新政府の支配下になかったことは、輸出品（蚕種）にかかる関税の支払い先がはっきりしていなかったことも意味していた。政府は十五日間程度の期間をもって、詳細な状況を調べて返事をすると約束したが、これに対し、ロッシュとド・ラ・トゥールは、どのような返事が来ても、七月十五日を以って、自国商人の新潟訪問を許可すると答えたのである。

結局、日本政府が約束した返事は来なかった。更に、ロッシュは六月二十三日を以って帰国したため、ド・ラ・トゥールは強力な味方を失ってしまった。

イタリア公使は蚕種商人の新潟訪問を許可する前に、六月二十四日に再び駐日諸外国公使らと相談することにした。ド・ラ・トゥールは外交団に六月六日に行われた日本政府との会談の内容について報告し、日本政府がイタリア・フランス商人の新潟訪問に反対しなかったことと、約束された返事をこれ以上待てないので、自国商人の新潟訪問を実行する意図を伝えた。しかし外交団の反応は意外に冷たかったのである。

第一に、英国公使ハリー・パークス[15]がド・ラ・トゥールの計画に断固たる反対を示した。ド・ラ・トゥールの書簡を挙げよう。

> 〔…〕彼はまず日本政府が表明した事実を否定しはじめた。六月六日の会議は単なる会話に過ぎない[16]と断言した。また、新潟は軍事行動の舞台となっており、困難な状況に陥っているため、その地で自国民を護衛する手段がないので訪問許可を与えられないと述べた[17]。〔…〕

これを受けたド・ラ・トゥールは六月六日の会議は公式なものだったと強調しながら、最新情報によれば新潟とその周辺は平和であるため、イタリアの利益に繋がる自国商人の新潟訪問を中断させる理由を見いだせないと反論した。

第二に、ロッシュの帰国後に着任した駐日フランス公使マキシム・ウートレー[18]は、フランス蚕種商人から新潟を訪問する意志を示されていないと報告しながら、イタリア公使の計画に反対はしないが、積極的に支持も出来ないという慎重な姿勢を示した。ウートレーは新潟開港に関して、日本政府に新たな申し出をするように提案したが、これを受けたイタリア公使は時間に余裕がないと答えて、フランス公使の意見を却下せざるを得なかった。着任したばかりのウートレーは充分に日本の状況を把握していない可能性もあるが、その慎重な姿勢は英国公使の反対に影響された可能性があるとイタリア公使は考えている。

第三に、会議に参加していた米国公使とオランダ公使はウートレーの反応を見て、同様に中立の立場をとったが、パークスのように反対を示すことは一切なかったとイタリア公使は報告する。

イタリア公使の計画を全面的に支持したのは駐日プロイセン公使マクシミリアン・A・S・フォン・ブラント[19]だけだった。プロイセンはフランスと違い、蚕種の仕入を狙うわけではなかったので、ド・ラ・トゥールにとって、プロイセン公使は信頼できる心強い味方だったと考えられる。

いずれにせよ、それぞれの公使が正しいと判断した指示を自国民に与えるという決断で六月二十四日に行われた外交団の会議が終わり、イタリアとプロイセンの両公使はその日の夜に自国民および日本政府に、七月十五日以降は新潟に入港する旨を報告した。

翌二十五日、ド・ラ・トゥールとフォン・ブラントは日本の外国事務総督東久世通禧[20]を訪問し、外交団が決断したことを報告するべく新たな会談を始めた。そこで、東久世は公使らに、新潟には新政府の遠征隊が派遣されており、安全な地域ではないので新潟訪問を延期するように勧めた。これを受けた両公使は、まだ新政府の支配下にない新潟を訪れる自国民の安全保障を求めているわけではないので各自の責任で行動させるという意図を示した。

同時に、英国公使パークスは英国領事に一通の書簡を送った。そこで、伊・普公使が自国民の新潟訪問を認可したが、「公式な知らせ」によると、新潟では激しい動乱が起きているので、英国民にはその訪問を認可しないと報告し、その書簡を英字新聞に掲載するように命令したと見られる。

そこで、ド・ラ・トゥールはパークスに、新潟の情勢に関する「公式な知らせ」の根拠を問い詰めた。しかし結局、それはパークス自身が以前「単なる会話」とみなした六月六日に行われた会議の際に得た情報であると告白せざるを得なかった。

結局、パークスは英字新聞に前述の英国領事宛ての書簡を掲載させた。ド・ラ・トゥールの書簡によると、掲載された記事の表題は、慣例の "For information of British subjects"（英国民へのお知らせ）ではなく、"For general information"（読者へのお知らせ）という曖昧な表現を使ったとみられる。[21] このようにして、パークスは巧妙に、この「お知らせ」で外国人全員の注目を集めようとし、イタリア・プロイセン両公使の計画を妨害しようとしたのではないかと考えられる。

2　イタリア人蚕種商人による新潟訪問の実行

六月二十九日の朝に、ド・ラ・トゥールはついに在日イタリア商人を集め、新潟の訪問に関するあらゆる説明を行い、治安に関しては「商売に差し支えはないでしょうが〔…〕既に開港された町のように良いとは保証できない」と表明した。

七月十一日のイタリア外務大臣宛ての書簡の最後に、ド・ラ・トゥールは改めてフランス公使の慎重な姿勢に対する失望感、そして何よりも英国公使がとった行動に対する憤懣を表明する。

〔…〕英国公使の反対は南の党〔薩長藩〕との協力を中心とした政策から生まれました。彼が現在日本に起きている変動の発案者です。従って、新潟へ赴くことが可能になると、北の党〔旧幕府の味方〕は武器などを簡単に入手できるようになる可能性があると懸念しています。〔…〕日本の海域にはその商品〔武器〕を運んでいる英国の商船がおよそ二十五隻、そしてアメリカの商船数隻があり、開港された港にも、開港されていない港にも入るものの、当局が適切な制裁を加えません。更に、一昨日届いた知らせによると、英国の商船は兵隊を会津藩に運び、一つの港に百人、もう一つの港に四百人降ろしたと見られます。

一体なぜ利益はイギリス事業家だけに与えられる特権でなければならないのか。その理由が小生には理解できません。英国人は冒険心豊富で、法律を守らなくても大目に見られることをわかっていながら、難なく、そして公然と、まだ開かれていない港を訪れる上に、英国民がそれらの地域で定住してしまうこともある。この状況を考えると、個人の投機ではなく、自国の実利のために努力するイタリア人がなぜその特権に恵まれていないのか理解できません。法律を守り、当局の立場を理解するイタリア商人の誠実な品行が、自国の損害、そして他国の利益のもとにならないことを目指すために、結局、〔イタリア人が〕新潟を自由に訪問する方が良いと小生は考えます。そうすれば、確実に行われるであろう密輸とそれに伴う危険に対面しないで済むと思います。[22]〔…〕

ド・ラ・トゥールが六月二十四日に日本政府に送った書簡への返事は七月上旬に届いた。そこで、政府は再び、戦争に伴う危険により新潟訪問を延期させることを勧めた。しかしこの書簡にはまた別の書簡の複写が同封されていたのである。

〔…〕日本政府に、大坂に駐在している外国事務総督の書簡が届き、その写しが〔小生に〕転送されました。宇和島藩主〔伊達宗城〕によると、五月二十四日に、ハリー・パークスが大坂に赴いた際に新潟開港の手続きを開始したと述べています。彼は、小生の提案に猛反対する一方で、密かに小生と同じ目的を達成しようとしているだけでなく、〔開港の〕成果を独占するつもりだとこの情報は証明しています。[23]〔…〕

このように、ド・ラ・トゥールの七月十一日付の長い書簡が終わる。この書簡において、イタリアと英国の対立の経緯が明らかになるため、注目に値するものであると考えられる。この書簡からは、駐日英国公使の行為に対するイタリア公使のフラストレーションと憤懣が激しく溢れ出ている。

一八六八（明治元）年夏にはまだ横浜港にイタリア軍艦は停泊していなかったため、ド・ラ・トゥールが十分に自らの権威を発揮するすべは、外交官としての誇りと自尊心しかなかった。このようにして、ド・ラ・トゥールは最後まで昂然と英国公使の反対意見を無視し、イタリア商人の新潟訪問を実行させることができたのである。

この視察旅行に関して、様々な記録が残っている。第一に挙げられるのは一八六八（明治元）年九月二十五日付のジャパン・ガゼット（*The Japan Gazette*）紙に掲載された記事である。皮肉にも英国の蒸気船「アルビオン号」に乗船していた一行が直面した様々な困難が語られており、大変興味深い内容である。イタリアの蚕種商人に詳しいピサ大学教授のクラウディオ・ザニエル（Claudio Zanier）氏の研究によると、「アルビオン号」で新潟を訪れたのは数人の経験豊富な蚕種商人[24]とイタリア公使館の書記官マルコ・アレーゼ伯爵（Conte Marco Arese）だったとみられる（Zanier 2006: 277）。特にこの人物が新潟訪問に関する公式な報告書を遺した可能性はあると思われるが、現時点ではまだ発見されておらず、更なる調査が必要となる。

三　イタリア公使の挫折と新たな提案

1　イタリア政府の反応と新潟訪問の成果

また、イタリア側史料として、当時の外務大臣メナブレア伯爵[25]のド・ラ・トゥール宛ての書簡（九月十二日付[26]）が挙げられる。

その書簡で、メナブレアは基本的にド・ラ・トゥールの決断を充分によく理解し、それに賛成していることが窺える。また、イタリア人が新潟に向かって出発してからおよそ二ヶ月が経過した時点で、電報による連絡が来なかったということは、一行の無事を意味するので安心していると書いている。ド・ラ・トゥールの書簡を熟読したメナブレアはどうしてもイタリアとその国益を支持しないと決心した他国公使の思惑がはっきりと理解できないことを認めた。また、駐日プロイセン公使の決意を絶賛し、ベルリンの政府に感謝の意を伝える一方で、自国の公使に協力しなかった国々（英・米・仏・蘭）の政府の注意を喚起する意図を示した。

メナブレアによれば、日本が欧米諸国と締結した修好通商条約の重要な一項である新潟の開港は、全ての条約締結国共通の特権であり、その実行は諸外国公使全員の協力を必要とするものだと主張している。新潟開港問題について会談する駐日外交団に亀裂が生じたり、開港があまりに遅れたりすると、日本政府がこの隙に乗じて新潟の開港などの条項を無効にするのではないかとメナブレアは懸念していた。

最後に、メナブレアはド・ラ・トゥールに他国外交官と必ず協力するようにと、外交団の連帯を呼びかけている。およそ二ヶ月後、十一月十三日にド・ラ・トゥールは改めてメナブレアに新潟開港問題に関する書簡を送った。この長い書簡（手稿で九枚）は新潟訪問の具体的な結果を報告するものである。そこで、ド・ラ・トゥールは次のように述べる。

〔…〕〔新潟訪問の〕具体的な成果は期待はずれでした。イタリアの一行が新潟に着いたのは非常に遅かったため、比較的少なくて高価な産卵台紙しかありませんでした。もし一行が武器や軍需品を持参していたら、その代わりに廉価の産卵台紙を多量に手に入れることができたようです。しかし、そういった貨物を運んでいれば、旅行自体の様相が一変することになり、以前計画されていた、あくまで貿易を目的とした任務との大きな差が生じたでしょう。このように行動していたら、北の連合を支持するような、密売を中心とした任務になり、〔日本における我国の〕中立の立場を崩し、多くの困難な問題を引き起こしていたに相違ありません。従って、この面で小生の選択は適正だったと存じております。

戦争の激化によって横浜の市場に良品が流れず、二級品しか届かないのではないかと懸念されていましたが、案外良質の商品が多量に横浜に運搬されました。この状況は予見できませんでした。小生の手元にあった情報では実際の結果を予想できなかったので、万が一に備えての行動をとらざるを得ませんでした。

新潟に派遣された一行は多くの産卵台紙を購入することができなかったにも拘らず、最良質の蚕種が生産される地域の情報を把握することができました。したがって、この任務の実行にあたって期待されていた大きな目標が達成されました。このようにして、我々は来年に向かっての一歩を踏み出すことができました。今は〔新潟への〕道が開かれ、今後は滞りなくその利点を活用できるでしょう。また、市場を分別する必要があります。函館、兵庫や大阪に集まる二級品を除いて、今まで、すべての蚕種は輸出業者が集合する横浜に運ばれてきました。当然、この事態は蚕種価格の高騰の主な原因となります。

今年新潟の産卵台紙が高く購入されたことには特殊な理由があります。例えば、一行が持参した八万四千ドルという金額は全額使われませんでした。二万ドル以上は船の賃料および修理にかかり、輸出されたおよそ一万四千枚の産卵台紙〔の購入価格〕にこの二万ドルを追加すると、産卵台紙の価格は当然上がります。将来はこの理由で産卵台紙の価格が高騰することはないでしょう。[27]〔…〕

この書簡で、ド・ラ・トゥールは新潟訪問の正当性を強調しつつ、イタリア商人らの期待と予想をはるかに下回った結果について言及している。また、この書簡でも英国・フランス公使の立場および態度を改めて非難する一方で、新潟開港問題に関する外務大臣メナブレアの支持と協力に感謝している。一八六八（明治元）年の新潟訪問が失敗に終わったと認めながら、この書簡の行間からは、ド・ラ・トゥールが新たな新潟訪問を計画していることが窺える。まず、イタリア政府がド・ラ・トゥールの懇願に応じて、ついに一八六八（明治元）年末に軍艦「プリンチペッサ・クロティルデ号」を極東に派遣すると決意した。日本付近に軍艦を一隻でも派遣することによって、日本におけるイタリア外交官の権力を高めるとともに、新潟を含む横浜以外の港に蚕種商人を運ぶ重要な役割を果たす可能性があった。

翌一八六九（明治二）年に、数人のイタリア蚕種商人が改めて新潟港を訪れたと見られるが、今回は駐日イタリア公使の関与を証明する史料は発見されていない。一方で、一八六九年六月頃に、ド・ラ・トゥールは日本政府の全面的な協力を得て、上州の養蚕所において初めての外国人による養蚕実地調査旅行を実行することに成功した。この旅行には蚕種商人以外にも、ド・ラ・トゥール自身と伯爵夫人、書記官フランチェスコ・ガルヴァーニャ男爵[28]も参加し、一行は日本の養蚕業に関する有用な情報を多く収集できた。また、この視察旅行の記録として、一行に参加していた蚕種商人ピエトロ・サヴィオ[29]により刊行された興味深い書物が遺されている（Savio 1870）[30]。その中で、サヴィオは、外国人が以前足を踏み入れることのなかった地域およびその住民を描写した上に、日本における蚕種の生産環境、蚕の飼育過程や生糸の生産過程などを注意深く観察している。これらの情報はイタリアの養蚕家および蚕種商人にとっては大変役立つものだった。

2　イタリア公使が計画する新たな新潟訪問

この視察旅行によって、ド・ラ・トゥールは重要な成果を得たと言える。したがって、彼は翌一八七〇（明治三）年に、新たな養蚕地域における視察旅行を計画したとみられる。この事実はイタリア国立古文書館で発見された一通の書簡に記録されている。以下にこの書簡の主要部分を挙げる。

〔…〕小生は昨年、上州における視察旅行の計画を立案いたしました。この旅行は急いで企画しましたが、その目的はそれなりに達成されたと信じており、小生に随行した者たちによってあらゆる観測や調査が行われたのです。

この最初の試みで得た良好な結果に促され、小生はより大きな規模を持つ新たなる遠征を実行するという考えを抱くようになりました。しかしながら、突然発生した幾つかの困難と、日本を離れなければならないほど悪化した小生の健康状態によって、あらゆる計画を一時的に中止することになっていました。とにかく、小生は現在この遠地〔日本〕における滞在を延長できるくらい十分に快方に向かっていますので、この旨を注意深く検討した上で、小生の計画は差し支えなく実行できると存じております。

この任務の目標を完全に達成するために、我が政府の企画と支援が必要なので、小生はこの計画〔の実行〕を閣下の判断にお任せするのが妥当であると考えております。来る六月末に、小生は養蚕地域へ赴き、そこに政府が派遣する数人の養蚕研究家並びに〔蚕事に〕詳しい蚕種商人からなる一行を同伴させたく存じます。更に、この一行に日本に在住する数人のイタリア人の参加もお勧めしたいと存じております。この遠征、否、この視察旅行は、必要な道具をすべて政府に提供され、孵化から蚕種の製造までの蚕の飼育過程、生糸の繰糸と機織、桑の木の栽培、つまり養蚕製糸業の全面的研究に携わるものとなります。この一行の代表者は公使となるべきでしょう。なぜなら、以前締結された協定によって定められたとおり、公使が負っている責任と日本政府に認められている権限を視察団にも付与できるからです。昨年と同じく、視察団員は一切商売の取引をすることができません。ただ、新潟に戻って調査を終了し、視察団を解散させてからは、種紙を仕入れるためにその地に留まりたい者にはその許可を与えます。このように、視察団の成果は蚕の飼育に関する知識に留まらず、商業の面でも有利となります。なぜなら、既にその地〔新潟〕にいる蚕種商人らは以前のように仕入れ季節の終わり頃ではなく、最適な時期にその地に到着し〔蚕種を〕購入できるからです。そうすると、資金の一部を別の市場に注入することで、横浜ばかりに殺到する我が国民同士の競争を減少させることが可能となるでしょう。

その地方の情勢が上述の視察旅行に適さなかった場合は、小生が日本政府から奥州や信州などの別の地方で同じ便宜を獲得するための手続きに取りかかります。この任務の実行を助けるためには、王国政府は公使館に、馬の賃料・飼育費、荷物と食糧の運送などに必要な費用の一部をまかなう許可を与えて下さる必要があります。一人当たりの平均費用はおそらく五百フランになるでしょう。小生が提案するような実地調査には、王国政府が地質や旅行中に発見する動植物を調査できる一人或は二人の自然科学者を一行に随行させることが有益であると存じています。そうすれば、新しい知識や産物で科学を高めることができます。[31]〔…〕

この書簡に現れるド・ラ・トゥールの新しい計画の主たる目的は日本の養蚕地域を視察することであるといえるが、それだけではない。ド・ラ・トゥールの自尊心は一八六八（明治元）年のイタリア蚕種商人による新潟訪問が失敗に終わったことに深く傷つけられたせいか、やはり七〇（明治三）年にも新潟における蚕種の買付けに再挑戦したがっていることを明らかに述べている。

この書簡は一八七〇年一月十日付で、日本におけるド・ラ・トゥールの立場を支持してきたメナブレア外務大臣宛てのものである。ただし、一八六九年十二月十四日をもって、メナブレアは外務大臣を辞任したため、この書簡はその後任者であるエミリオ・ヴィスコンティ・ヴェノスタ外務大臣[32]の手に渡ることになった。ヴィスコンティ・ヴェノスタ外務大臣は、「彼の帰国及び膨大な金額の必要性を考慮すると、今のところ、そのような計画は採用できないとお返事できると存じます[33]」という短い鉛筆の殴り書きで、見事にド・ラ・トゥールの提案を却下した。

ちなみに、「彼の帰国」とは、もちろんド・ラ・トゥールの帰国を意味している。上州における視察旅行はこのイタリア公使の健康状態を著しく悪化させていた。ド・ラ・トゥールは以前、帰国する意図を外務大臣に伝えていたため、外務省はすでにその後任者を日本に派遣する準備を進めていたと考えられる。

翌三月に、ド・ラ・トゥールの後任者アレッサンドロ・フェ・ドスティアーニ伯爵[34]は第二代駐日イタリア公使に任命された。この人物はイタリア北部の重要な養蚕地域ブレッシャの出身で、蚕事に詳しく、蚕種商人の立場をよく理解できるキー・パーソンとして、ヴィスコンティ・ヴェノスタ外務大臣に選ばれたのである。

フェ・ドスティアーニが、イタリア蚕種商人が日本の内地を自由に旅行できるように日本政府と交渉したのは事実ではあるが、ド・ラ・トゥールのように新潟の蚕種市場を開発させることはなかったため、一八七〇年代に新潟に入港するイタリア人蚕種商人はいなかったと見られる。

最後に、ド・ラ・トゥールの一月十日付の書簡に戻ると、その後半に注目に値するところがある。

〔…〕小生は今回提出させて頂く計画の噂が予定より早く広まらないように閣下のご配慮をお願いすることは言うまでもありません。とにかく、我が国の人が起こし得る困難はさておき、もしそのような視察旅行が実行されるという噂がある国々の耳に入ってしまえば、そのうちの一つの国は独自の見解を有し、もう一つの国は養蚕業界における利益を我が国と共にしているため、彼らは我々を当惑させる行動をとるなど、視察旅行の実行を阻止する可能性が十分にあります。いずれにせよ、そのようなことは小生が視察団に期待している、我が国の養蚕業に有利な成果を著しく損なうことになるでしょう。(35)〔…〕

ここで、ド・ラ・トゥールは自分が計画した視察旅行の噂が「ある国々」に把握されないように配慮することを外務大臣に勧告する。彼は敢えて国名を明らかにしないが、「独自の見解を有」す国はイギリスであり、「養蚕業界における利益を我が国と共にしている」国はフランスであろうと容易に推測できる。

ド・ラ・トゥールは来日した一八六七（慶応三）年から、日本の政治に最も大きな影響を及ぼしていたイギリスとフランスの外交官からできるだけ距離を置き（ベルテッリ 二〇一一 a：九三～一一二）、複雑な政治問題に巻き込まれず、日本におけるイタリアの独立した立場を保つように尽力した。ただし、一八六八（明治元）年にイタリア人による新潟訪問をめぐる会談の際、ド・ラ・トゥールと駐日英国公使パークスとの間に初めて摩擦が生じた。一八七〇（明治三）年一月十日の書簡を見ると、ド・ラ・トゥールのイギリスに対する警戒心は消えなかったことが窺える。また、このイギリスに対する不信感は彼の後任者となったフェ・ドスティアーニの外交活動を特徴づけるものとなる。フェ・ドスティアーニは日本政府と非常に友好的な関係を持っていたため、英国の反発を起こさずにイタリア国民を日本の内地に派遣できるように、一八七二（明治五）年に、非公式な形で外務卿副島種臣の合意を得たと見られる（ベルテッリ 二〇〇七ａ：五五～八三）。

終わりに

本稿で扱った、イタリア側史料を分析した結果、様々な事実が明らかになってくる。まず、ド・ラ・トゥールの昂然とした、断固たる外交姿勢のおかげで、イタリア蚕種商人は、一八六八（明治元）年にまだ公式に開港されていない新潟を訪れることができた。しかしこの危険な冒険に挑戦した蚕種商人らは新潟で有利な取引をまとめることができず、彼の計画が商売の面で挫折に終わったことは十分に明らかである。

しかしながら、一八六八（明治元）年夏当時の日本におけるイタリア公使の非常に弱い立場を考慮すると、新潟訪問は外交の面でド・ラ・トゥールにとって、大きな勝利だったと言える。日本政府に畏敬の念を持たせる最も有力な外交官である英国公使パークスの反対、そして外交団の冷淡な反応を恐れずに最後まで自らの意図を貫き単独行為に出るというド・ラ・トゥールの外交姿勢は評価に値すると思われる。この勇敢で、若干無謀な外交姿勢は、明治初期の日本に駐在するイタリア外交官の特徴の一つであると言える。

また、本稿で分析したド・ラ・トゥールの書簡の共通点として、英国の外交姿勢に対する不信感と警戒心に満ちた本音が目立つ。ド・ラ・トゥールの英国に対する辛辣な言葉は駐日外交団における彼の位置づけを充分にはっきりさせるものである。新潟の一件は、日本政府が駐日イタリア公使の立場をより深く理解する機会だったのではないかと考えられる。幕末・明治初期に日本で活躍していたイタリア人外交官の特殊な外交姿勢によって、一八七〇年代から国家として共に歩みはじめるイタリアと日本は、未だに断ち切れることのない固い絆で結ばれたと言えよう。

およそ百五十年の埃をかぶった、主にイタリア語や日本語で書かれた書簡や古文書などは、言うまでもなく、十九世紀のイタリア人が見た当時の日本、そして十九世紀の日本人が見た当時のイタリアに関する興味深い情報を提供してくれるものであり、この理由だけでも充分価値のあるものだと考えられる。ただし、これらの史料を扱う幕末・明治期の日伊外交史研究の最終目的は正に両国を結ぶ絆の原点を探り、その重要性を強調することである。十九世紀後半の日伊外交史の原点に遡り、その実態と性質を詳細に理解すればするほど、二十世紀の日伊外交史・日伊交流史、そして日本外交史の新しい読み方ができるのではないかと期待される。

(1) 本稿では、主にイタリア側資料を扱っているため、混乱を避けるために、日付は太陽暦にて表記する。

(2) 詳しくはベルテッリ 二〇〇七 a、二〇〇七 b、二〇〇七 c、二〇〇七 d、二〇一一 a、二〇一一 b、Bertelli 2009 を参照。

(3) 日本語の先行研究として、青柳 二〇一一、阿達 一九八四：一〇二〜一一七、ザニエル 二〇〇一などが挙げられる。また、イタリア語の主な先行研究は Zanier 2006: 26, 158, 188–190, 277 である。一次史料として、一八六八（明治元）年に刊行された英字新聞（*The North China Herald*, *The Japan Gazette* など）が貴重な情報源となる。本稿は、新潟県立歴史美術館の副館長である青柳正俊氏にいただいた質問から生まれ、その助言や激励によって発展したものであるため、厚く御礼を申し上げたい。

(4) 新潟が開港されたのは一八六九（明治二）年一月一日のことである。

(5) 研究活動費においては、日本学術振興会（科学研究費・若手研究B・研究課題番号25870397）からのご支援を頂戴致した。深く感謝申し上げる。

(6) 「蚕種」は、「さんしゅ」、又は「さんたね」と読む。

(7) 「産卵台紙」とは、二十二×三十五センチメートルの厚紙である。その上に蚕蛾は蚕種を産卵する。各産卵台紙に載っている蚕種の量は、二十五〜三十グラム程度だった（Zanier 2006: 71）。

(8) 「微粒子病」に冒された蚕は、発育が著しく阻害されるため、正常に絹糸を生産できずに死ぬことになる。微粒子病は蚕が既に成長している時に症状を現し始めるので、養蚕家が被る損害は極めて大きい。この猛烈な病に犯された蚕の繭生産は五十%から八十%も減少するため、蚕の飼育にかかった費用、時間、そして努力はほとんど全て水の泡になる（Zanier 2006: 20–22）。

（9）Conte Vittorio Sallier De La Tour（1827–94）. イタリア北部の都市トリノ生まれの外交官である。一八六七年に来日し、七〇年までイタリア公使として日本で活躍する。

（10）Cristoforo Robecchi（1821–91）. イタリア北部の都市ミラノ生まれの外交官であり、一八六七年から七一年までイタリア領事および代理公使として日本に駐在する。

（11）ヨーロッパやイタリアの蚕種市場には、巧みに偽造された日本製産卵台紙が出回っていたため、駐日イタリア公使はイタリア商人によって日本から輸出されるすべての産卵台紙（数十万枚！）に、日付の入ったイタリア公使館の特別印を押すという対策を導入したとみられる。

（12）イタリア外務省歴史外交資料館（ASDMAE）, Fondo Moscati VI, busta 1288. 七月十一日付、ド・ラ・トゥールからメナブレア外務大臣宛ての書簡。イタリア語からの日本語訳は著者によるものである。

（13）石井 二〇〇八：二〇三〜二一七を参照。

（14）Léon Roches（1809–1900）. フランス、グルノーブル生まれの外交官である。三十二年もアフリカ大陸で活躍してから、一八六四年から六八年まで駐日フランス公使として務めた。詳しくは澤 一九九八：三六、五〇、Medzini, 1971: 70–86, 159–170 などを参照。

（15）Harry S. Parkes（1828–85）. イギリス生まれの外交官である。一八六五年から八三年まで駐日英国公使として活躍した。詳しくは Daniels, 1996 などを参照。

（16）傍点は本稿の著者による。

（17）イタリア外務省歴史外交資料館（ASDMAE）, Fondo Moscati VI, busta 1288. 七月十一日付、ド・ラ・トゥールからメナブレア外務大臣宛ての書簡。

(18) Maxime Outrey. フランス生まれの外交官であり、六月七日に来日した。

(19) Maximilian August Scipio von Brandt（1835–1920）はベルリン生まれのプロイセン王国（そしてドイツ帝国）の外交官および東アジア研究者だった。

(20) 東久世《ひがしくぜ》通禧《みちとみ》（一八三四〜一九一二年）は幕末の公家であり、維新後は明治政府の政治家となった。

(21) 一八六八（明治元）年七月十一日付のノース・チャイナ・ヘラルド（*North China Herald*）紙はパークスが英国人の新潟訪問を禁じたことに言及している。

(22) イタリア外務省歴史外交資料館（ASDMAE）, Fondo Moscati VI, busta 1288. 七月十一日付、ド・ラ・トゥールからメナブレア外務大臣宛ての書簡。

(23) 同右。

(24) このグループに、カルロ・アントンジーニ（Carlo Antongini）、パオロ・ヴェリーニ（Paolo Velini）、そしてヴィンチェンツォ・ガッティノーニ（Vincenzo Gattinoni）という三人が入っていたと見られる（Zanier 2006: 272. ただし、この情報の出典は不明である）。

(25) Conte Luigi Federico Menabrea（1809–96）. 新生イタリア王国の政治家である。一八六七年十月二十七日から六九年十二月十四日までは、総理大臣兼外務大臣として務める。

(26) イタリア外務省歴史外交資料館（ASDMAE）, Fondo Moscati VI, busta 1131. 九月十二日付のイタリア外務大臣メナブレアから駐日イタリア公使ド・ラ・トゥール宛ての書簡。

(27) イタリア外務省歴史外交資料館（ASDMAE）, Fondo Moscati VI, busta 1288. 十一月十三日付、ド・ラ・トゥールからメナブレア外務大臣宛ての書簡。

(28) Francesco Galvagna（1839–1902）イタリア北部の都市ヴェネツィア出身の外交官。一八六八年末から七〇年夏まで在日イタリア公使館の書記官として務めた。

(29) Pietro Savio（1838–1909）アレッサンドリア出身の蚕種商人である。一八六七年に初めて来日し、日本語の勉強に挑戦した。外交官ではなかったにも拘わらず、領事館・公使館で一時的に書記官として務めたこともある。

(30)　この一冊の日本語訳が岩倉翔子氏によって行われている（Savio 1870）。

(31)　イタリア国立古文書館（ACS）, MAIC, Direzione Generale Agricoltura, Versamento II, busta 153, fascicolo 918. 一八七〇年一月十日付、通商系第六十号（親展）、ド・ラ・トゥールからメナブレア外務大臣宛ての書簡。

(32)　Emilio Visconti Venosta（1829–1914）. 数回に渡って、イタリア王国の外務大臣に任命されたミラノ出身の外交官・政治家である。

(33)　イタリア国立古文書館（ACS）, MAIC, Direzione Generale Agricoltura, Versamento II, busta 153, fascicolo 918. 一八七〇年一月十日付、通商系第六十号（親展）、ド・ラ・トゥールからメナブレア外務大臣宛ての書簡に鉛筆で書かれているもの。

(34)　Alessandro Fè D'Ostiani（1825–1905）はイタリア北部ブレッシャ出身の外交官である。駐日イタリア公使として務めた期間は一八七〇年から七七年までで、岩倉使節団および北伊養蚕地域を訪れた日本視察団の案内係として、一八七三年に一時的にヨーロッパに帰った。彼の兄弟ピエトロ（Pietro）は蚕種商人であり、少なくとも五回にわたって来日した。詳しくはベルテッリ 二〇〇七ａ：五五～八三。

(35)　傍点は原文による。

参考文献

青柳正俊 二〇一一『開港場・新潟からの報告――イギリス外交官が伝えたこと』考古堂書店。
阿達義雄 一九八四『怪商スネルと戊辰新潟攻防戦』鳥屋野出版。
池井優 一九九二『三訂 日本外交史概説』慶應通信。
石井孝 一九七七『明治初期の国際関係』吉川弘文館。
―― 一九六六『増訂 明治維新の国際的環境』吉川弘文館。

――二〇〇八『戊辰戦争論』(歴史文化コレクション)、吉川弘文館。
上垣守国著・西村法橋ほか画 一八〇三『養蚕秘録』。
加藤友康ほか編 二〇〇一『日本史総合年表』吉川弘文館。
北根豊編 一九八九『日本初期新聞全集』第一六～一九巻、ぺりかん社。
国史大辞典編集委員会編 一九七九～九七『国史大辞典』(全一五巻)、吉川弘文館。
ザニエル、クラウディオ 二〇〇一「絹貿易と初期の日伊交流」(広石正和訳、横山伊徳編『幕末維新論集』第七巻「幕末維新と外交」、吉川弘文館)、二八六―三一五頁。
澤護 一九九八『横浜居留地のフランス社会』敬愛大学経済文化研究所。
田嶋弥平 一八七二『養蚕新論』(乾・坤)。
日伊協会 一九四一『日伊文化交渉史』日伊協会。
日伊協会編 一九八四『幕末・明治期における日伊交流』日本放送出版協会。
日本国外務省編 一九五五『日本外交文書』日本外交文書頒布会。
藤本實也 一九三九『開港と生絲貿易』(全三巻)、刀江書院。
ベルテッリ、ジュリオ・アントニオ 二〇〇七a「駐日イタリア公使アレッサンドロ・フェ・ドスティアーニ伯爵と外国人内地旅行問題について――明治初期の日伊外交貿易関係を軸に」(『日本語・日本化』第三三号、大阪外国語大学日本語日本文化教育センター)。
――二〇〇七b「未刊史料に見る初代駐日イタリア公使・領事の活動(一八六七―一八七〇)」(『イタリア学会誌(Studi Italici)』第五七号、イタリア学会)。
――二〇〇七c「日本政府遣欧養蚕視察団とそのイタリア訪問(一八七三年)――一行の構成員、行程、派遣の目的と歴史的意義について」(『Ex Oriente』第一四号、大阪外国語大学言語社会学会)。
――二〇〇七d「日伊蚕種貿易関係における駐日イタリア全権公使の役割(一八六七―一八七七)」(『イタリア圖書

（Biblioteca Italiana）Nuova Serie』第三七号）。

——二〇一一ａ「明治政府の樹立と駐日イタリア公使・領事の外交活動について——イタリア側公文書を中心に」（荒武賢一朗・池田智恵編『文化交渉における画期と創造』（関西大学文化交渉学教育研究拠点次世代国際学術フォーラムシリーズ第三輯）、関西大学文化交渉学教育研究拠点）。

——二〇一一ｂ「「神戸事件」（一八六八年）とイタリア——瀧善三郎の「ハラキリ」を目撃するイタリア人ピエトロ・サヴィオの報告書を中心に」（『イタリア学会誌（Studi Italici）』第六一号、イタリア学会）。

——二〇一三「イタリア海軍大尉カルロ・グリッロの書簡に見る明治初期の日本（１８７１—７２年）」（『イタリア学会誌（Studi Italici）』第六三号、イタリア学会）。

森田鉄郎編　一九七六『世界各国史』第一五巻「イタリア史」、山川出版社。

吉浦盛純　一九六九『日伊文化史考』イタリア書房。

Arminjon, Vittorio 1869, *Il Giappone e il viaggio della corvetta Magenta*, Genova, R. I. Sordomuti.

Bertelli, Giulio Antonio 2009, *Ugo Pisa, un giovane diplomatico italiano alla scoperta di Ezo nel 1871: sulla base di un manoscritto inedito*, in *Italia Gakkaishi (Studi Italici)*, n. 59.

Daniels, Gordon 1996, *Sir Harry Parkes: British Representative in Japan 1865–83*, Japan Library.

Istituto per la storia del Risorgimento italiano – Comitato di Roma 1987, *Lo stato liberale Italiano e l'età Meiji – Atti del I Convegno Italo-Giapponese di studi storici (Roma, 23–27 settembre 1985)*, Edizioni dell'Ateneo.

Luzzatto, Gino 1968, *L'economia italiana dal 1861 al 1894*, Piccola Biblioteca Einaudi.

Medzini, Meron 1971, *French Policy in Japan during the Closing Years of the Tokugawa Regime*, Harvard University Press.

Savio, Pietro 1870, *La prima spedizione italiana nell'interno del Giappone e nei centri sericoli effettuatasi nel mese di giugno dell'anno 1869 da Sua Eccellenza il Conte De La Tour*, E. Treves editore（ピエトロ・サヴィオ『一八六九年六月ドゥ・

ラ・トゥール伯爵閣下により実施された、日本の内陸部と養蚕地帯におけるイタリア人最初の調査旅行——詳細な旅行記と養蚕・農業・農作物の特殊情報に関する詳記』（岩倉翔子訳、『就実大学史学論集』第二一号、二〇〇六年））.

Serra, Enrico 1985, *Manuale di storia dei trattati e di diplomazia*, V ed., ISPI.

Sims, Richard 1998, *French Policy towards the Bakufu and Meiji Japan 1854–95*, Japan Library.

Tamburello, Adolfo（a cura di）2004, *Italia Giappone 450 anni*.

Zanier, Claudio 2006, *SEMAI: Setaioli italiani in Giappone (1861–1880)*, Cleup.

著者紹介（執筆順）

谷本雅之（たにもと まさゆき）

1959年生．東京大学大学院経済学研究科第2種博士課程単位取得満期退学．東京大学経済学研究科教授．日本経済史．『日本における在来的経済発展と織物業——市場形成と家族経済』（名古屋大学出版会，1998年），*The Role of Tradition in Japan's Industrialization: Another Path to Industrialization*（編著，Oxford University Press, 2006年）．

飯島　渉（いいじま わたる）

1960年生．東京大学大学院人文科学研究科博士課程単位取得退学．青山学院大学文学部教授．医療社会史．『マラリアと帝国——植民地医学と東アジアの広域秩序』（東京大学出版会，2005年），『感染症の中国史——公衆衛生と東アジア』（中央公論新社，2009年）．

平川　新（ひらかわ あらた）

1950年生．東北大学大学院文学研究科修士課程修了．宮城学院女子大学学長．日本近世史．『紛争と世論——近世民衆の政治参加』（東京大学出版会，1996年），『全集日本の歴史』第12巻「開国への道」（小学館，2008年）．

橋口　亘（はしぐち わたる）

1976年生．奈良大学文学部文化財学科卒業．南さつま市教育委員会（坊津歴史資料センター輝津館）主任．日本考古学．「中世港湾坊津小考」（橋本久和・市村高男編『中世西日本の流通と交通——行き交うヒトとモノ』高志書院，2004年）．

菊池勇夫（きくち いさお）

1950年生．立教大学大学院文学研究科博士課程単位取得退学．宮城学院女子大学学芸学部教授．日本近世史，北方史．『十八世紀末のアイヌ蜂起——クナシリ・メナシの戦い』（サッポロ堂書店，2010年），『アイヌと松前の政治文化論——境界と民族』（校倉書房，2013年）．

ジュリオ・アントニオ・ベルテッリ（Giulio Antonio Bertelli）

1976年生．大阪外国語大学大学院言語社会研究科博士後期課程修了．大阪大学大学院言語文化研究科准教授．幕末・明治初期における日伊外交・貿易関係史．「駐日イタリア公使アレッサンドロ・フェ・ドスティアーニ伯爵と外国人内地旅行問題について——明治初期の日伊外交貿易関係を軸に」（『日本語・日本文化』第33号），「イタリア海軍大尉カルロ・グリッロの未刊書簡に見る明治初期の日本（1871-72年）」（『イタリア学会誌』第63号）．

編者紹介

荒武賢一朗（あらたけ けんいちろう）
1972 年生．関西大学大学院文学研究科博士後期課程修了．東北大学東北アジア研究センター准教授．日本近世史．『近世史研究と現代社会――歴史研究から現代社会を考える』（編著，清文堂出版，2011 年），『屎尿をめぐる近世社会――大坂地域の農村と都市』（清文堂出版，2015 年）．

太田光俊（おおた みつとし）
1978 年生．大阪大学大学院文学研究科博士後期課程単位取得満期退学．三重県総合博物館学芸員．織豊期の研究，三重県周辺の地域を素材とした歴史研究．「中世・部会報告 大坂退去から見た織豊期本願寺教団の構造」（『ヒストリア』第 218 号），「豊臣期本願寺の吏僚――益田少将発給文書から」（『織豊期研究』第 11 号）．

木下光生（きのした みつお）
1973 年生．大阪大学大学院文学研究科博士後期課程修了．奈良大学文学部准教授．日本近世の貧困史研究．「村の「貧困」「貧農」と日本近世史研究」（『奈良史学』第 29 号），「働き方と自己責任を問われる賤民たち」（荒武賢一朗編『近世史研究と現代社会』清文堂出版，2011 年）．

日本史学のフロンティア 1
歴史の時空を問い直す

2015年 1 月30日　　初版第 1 刷発行

編　者　荒武賢一朗・太田光俊・木下光生
発行所　一般財団法人 法政大学出版局
〒102-0071 東京都千代田区富士見 2-17-1
電話 03(5214)5540／振替 00160-6-95814
印刷 三和印刷／製本 誠製本
装幀 竹中尚史

ISBN 978-4-588-32131-3　　Printed in Japan